© **Editorial Edinumen**, 2013
Edición: Sonia Eusebio
Texto y edición gráfica: Cecilia Bembibre y Noemí Cámara
Diseño de portada: Lucila Bembibre
Diseño y maquetación: Lucila Bembibre
Corrección: Esther Cámara

Impresión: Gráficas Viro. Madrid
ISBN: 978-84-9848-514-1
Depósito Legal: M-24773-2015
Impreso en España
Printed in Spain

Editorial Edinumen
José Celestino Mutis, 4. 28028 - Madrid
Teléfono: 91 308 51 42
Fax: 91 319 93 09
e-mail: edinumen@edinumen.es
www.edinumen.es

VAMOS AL CINE

ARTÍCULOS Y ACTIVIDADES PARA EL TRABAJO CON PELÍCULAS EN LA CLASE DE ESPAÑOL

NIVEL INTERMEDIO/AVANZADO B1/C2

Introducción

En el otoño de 2008, un viaje para entrar en contacto con la enseñanza del idioma español en varias ciudades de Estados Unidos nos llevó a la escuela secundaria Miami Beach Senior High en Miami, Florida. El doctor Pedro Ledesma, uno de los profesores de idiomas, tuvo la generosidad de invitarnos a observar su clase de español.

Los alumnos eran, en su gran mayoría, hijos de padres latinoamericanos, pero todos habían crecido en los Estados Unidos y se sentían norteamericanos. La clase del día de la visita estaba, en parte, dedicada al cine. Tras saludarnos, apagaron las luces del aula para ver *Balseros*, un documental sobre emigrantes cubanos que buscan una nueva vida en EE. UU.

Tras la visualización, los jóvenes dialogaron sobre las cosas que les llamaban la atención; muchas de ellas estaban relacionadas con el desafío de navegar entre dos culturas y las dos formas de ver la vida que enfrentaban a los protagonistas del documental. Si la visualización de la película había sido una experiencia pasiva, la charla que siguió fue todo lo contrario: la clase se convirtió en un grupo de jóvenes inquietos, curiosos, ávidos por dialogar y espontáneos al compartir sus opiniones y experiencias personales.

En ese momento, poco importaba que su gramática, vocabulario o pronunciación en español fuera impecable: lo esencial es que, motivados por las escenas que habían visto, cada uno de ellos tenía algo que decir.

Fue un momento espontáneo y revelador, que evidenció el poder del cine como herramienta de aprendizaje y motivación en la clase de idiomas.

Al mismo tiempo, las charlas con profesores, representantes de instituciones académicas, autores de materiales y alumnos, dejaban clara la enorme curiosidad por complementar el aprendizaje tradicional de la lengua con los aspectos culturales, sociológicos y lingüísticos de los países de habla hispana. *Vamos al cine* nace de esa curiosidad y espera darle respuesta, invitando a desafiar los estereotipos y a conocer y comprender la cultura de las comunidades que hablan español, animando a compararlas con el universo cultural propio.

El libro presenta material para trabajar con una selección de películas españolas y latinoamericanas con una amplia variedad de temas, que reflejan la diversa realidad de sus países de origen. Las películas no están incluidas en el libro, pero se consiguen fácilmente en los principales comercios de ventas de DVD, tanto al público como por Internet. También

están disponibles a través de los servicios de alquiler de películas de muchos países.

La selección de películas no fue fácil. Cada obra debía, a nuestro criterio:

- Representar la riqueza y diversidad del mundo hispano, ya fuera desde el punto de vista de los habitantes de un pequeño pueblo español, o desde la mirada de la gente de una gran ciudad latinoamericana.

- Ofrecer diversos puntos de interés para el alumno, tanto desde el tema central como desde los detalles.

- Reflejar la pluralidad lingüística y cultural del español.

- Ser relativamente reciente, y que su compra o alquiler fuese de fácil acceso tanto para el profesor, como para el alumno.

- Incluir temas actuales, interesantes y con los que los alumnos pudiesen familiarizarse rápidamente.

- Dar la posibilidad de ser vista dentro o fuera de la clase.

- Presentar contenido que ilustrara un determinado movimiento histórico o social, un tema que incitara el debate en clase, con vocabulario esencial para llevarlo a cabo, o personajes interesantes que invitaran al aprendizaje de expresiones y vocabulario nuevo.

De este modo, con *Chico y Rita* sentiremos nostalgia de una vida llena de música y amor a través de la experiencia de un anciano que recuerda su maravillosa vida desde La Habana, Cuba.

Viviremos las risas y los conflictos de los Belvedere, una familia típicamente argentina, frente a los planes de una boda inusual en *El hijo de la novia*.

Con *El orfanato*, experimentaremos el terror y el misterio en la vida de una joven madre que decide revisitar la escuela en la que se crió, en Asturias, en el norte de España.

Asistiremos al suspense de la investigación de un crimen en medio de intrigas políticas con los protagonistas de *El secreto de sus ojos*.

Con la película colombiana *Los colores de la montaña*, nos adentraremos en la realidad de un país en conflicto armado permanente y descubriremos cómo puede ser la vida cotidiana de unos niños, que crecen siendo testigos de este conflicto.

La mirada de los niños es también el eje de *Machuca*, un recorrido por la historia chilena reciente, de la mano de dos amigos de diferentes clases sociales.

En *Mar adentro*, conoceremos el modo de vida de los habitantes de una pequeña aldea gallega, en la costa del noroeste de España, y de cómo su sociedad se enfrenta a la, quizás, más difícil de las cuestiones éticas: la eutanasia.

Sufriremos por el destino de la joven y bella protagonista de *Miss Bala*, en una Tijuana asolada por los carteles del narcotráfico.

Viendo *Mujeres al borde de un ataque de nervios*, entenderemos el Madrid de los años 80, una época en transición social, a través de una serie de relaciones y pintorescos personajes.

Tomaremos partido por alguno de los grupos enfrentados en el conflicto del agua en Bolivia, mientras un grupo de cineastas internacionales planea rodar una película histórica en *También la lluvia*.

Nos asomaremos a la aburrida rutina del protagonista de *Un cuento chino*, y a la increíble cadena de coincidencias que cambiarán su vida.

Finalmente, en *Volver*, visitaremos un pueblo manchego y aprenderemos sobre sus leyes sociales y tradiciones, y a la vez compartiremos las dificultades y el profundo sentido del humor de sus protagonistas.

Esperamos que, una vez completado el libro, el lector tenga la satisfacción de sentirse más cerca del mundo hispanohablante, de su gente, sus paisajes, sus modismos y sus realidades. Y deseamos que, ya sea en clase o fuera de ella, esta selección de películas y sus materiales de visionado despierten la curiosidad por seguir investigando y, sobre todo, sean una inspiración para comunicarse en español.

Cómo trabajar con este libro

Este libro ha sido escrito pensando en los alumnos que ya tienen nociones de español equivalentes a un nivel B1/C2 del Marco común europeo y los niveles AL, AM, AH y S según las directrices de competencia del ACTFL (*American Council on the Teaching of Foreign Languages*).

Con este libro, el estudiante desarrollará la comunicación oral, a través de actividades atractivas y motivadoras. A la vez, aumentará su competencia sociocultural, mediante el visionado de las películas, la lectura de los artículos contextuales y la realización de numerosas actividades lúdicas. Finalmente, podrá reforzar sus conocimientos de vocabulario y gramática trabajando varias destrezas a la vez.

El libro ofrece guías de visión de películas para la clase, a partir de una selección de doce películas recientes de habla hispana. Estas películas han sido rodadas tanto en España como en América Latina.

El trabajo se ha pensado para el visionado de las películas sin subtítulos. Si la visualización de la película se va a llevar a cabo con la ayuda de subtítulos, es conveniente revisar las actividades de comprensión auditiva antes de empezar a trabajar, ya que es posible que requieran un ajuste para que sean relevantes en la nueva modalidad de visionado.

En todos los casos, recomendamos que el profesor vea la película antes de presentarla en clase, tanto para evaluar el nivel (y decidir si son o no necesarios los subtítulos) como para identificar escenas o temas que puedan no ser apropiados para el grupo de trabajo.

Este es un libro que permite el trabajo en clase, en grupos o de forma individual (tanto en clase como fuera de ella).

Cada capítulo está dedicado a una película. La guía de visionado está pensada para ser trabajada en tres o cuatro bloques de hasta 90 minutos cada uno. Por eso, está dividida en tres o cuatro partes; a continuación se presenta un detalle de las secciones y sus objetivos.

«5 cosas sobre la película»: cinco datos o anécdotas interesantes sobre la película para presentarla de una manera amena.

«Sinopsis»: un resumen del argumento, para predisponer al lector y generar expectativa.

«Los personajes»: un análisis de personajes y temas centrales.

«Fichas culturales»: artículos a fondo sobre el director, los actores principales, los lugares donde se desarrolla la película o aspectos culturales o históricos relacionados. Ofrecen al lector la información sociolingüística necesaria para entender la película y familiarizarse con aspectos concretos del mundo hispano. No hay explotación directa para esta sección, pero su lectura es de gran utilidad para la comprensión de la película y el trabajo en bloques temáticos sugerido a partir de la página 230.

«¡Qué interesante!»: artículos breves sobre temas secundarios o anécdotas relacionadas con la película, para estimular la imaginación del lector y establecer conexiones con otras disciplinas.

«El consejo»: notas con sugerencias y curiosidades con relevancia cultural.

«Vocabulario»: una selección de las palabras y expresiones clave del segmento que puedan presentar un desafío para el alumno. Esta sección está dividida en «Vocabulario nuevo», «Cognados» y «Expresiones». El vocabulario nuevo consiste en palabras que el estudiante puede no conocer, ya sea por su especificidad o por su carácter regional. Los cognados son los términos que comparten su etimología con otros idiomas, y por eso es posible que resulten familiares. Finalmente, hemos incluido expresiones frecuentes; en ellas, la palabra resaltada en color verde es la clave para la búsqueda en el diccionario. Al final del libro se presenta una lista de todos los términos y expresiones del vocabulario, con su traducción al inglés.

«Antes de ver este segmento»: actividades diseñadas para preparar al alumno, activar su conocimiento lingüístico y cultural, y motivarlo a ver la película.

«Mientras ves este segmento»: actividades de comprensión oral y escrita a partir de escenas específicas de la película, pensadas para su realización en simultáneo con el visionado.

«Después de ver este segmento»: actividades de comparación cultural, opinión personal, evaluación y expresión, destinadas a que el alumno afiance lo aprendido y practique las distintas destrezas del idioma.

La sección **«Respuestas»**, en la página 225, ofrece las soluciones a los ejercicios de los capítulos.

Al final del libro, se incluye un **«Apéndice»** con otros tipos de materiales de consulta y explotación. Por un lado, una lista de estructuras utilizadas habitualmente para expresar opiniones, para la consulta permanente del alumno durante la lectura. A continuación, una breve guía que ofrece consejos sobre el análisis cinematográfico. Finalmente, un documento con sugerencias de trabajo temático en bloques de dos o más películas.

El cuadro que sigue a esta sección detalla los objetivos de cada capítulo, así como los contenidos gramaticales, de vocabulario y sociolingüísticos, para facilitar la planificación de la clase.

Contenidos por capítulo

CAPÍTULO	OBJETIVOS / FUNCIONES	VOCABULARIO	INFORMACIÓN SOCIOCULTURAL
CHICO Y RITA	• Analizar el aspecto técnico de una película • Aprender sobre Cuba y su cultura • Escribir un texto a partir de una fotografía • Hablar sobre las emociones • Hacer una investigación en Internet a partir de una instrucción • Utilizar expresiones en español • Usar los tiempos del futuro • Usar los tiempos del presente	• Adjetivos para describir gente • El español de Cuba • Expresiones coloquiales • Las emociones • Los instrumentos musicales	• Cosas típicas de Cuba • El español y acento de Cuba • El músico Bebo Valdés • La Habana • La música y el *jazz* cubano
EL HIJO DE LA NOVIA	• Analizar los personajes de una película • Aprender sobre Buenos Aires y su gente • Dar consejos • Escribir un texto a partir de una fotografía • Escribir una invitación formal • Hablar sobre experiencias personales • Hablar sobre una boda • Utilizar expresiones en español • Usar el condicional • Usar el subjuntivo	• Expresiones coloquiales • La boda • Trabajos y profesiones	• Buenos Aires y sus habitantes • El mal de Alzheimer • El poeta Baldomero Fernández Moreno • El Zorro • Historia y receta del tiramisú • La Ley de Divorcio en Argentina
EL ORFANATO	• Aprender sobre Galicia y su historia • Describir un lugar • Escribir un texto a partir de una fotografía • Expresar opiniones a partir de una fuente escrita • Hacer conjeturas sobre una situación hipotética • Utilizar expresiones en español • Usar los tiempos del pasado • Usar el condicional • Usar los tiempos del futuro inmediato	• Adjetivos para describir lugares • El español de España • Expresiones con «quedar» • La casa • Topografía	• La actriz Geraldine Chaplin • La Ley de Protección a la Infancia • La región de Asturias • Las casas de indianos
EL SECRETO DE SUS OJOS	• Aprender sobre Argentina y su historia • Comparar la cultura argentina con la propia • Completar un documento oficial • Escribir un diálogo • Hablar de los tipos de películas • Hacer conjeturas sobre una situación hipotética • Utilizar expresiones en español • Usar el condicional • Usar los tiempos del futuro	• El derecho y el juzgado • El español de Argentina • Los géneros cinematográficos • Refranes y frases populares con «ojos»	• Argentina en 1974: Perón y su legado • El cineasta Juan José Campanella • La expresión «che» • La filmación sin cortes • Los actores Ricardo Darín y Soledad Villamil • Los argentinos y el fútbol
LOS COLORES DE LA MONTAÑA	• Analizar las escenas de una película • Aprender sobre Colombia y su realidad • Describir personas y lugares • Escribir un guion cinematográfico • Escribir un memorándum político • Expresar opiniones • Hablar sobre experiencias personales • Utilizar expresiones en español • Usar los tiempos del futuro • Usar los tiempos del pasado • Usar el condicional	• Adjetivos para describir gente y lugares • El español de Colombia • El fútbol	• Colombia • El conflicto armado en Colombia • El español antioqueño o paisa • La artesanía colombiana • La educación en Colombia
MACHUCA	• Aprender sobre Chile y su historia • Comparar aspectos de dos obras audiovisuales • Comparar tipos de educación • Dar indicaciones • Describir personas y lugares • Escribir un diario personal y una carta informal • Hablar sobre dos puntos de vista enfrentados • Hacer conjeturas sobre una situación hipotética • Utilizar expresiones en español • Usar el imperativo • Usar el subjuntivo	• Adjetivos para describir gente y lugares • El español de Chile • Expresiones coloquiales • La educación / la escuela	• El Llanero Solitario • La educación en Chile • La «once»: la merienda chilena • Los años setenta • Salvador Allende • Santiago de Chile

CAPÍTULO	OBJETIVOS / FUNCIONES	VOCABULARIO	INFORMACIÓN SOCIOCULTURAL
MAR ADENTRO	• Aprender sobre Galicia • Describir el aspecto de una persona • Describir una calle • Hablar de la cocina española • Escribir un texto a partir de una fuente escrita • Escribir una carta informal • Formular preguntas a partir de una fuente audiovisual • Hablar sobre experiencias personales • Hablar sobre la eutanasia • Utilizar expresiones en español • Identificar diferencias entre «que» y «qué» • Usar el condicional • Formular preguntas • Usar los tiempos del pasado • Usar el subjuntivo	• Adjetivos para describir gente • El español de España • Expresiones con «pena» • Los utensilios de cocina • La decoración urbana	• El actor Javier Bardem • La cocina española • La región de Galicia • Las variantes del español • Los idiomas oficiales de España
MISS BALA	• Aprender sobre México y su realidad • Dar consejos • Dar órdenes • Escribir un diario personal • Escribir un texto a partir de una fotografía • Hablar de los viajes en avión • Hablar sobre las emociones • Hacer predicciones • Valorar el argumento de una película • Utilizar expresiones en español • Usar los tiempos del pasado • Usar el imperativo • Usar el subjuntivo	• El aeropuerto y los viajes • El español de México • El *spanglish* • Las emociones	• Belleza y narcotráfico • El cineasta Gerardo Naranjo • El escudo de Baja California • El *spanglish* • La región de Baja California • Los concursos de belleza en México • México y la violencia
MUJERES AL BORDE DE UN ATAQUE DE NERVIOS	• Analizar los personajes de una película • Aprender sobre Madrid y su cultura • Describir lugares • Escribir la crítica de una película • Expresar opiniones • Hablar de la gastronomía española • Utilizar el lenguaje publicitario • Utilizar expresiones en español • Usar los tiempos del presente • Usar los tiempos del futuro	• Expresiones con «tener» • Los elementos de una película • Platos típicos españoles	• El doblaje • Historia y receta de gazpacho • La «movida madrileña» • La familia de Pedro Almodóvar • Las viviendas españolas • La ciudad de Madrid
TAMBIÉN LA LLUVIA	• Analizar los personajes de una película • Aprender sobre Bolivia • Comparar por escrito dos hechos históricos • Describir el carácter de una persona • Hablar informalmente sobre el dinero • Hablar sobre eventos de protesta • Hacer predicciones • Utilizar expresiones en español • Usar los tiempos del futuro • Usar los tiempos del pasado • Usar el condicional	• Adjetivos para describir gente • El dinero (registro informal) • Expresiones coloquiales • Protestas y manifestaciones	• Bolivia • Colón y el pueblo taíno • El actor Gael García Bernal • La «guerra del agua» en Bolivia • La obra de Bartolomé de las Casas
UN CUENTO CHINO	• Aprender sobre la vida en Argentina • Comparar la cultura argentina con la propia • Dar consejos • Describir el carácter de una persona • Hablar de la emigración • Utilizar el lenguaje periodístico • Utilizar expresiones en español • Usar los tiempos del presente • Usar el condicional • Usar el subjuntivo	• Adjetivos para describir personas • El español de Argentina • Oficinas diplomáticas • Tiendas especializadas	• El «voseo» • La comunidad chino-argentina • La gastronomía argentina • Las Islas Malvinas
VOLVER	• Aprender sobre la vida en España • Analizar el aspecto técnico de una película • Comparar la cultura española con la propia • Utilizar expresiones en español • Expresar opiniones • Hacer suposiciones en base a una fotografía • Hacer una investigación en Internet a partir de una instrucción • Usar los tiempos del presente • Usar los tiempos del futuro	• El cine • Expresiones con «echar» • Los dulces españoles	• El artículo frente al nombre de pila • El barrio de Vallecas (Madrid) • La región de Castilla-La Mancha • Los dulces manchegos • Pedro Almodóvar y Penélope Cruz

Breve diccionario de cine

Estos son algunos de los términos y referencias culturales relacionados con el cine que se usan en el libro.

PREMIOS Y FESTIVALES

Círculo de Escritores Cinematográficos: asociación civil independiente española que promociona el cine. Está integrada por periodistas, críticos y escritores.

Festival de Animación de Annecy: evento que se realiza anualmente, desde 1960, en Annecy, una ciudad en el sudeste de Francia. Es el festival de animación más importante que se celebra.

Festival de Berlín: también llamado *Berlinale*, es uno de los festivales de cine más prestigiosos del mundo. Se celebra desde 1951 en la capital alemana y su premio más importante es el Oso de oro.

Festival de Cannes: se celebra anualmente en la Riviera francesa desde 1939. Su premio mayor es la Palma de oro.

Festival de Ciudad de México: uno de los festivales más jóvenes: se realiza desde 2011 en la capital mexicana.

Festival de La Habana: uno de los festivales de cine claves para el cine latinoamericano. Se celebra desde 1979 en la capital cubana.

Festival de Lima: festival de cine latinoamericano que se realiza todos los años desde 1997 en la capital peruana.

Festival de Montreal: festival internacional que se celebra desde 1977 en Canadá. Su galardón principal es el Gran Premio de las Américas.

Festival de Portugal: también llamado *Festroia*, es un evento que convoca a países con una producción menor a 30 películas anuales. Se celebra en la localidad portuguesa de Setúbal desde 1985. Otorga el Delfín de oro.

Festival de Roma: evento de reciente aparición: se celebra desde 2006 en la capital italiana. También llamado *Festa*, su premio más importante es una estatua del emperador Marco Aurelio, diseñada por los joyeros Bulgari.

Festival de San Sebastián: se celebra desde 1953 en el País Vasco (España). Es el festival más importante en los países de habla hispana. Su distinción principal es la Concha de oro.

Festival de Vancouver: evento de cine internacional que se realiza desde 1982. Entrega dos tipos de premios: los del Jurado y los de la Audiencia.

Globos de Oro: premios a las mejores producciones en cine y televisión entregados anualmente por la prensa extranjera acreditada en Hollywood. Se crearon en 1944.

Premios BAFTA: distinciones que la academia británica de artes cinematográficas y televisivas (BAFTA, por sus siglas en inglés), entrega anual-

mente en Londres a las mejores producciones en cine, televisión, animación y videojuegos.

Premios del Cine Europeo: galardones que entrega anualmente, desde 1988, la Academia del Cine Europeo. Se los llama los «Oscar europeos».

Premios Goya: distinciones con las que la Academia de las Artes y las Ciencias Cinematográficas de España premia, desde 1986, los mejores trabajos en cada sector de la industria. Sigue el mismo formato que los premios Oscar.

Premios Oscar: premios concedidos por la Academia de las Artes y las Ciencias Cinematográficas de Los Ángeles. Son los galardones de cine más importantes a nivel internacional.

BREVE DICCIONARIO DE CINEMATOGRAFÍA

Audición o *casting*: prueba que se hace a un actor para decidir su aptitud para representar a un personaje determinado.

Banda sonora: música de una obra cinematográfica.

Cineasta: persona que trabaja en la industria del cine, generalmente en un cargo destacado.

Director/a-realizador/a: persona responsable de la ejecución de una película.

Elenco: conjunto de actores de una película.

Guion: texto que contiene el diálogo de un filme, con los detalles necesarios para su realización.

Localización (o locación): lugar empleado en la filmación de una película, que no ha sido creado para ese fin.

Productor/a: persona que se ocupa de la financiación y la búsqueda de las herramientas y medios técnicos necesarios para la realización de una película.

Protagonista: personaje principal en una obra cinematográfica o teatral.

Taquillero/a: espectáculo que suele proporcionar buenas recaudaciones.

Chico & Rita

de Fernando Trueba, Javier Mariscal y Tono Errando

90 min.

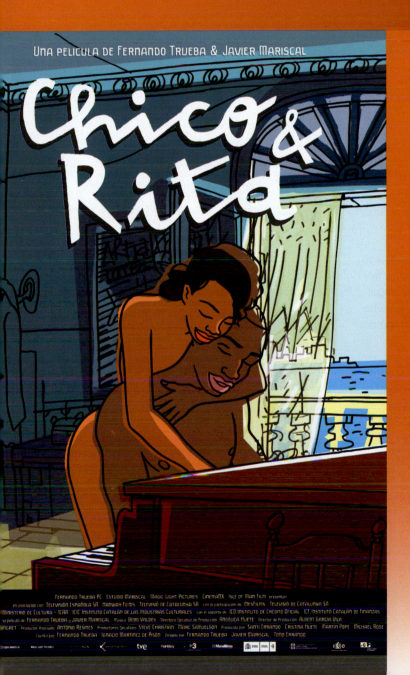

* **5** COSAS SOBRE LA PELÍCULA

Es una película española de animación. Se estrenó en 2010.

Es la primera colaboración cinematográfica del director Fernando Trueba y el diseñador gráfico e ilustrador Javier Mariscal.

La película está ambientada en La Habana, París y Nueva York.

Trueba y Mariscal son amantes de Cuba y de su música, por eso, la película es un homenaje al *jazz* afrocubano.

La película estuvo nominada a un premio Oscar a la mejor película de animación y ganó premios Goya, premios del Cine Europeo y el premio a la mejor película en el Festival Internacional de Cine de Animación de Annecy, el más prestigioso de los festivales de cine de animación.

Sinopsis

En un humilde piso de un barrio venido a menos de La Habana, un viejo Chico Valdés recuerda sus años de juventud. El joven Chico, entonces un prometedor pianista con grandes aspiraciones, conoce a una serie de personas que le marcarán para siempre.

Ramón, un ambicioso agente musical, busca traspasar fronteras y convertirse en uno de los mejores promotores de *jazz* afrocubano jamás vistos. El agente es una persona positiva, que aprovecha las oportunidades que se le presentan para disfrutar de la vida y mejorar su situación económica. Chico piensa que Ramón es su amigo, pero el comportamiento de este no es siempre el de una persona leal.

Rita es una sencilla muchacha sin muchos recursos, con una voz dulce y sensual, y un carácter fuerte y decidido. Ella entra y sale de la vida de Chico mientras los años pasan para ambos, entre música, viajes y... la fama internacional.

Chano Pozo, Mario Bauzá, Dizzie Gillespie... los músicos más conocidos del mundo del *jazz*, también jugarán un papel en la vida del joven pianista.

Chico aprenderá de todos ellos y los recordará con nostalgia y cariño.

Los personajes

Chico es un hombre mayor que limpia zapatos en las calles de La Habana. Pero en su juventud, fue el mejor pianista de Cuba y tuvo una vida llena de música, aventuras y viajes por las más importantes ciudades del mundo. Chico recuerda aquellos días con nostalgia y alegría. También recuerda cómo conoció a Rita, una mujer que le cambió la vida.

Rita es una cantante de *jazz* latino. Vive en La Habana, donde trabaja en varios clubes de música. Canta muy bien, aunque tiene un temperamento muy fuerte. Rita conoce a Chico y enseguida le impresiona su talento como pianista. Además, él le enseña muchas cosas sobre la música *bebop*, un género emergente en la época, originario de Estados Unidos.

Ramón es el amigo y representante de Chico. Cree firmemente en el talento de Chico y piensa que su amigo es el mejor pianista de Cuba, por eso, lo alienta en su carrera musical. Pero a veces antepone su fascinación por el dinero y el poder.

Chico

Rita

Ramón

Ficha cultural · La Habana

La Habana, capital de Cuba, fue fundada por el navegante y político español Diego Velázquez de Cuéllar, en el año 1519. A partir de ese año, la ciudad se convirtió en el centro social y político más importante del Caribe y de las Américas. Inicialmente, piratas y corsarios franceses se disputaron la ciudad, destruyéndola con luchas sangrientas e incendios. Más tarde, la corona española decidió usar el puerto de la capital como lugar estratégico para sus viajes por las Américas, y construyó las mejores defensas militares de lo que, por aquel entonces, se llamaba Nuevo Mundo (países americanos recién descubiertos por europeos).

En esa época, el puerto de La Habana se convirtió en uno de los más modernos e importantes del planeta. Hasta allí viajaban navegantes, hombres de negocios, dignatarios, colonos y aventureros. Al puerto llegaban los tesoros americanos y europeos más preciados: cereales, café, azúcar, cacao, tabaco, especias, patatas, maíz, joyas, telas, perfumes... Por su importancia en el comercio internacional, La Habana pasó a ser una de las ciudades más visitadas del mundo.

En 1762 los británicos invadieron el país y tomaron la ciudad, y capturaron a la armada española. En La Habana se estableció un nuevo gobierno inglés, que apenas duró un año. Después de largas negociaciones, España cedió Florida (hoy un estado de Estados Unidos) a los ingleses, a cambio de Cuba.

Cuba se independizó de España en 1898. Los norteamericanos ocuparon la isla y se mantuvieron allí hasta 1902, año en que nació la República de Cuba.

A partir de este momento, La Habana vivió una época de riqueza y vitalidad. Durante los siglos XIX y XX se construyeron edificios religiosos, residencias, empresas, museos, hoteles, teatros y, sobre todo, cabarets y salas de baile. La música se convirtió en uno de los elementos identificativos de la cultura cubana.

Hoy en día, y desde 1959, Cuba es un estado con un solo partido político, el Partido Comunista de Cuba. La Habana sigue siendo el principal puerto y la capital del país.

Desde 1982, el centro histórico de La Habana, donde se desarrolla parte de *Chico & Rita*, es parte del Patrimonio de la Humanidad.

La Habana, en los años 50.

El puerto y la bahía de La Habana, hoy.

Músicos en una calle del centro histórico.

Ficha cultural · **La música y el *jazz* cubano**

En *Chico & Rita* aparecen muchos números musicales. La mayor parte de ellos son música de *jazz* latino, con influencias africanas y norteamericanas. En Cuba, la música es importante. Es común encontrar músicos callejeros o vecinos que se reúnen para tocar instrumentos y compartir sesiones improvisadas. La trompeta, el piano, la guitarra, el saxofón y una colección variada de instrumentos de percusión, como el latinoamericano güiro, son las herramientas elegidas para realizar composiciones musicales, típicamente cubanas. Los géneros a elegir varían mucho, debido a que, con el tiempo, Cuba ha ido acogiendo todo tipo de ritmos, desde la salsa más caribeña, hasta el *jazz* más europeo.

En la película que vas a ver, cuando Chico conoce a Rita, le cuenta cosas sobre los músicos cubanos que se fueron de Cuba a probar suerte en la ciudad de Nueva York. El pianista menciona a Mario Bauzá, Miguelito Valdés, Machito y Chano Pozo. Estos músicos existieron en realidad y fueron algunos de los nombres más importantes del *jazz* cubano. Además, inventaron distintos géneros y subgéneros musicales, entre ellos el *jazz* afrocubano. Este fue un género de fusión entre el innovador *bebop*, un ritmo norteamericano, y la música tradicional cubana.

Dizzie Gillespie, según muchos expertos el mejor trompetista de todos los tiempos, dijo que «los músicos cubanos llegaron a Nueva York y revolucionaron la ciudad y el *jazz* que se tocaba allí, en los años 40 y 50. Eran capaces de tocar como nadie. Eran los reyes del *jazz* latino».

A finales de los años 40, el *jazz* afrocubano pasó a llamarse *cubop*, unión de las palabras Cuba y *bebop*.

Músicos en las calles de La Habana.

El güiro, un instrumento de percusión autóctono de América Latina y de uso común en Cuba.

Un sello conmemorativo del servicio postal de Estados Unidos, con la imagen de Tito Puente.

«Los músicos cubanos revolucionaron Nueva York». Dizzie Gillespie.

PARTE 1

Tiempo	Descripción
00:00:00 00:22:13	Desde el principio de la película, hasta que Chico golpea su piano, al irse Juana de su habitación.

¡Qué interesante!

Los personajes de la película que vas a ver son cubanos. Si no estás familiarizado con el acento y la forma de hablar de este país, enseguida te darás cuenta de que se trata de una variante del español, única del Caribe. Además de algunas palabras típicas de Cuba como «almendrón» (un coche antiguo, muy común en La Habana), «consorte» (amigo), «chivo» (bicicleta), «gao» (casa) o «rufa» (autobús), también verás que el orden gramatical de algunas frases es distinto al de otras variantes del español que puedas conocer. De este modo, al hacer preguntas, los cubanos suelen invertir el orden del pronombre personal y el verbo. Por ejemplo, en lugar de decir: «¿Qué haces?» o «¿Qué haces tú?», los cubanos normalmente dicen: «¿Qué tú haces?». O «¿Qué tú piensas?», «¿Qué tú dices?», etc. Mientras ves la película, observa y anota cualquier otra diferencia con la variante del español que has aprendido y luego coméntala en clase.

✳ ANTES DE VER ESTE SEGMENTO

1 ❯ **¿Has visto alguna película de animación? ¿De qué película se trata? ¿Te gustó? ¿Por qué? Habla de ella en cinco líneas.**

_____

_____

_____

_____

2 ❯ **¿Te gusta la música latina? ¿Qué cantantes o músicos conoces?**

_____

_____

_____

✳ VOCABULARIO

¿Conoces el significado de estas palabras? Busca su significado en el diccionario o consulta su traducción al inglés a partir de la página 211.

Vocabulario nuevo
los celos (sust.)
el compadre (sust.)
disfrutar (v.)
agarrarse (v.)
lindo (adj.)
el tono (sust.)
arrancar (v.)
arañar (v.)

Cognados
el cabaret (sust.)
el/la pianista (sust.)
la orquesta (sust.)
el yanqui (sust.)

Expresiones
¿llegó el pollo?
¿qué hay?
¡qué rico!
no hay moros en la costa
dejar en paz
¡hermano!
¡dale! (dar)

3 Lee de nuevo la sección «Los personajes». ¿Con cuál de ellos crees que vas a simpatizar más? ¿Por qué?

_____

_____

_____

_____

✳ MIENTRAS VES ESTE SEGMENTO

1 Elige la respuesta correcta.

1. ¿A quién saluda Chico en su barrio?
a. A unos músicos callejeros.
b. A unos chicos que escuchan música.
c. A su amigo Ramón.
d. A un vecino.

2. ¿Qué hace Chico cuando llega a su casa?
a. Pone la radio y se sirve una bebida.
b. Toca el piano.
c. Prepara habichuelas negras con arroz.
d. Habla con su amigo.

3. ¿Con quién vive Chico?
a. Con su mujer, Rita.
b. Solo.
c. Con dos compañeros de piso.
d. Con su madre.

4. ¿En qué año piensa Chico cuando recuerda el pasado?
a. En el año 1955.
b. En el año 1948.
c. En el año 1930.
d. En el año 1960.

5. ¿Dónde ve Chico a Rita por primera vez?
a. En la playa.
b. En el escenario.
c. En el puerto.
d. En el paseo marítimo de la ciudad.

6. ¿Adónde van Chico y su representante a buscar a Rita?
a. Al Club de los Trópicos.
b. Al norte de la isla.
c. Al Club Tropicana.
d. Al Club Bebop.

7. ¿Qué le dice Chico a Rita cuando hablan en la barra del bar?
a. Que quiere casarse con ella.
b. Que quiere llevarla a Nueva York.
c. Que lleva toda su vida esperándola.
d. Que quiere bailar con ella toda la noche.

8. ¿Por qué debe Chico tocar el piano en la orquesta?
a. Porque el pianista de la orquesta está enfermo.
b. Porque el pianista de la orquesta no ha venido a trabajar hoy.
c. Porque al pianista de la orquesta se lo han llevado al hospital.
d. Porque el pianista de la orquesta ha sido secuestrado.

9. ¿Qué hacen Chico y Rita en el Bar Bambú?
a. Tocan el piano y cantan.
b. Beben y hablan.
c. Miran fotografías de Cuba.
d. Hablan sobre sus familias.

10. ¿Quién llama a la puerta del piso de Chico, a la mañana siguiente?
a. La novia de Chico, Julia.
b. Juana, la novia de Chico.
c. Juana, la hermana de Chico.
d. Julia, la hermana de Chico.

2 ¿Qué descripciones corresponden a la compañera de baile de Chico en la primera escena, a Julia y a Rita? Marca las casillas.

	compañera de baile	Julia	Rita
1. es cubana			
2. es americana			
3. es una cantante			
4. es una turista			
5. es temperamental			
6. es desenfadada			
7. tiene mal genio			
8. es alegre			

❄ DESPUÉS DE VER ESTE SEGMENTO

1 Después de la pelea, ¿crees que Chico va a volver a ver a Rita? ¿Qué planes crees que Chico tiene para ella?

_____

_____

2 Observa estos instrumentos musicales que aparecen en la película. ¿Sabes cómo se llaman? Conecta las imágenes con sus nombres.

a. ●   b. ●   c. ●

1. la pandereta ●

2. el contrabajo ●

3. el bongo ●

d. ●   e. ●

4. las maracas ●

5. el güiro ●

¡Qué interesante!

Javier Mariscal, uno de los directores del film, es un diseñador gráfico muy conocido en España. Comenzó su carrera en los años 70 como dibujante de cómics. En los años 80 se le conoció por sus originales diseños de muebles, algunos de los cuales se convirtieron en verdaderos iconos decorativos. Pero fue en el año 1987 cuando saltó a la fama, al crear la mascota oficial de los Juegos Olímpicos de 1992, que se celebraron en Barcelona, la ciudad en la que vive. Desde entonces, Mariscal ha diseñado hoteles, espectáculos audiovisuales, objetos para niños, logos y esculturas. *Chico & Rita* es su último proyecto.

3 Observa esta imagen aparecida en el primer segmento de la película. Se trata de la huída de los protagonistas del Club Tropicana. ¿Recuerdas qué dicen los personajes? Escribe lo que recuerdes en los bocadillos.

4 Consulta en la sección fotográfica de tu buscador de Internet favorito los diseños de Javier Mariscal. Desde su casa de muñecas, hasta su mascota olímpica Cobi, pasando por sus portadas de libros e interiores de fregaderos, la imaginación de este creador típicamente mediterráneo te sorprenderá. ¿Qué diseño te ha llamado la atención? ¿Por qué?

PARTE 2

Tiempo	Descripción
00:22:13 00:45:33	Desde que Chico golpea su piano, al irse Juana de su habitación, hasta que Rita echa a Chico de su camerino.

✳ ANTES DE VER ESTE SEGMENTO

1 Chico y su representante necesitan a una cantante. Observa esta imagen. ¿De qué crees que están hablando los dos hombres? Anota tus teorías aquí. Luego, sigue viendo la película y contrasta la historia con tus notas.

_____

_____

_____

_____

2 En la segunda parte de este segmento, Rita se va a Nueva York sin Chico, ¿qué crees que va a hacer allí?

_____

_____

✳ MIENTRAS VES ESTE SEGMENTO

1 En la primera parte de este segmento, los protagonistas están en Cuba. Ordena estas citas cronológicamente.

1. «El precio del éxito, es el éxito», representante americano. ☐

2. «Los ganadores del concurso de aficionados son... ¡la pareja número 21!», presentador del concurso. ☐

3. «Besaría el suelo que pisas, si vivieras en un barrio más limpio», Chico. ☐

4. «Te di lo que querías... ¿satisfecho?», Rita. ☐

✳ VOCABULARIO

¿Conoces el significado de estas palabras? Busca su significado en el diccionario o consulta su traducción al inglés a partir de la página 211.

Vocabulario nuevo
el concurso (sust.)
los arreglos (sust.)
pésimo (adj.)
manejar (v.)
el ganador (sust.)
abrazar (v.)
la muchacha (sust.)

Cognados
el mulato (sust.)
el aficionado (sust.)
la suite (sust.)

Expresiones
como si nada
¿y a ti, qué se te perdió?
no se le escapa nada
pasar la noche en vela
dormir la mona
estamos en paz
como quieras

5. «Necesito a una cantante», Chico.   **A**

6. «Yo me olvido de ti, y tú te olvidas de mí», Rita.

7. «Lástima que no me enamoré de ti», Rita.

✳ DESPUÉS DE VER ESTE SEGMENTO

1 **Cuando Chico es mayor, recuerda sus experiencias de joven. ¿Qué palabras asociarías a su vida actual? Marca las palabras que mejor la describan. Luego, justifica tu elección.**

☐ nostalgia   ☐ tristeza   ☐ pobreza   ☐ resignación   ☐ felicidad

☐ alegría   ☐ melancolía   ☐ soledad   ☐ pasión   ☐ satisfacción

2 **¿Por qué crees que Rita no quiere saber nada de Chico?**

_____

_____

3 **En la película se oyen las siguientes expresiones. ¿Qué quieren decir? Conéctalas con sus significados aproximados. Luego, mira las traducciones de la página 211 y comprueba si has acertado.**

1. ¿Y a ti, qué se te perdió?   ●   ●   a. Descansar durante horas, después de haber bebido.
2. No se le escapa nada.   ●   ●   b. Ahora no nos debemos nada.
3. Pasar la noche en vela.   ●   ●   c. ¿Qué te pasa?
4. Dormir la mona.   ●   ●   d. Se entera de todo.
5. Estamos en paz.   ●   ●   e. No dormir en toda la noche.

4 **Los directores han usado un estilo muy particular para recrear las escenas musicales. ¿Qué detalles te han llamado más la atención? ¿Por qué?**

_____

_____

5 **Completa estas frases con las palabras adecuadas de la sección «Vocabulario nuevo» del segmento que acabas de ver.**

1. En este país es imposible _____ un auto.
2. Chico debe hacer _____ de una canción.
3. _____ del concurso es la composición de Chico.
4. Esa mujer es _____ para las relaciones.
5. Chico solo quiere _____ a Rita.
6. Rita dice no ser _____ que era en Cuba.

6 **¿Cómo imaginas la vida en Estados Unidos, en los años 40? ¿Cómo hubiera sido la vida diaria allí para alguien como Rita? Escríbelo con tus propias palabras.**

_____

_____

PARTE 3

Tiempo	Descripción
00:45:33 01:08:50	Desde que Rita echa a Chico de su camerino, hasta que ella le va a ver al club donde él trabaja.

✳ ANTES DE VER ESTE SEGMENTO

1 Chano Pozo fue un músico cubano que emigró a Nueva York. El artista aparece en la película, en una recreación sobre un momento importante de su vida. Haz una búsqueda en Internet y lee su biografía. Luego, visualiza este segmento.

2 ¿Cómo describirías la amistad entre Chico y Ramón? Elige las palabras que te hagan pensar en esta relación. Luego, justifica tu elección.

incondicionalidad	▢	lealtad	▢
interés	▢	dinero	▢
confianza	▢	fuerza	▢
unión	▢	compañerismo	▢
sinceridad	▢	familiaridad	▢

✳ MIENTRAS VES ESTE SEGMENTO

1 Marca la opción correcta, ¿es verdadero (V) o falso (F)?

1. Después de salir del camerino de Rita, Chico se va a casa.   ▢ V ▢ F

2. Chico y su representante conocen a Chano Pozo.   ▢ V ▢ F

3. Chico es testigo del asesinato de Chano Pozo.   ▢ V ▢ F

4. Al entierro al que acude Chico, no va mucha gente.   ▢ V ▢ F

5. Rita es una cantante popular en Nueva York.   ▢ V ▢ F

6. El productor americano le regala dos coches a Rita.   ▢ V ▢ F

7. En Nueva York, Chico toca el piano para ganarse la vida.   ▢ V ▢ F

8. Después de comer frijoles, Rita lleva a Chico a un hotel.   ☐ V   ☐ F

9. Ramón envía a Chico a París.   ☐ V   ☐ F

10. Rita rueda una película en Hollywood.   ☐ V   ☐ F

2 **¿Por qué aparece Rita en la prensa americana?**

_____

_____

❋ DESPUÉS DE VER ESTE SEGMENTO

1 **Después de hablar con Rita, una vez en Nueva York, Ramón le dice a Chico que «no es el fin del mundo». ¿A qué se refiere? ¿Qué significa esta expresión? Descríbela con tus propias palabras.**

_____

_____

2 **El músico Chano Pozo habla con Ramón y Chico y dice que: «No podemos usar el mismo baño» y «debemos viajar en la parte de atrás de la guagua». ¿A qué se refiere?**

_____

_____

3 **A Rita le gustan mucho los frijoles. Este ingrediente es típico de la gastronomía cubana. ¿Qué otras cosas típicas de Cuba conoces? Encuentra los intrusos.**

☐ 1. La banana frita   ☐ 2. Los coches clásicos   ☐ 3. La bandera

☐ 4. La Bodeguita del Medio   ☐ 5. Los tacos   ☐ 6. El puro habano

Ficha cultural · Bebo Valdés

El músico de La Habana Bebo Valdés (1918), personaje central de la época dorada de la música cubana y una de las únicas figuras legendarias del *jazz* afrocubano todavía vivas, es el compositor de todas las canciones de *Chico & Rita*. También es quien toca las canciones de Chico, al piano. Idania Valdés, pone la voz a Rita en todas las intervenciones musicales de este personaje.

Bebo tuvo un importante rol en la creación del mambo, un ritmo musical cubano. También creó la batanga, otro ritmo del país. En 1960 Bebo emigró a México, Estados Unidos, España y, finalmente, Suecia. En este país escandinavo vivió durante muchos años, tocando el piano en un restaurante de Estocolmo.

Bebo Valdés, en un retrato reciente.

En 1994, el compositor y pianista grabó el CD *Bebo Rides Again* y participó en el documental de Fernando Trueba *Calle 54* (2000), una producción sobre la época dorada de la música cubana. A partir de este momento, su carrera musical experimentó un gran cambio impulsado por Trueba, con quien, a través de su compañía, produjo una serie de grabaciones como *El arte del sabor* (2001), *Lágrimas negras* (2003) y *Juntos para siempre* (2008).

Estos CD, y otros más, le ayudaron a conseguir innumerables premios de música, como dos premios Grammy Latino al mejor álbum de música tropical y dos premios Grammy al mejor álbum de *jazz* latino.

Bebo vive en Málaga, España, donde disfruta del éxito internacional de *Chico & Rita* y donde sigue componiendo y tocando el piano.

PARTE 4

Tiempo	Descripción
01:08:50 01:30:00	Desde que Rita va a ver a Chico al club donde él trabaja, hasta el final.

✳ ANTES DE VER ESTE SEGMENTO

1 ¿Qué crees que va a pasar con la relación entre Rita y el promotor americano? ¿Por qué?

_____

_____

_____

2 ¿Piensas que Chico y Rita acabarán juntos? ¿Qué cosas deben pasar para que así sea?

_____

_____

_____

✳ MIENTRAS VES ESTE SEGMENTO

1 Elige la respuesta correcta.

1. **¿Quién espera a Chico a la salida de su club?**
a. Rita.
b. El promotor americano.
c. Ramón.
d. Lily.

2. **¿Qué ve el promotor americano en el periódico?**
a. Una fotografía de Lily.
b. Un titular sobre Chico.
c. Una fotografía de Chico y Rita, juntos.
d. Una fotografía suya.

✳ VOCABULARIO

¿Conoces el significado de estas palabras? Busca su significado en el diccionario o consulta su traducción al inglés a partir de la página 211.

Vocabulario nuevo
lamer (v.)
la esperanza (sust.)
estropear (v.)

Cognados
la carrera (sust.)
el futuro (sust.)
la expresión (sust.)
el pasaporte (sust.)
el show (sust.)
imperialista (adj.)
el enemigo (sust.)
la revolución (sust.)
el maestro (sust.)

Expresiones
hasta nueva orden
hacerse la luz
a los cuatro vientos

3. ¿Qué le dice Rita a Chico por teléfono?

a. Que ella solo piensa en el futuro.

b. Que ella solo piensa en el pasado.

c. Que tiene todas las esperanzas puestas en el pasado.

d. Que tiene todas las esperanzas puestas en el futuro.

4. ¿Qué le dice Chico a Ramón?

a. Que quiere irse de Nueva York.

b. Que se quiere casar.

c. Que se muda a Las Vegas.

d. Que no tiene trabajo.

5. ¿Con quién toca Chico en el club?

a. Con Chano Pozo.

b. Con Tito Puente.

c. Con Dizzie Gillespie.

d. Con Bebo Valdés.

6. ¿Qué hace Ramón en el camerino de Chico?

a. Pone una bolsita de droga en la chaqueta de Chico.

b. Toma droga.

c. Vende droga.

d. Ofrece droga a Chico.

7. ¿Por qué cancelan el espectáculo de Rita?

a. Porque bebe y critica su situación en los Estados Unidos, en el escenario.

b. Porque habla mal del club de Las Vegas donde trabaja.

c. Porque se siente mal.

d. Porque Chico aparece en el escenario.

8. ¿Por qué retienen el pasaporte de Chico en Cuba?

a. Porque la revolución cubana ha comenzado.

b. Porque el promotor americano lo ha ordenado así.

c. Porque su pasaporte ha caducado.

d. Porque el gobierno americano no quiere que Chico vuelva a su país.

9. ¿Cómo le cambia la vida a Chico después de conocer a la cantante española?

a. Encuentra el éxito internacional.

b. Encuentra a Rita.

c. Emigra a Estados Unidos.

d. Emigra a España.

10. ¿Dónde vive ahora el promotor americano?

a. En un hotel, en Nueva York.

b. En un apartamento, en Las Vegas.

c. En una residencia de ancianos.

d. En Cuba.

2 ¿Cómo es el reencuentro entre Chico y Rita? Elige los adjetivos que mejor describan esta escena.

violento ☐	enternecedor ☐	romántico ☐	sorprendente ☐
esperado ☐	incómodo ☐	inesperado ☐	predecible ☐

✳ DESPUÉS DE VER ESTE SEGMENTO

1 Ahora que has visto la historia, ¿qué piensas de Ramón? ¿Qué sentimientos crees que Chico tiene hacia él?

_____

_____

2 ¿Crees que la vida de Chico en la película está inspirada en la vida de Bebo Valdés? Destaca al menos cuatro cosas que te hagan pensar eso.

1. _____ .

2. _____ .

3. _____ .

4. _____ .

3 Cuando a Chico le buscan unos extranjeros, el pianista toca la canción *Lily* al piano y una cantante se sienta a su lado. Se trata de la española Estrella Morente. Realiza una búsqueda en Internet para saber más sobre esta artista. Luego, responde a estas preguntas.

1. ¿Dónde nació?

_____

2. ¿Qué edad tiene?

_____

3. ¿A qué se dedican sus padres?

_____

4. ¿Qué tipo de música canta?

_____

5. ¿Dónde vive?

_____

6. ¿Qué premios musicales ha ganado?

_____

El hijo de la novia

de Juan José Campanella

123 min.

RICARDO DARÍN · HÉCTOR ALTERIO · NORMA ALEANDRO

EL HIJO DE LA NOVIA

* **5** COSAS SOBRE LA PELÍCULA

Es una película argentina. Se estrenó en 2001.

Fue candidata al Oscar en la categoría de mejor película extranjera.

Ganó varios premios. Entre ellos, el Premio de la Audiencia en el festival de cine de La Habana (2001) y el Gran Premio Especial del Jurado en el festival de cine de Montreal (2001).

El elenco de la película está integrado por actores muy famosos en Argentina y en España, como Héctor Alterio, Norma Aleandro, Ricardo Darín y Natalia Verbeke. Los actores recibieron varios premios por esta película.

Juan José Campanella, el director, tiene una breve participación en *El hijo de la novia*, interpretando al médico que atiende a Rafael en el hospital.

Sinopsis

Rafael Belvedere es un hombre de mediana edad que administra un restaurante italiano en Buenos Aires, heredado de su padre Nino, ya jubilado. Rafael no disfruta con su trabajo: vive estresado y discute diariamente con sus proveedores. Además de sus exigencias laborales, Rafael tiene a menudo discusiones con Sandra, su exesposa, a propósito de Vicky, la hija de ambos. También atraviesa dificultades con Natalia, su nueva pareja, especialmente cuando Juan Carlos, un viejo amigo de Rafael, aparece en escena.

Un día, Nino decide casarse por la iglesia con su esposa Norma, con quien lleva 44 años de matrimonio por lo civil. Norma padece el mal de Alzheimer y vive en una residencia, a la que Nino acude todos los días para pasar un rato charlando y haciendo compañía a su mujer. Cuando Nino pide ayuda a Rafael para organizar la boda, este, conmovido por el amor de sus padres a pesar de las dificultades, se ve obligado a revisar su vida.

Los personajes

Antonio «Nino» Belvedere es un inmigrante italiano que se crió en Buenos Aires y dedicó toda su vida a trabajar en su propio restaurante. Está casado con Norma, a quien adora, y tiene un solo hijo, Rafael. Nino es un hombre optimista y tranquilo.

Norma Belvedere es la mujer de Nino y la madre de Rafael. Vive en una residencia para personas mayores, ya que padece el mal de Alzheimer y necesita atención permanente. Ama a su esposo y a su familia, aunque sus problemas de memoria a veces dificultan las relaciones.

Rafael Belvedere es empresario. Ha heredado el restaurante familiar y lucha por sacarlo adelante en un país en crisis. Tiene una hija, Vicky, cuya custodia comparte con su exmujer. También tiene una nueva pareja, Nati, una chica mucho más joven que él.

Juan Carlos es un viejo amigo de Rafael, su compañero de juegos de la infancia. Después de muchos años sin verse, llama a Rafael para reencontrarse con él. Es actor, aunque no tiene mucho trabajo. Es una persona positiva, bromista y muy sensible.

Nati es la novia de Rafael. Estudia Psicología. Es una chica alegre, sincera y optimista, que quiere mucho a Rafael pero no está dispuesta a dejar que él descuide su relación.

Vicky es la hija de Rafael y de su exmujer, Sandra. Es una niña madura para su edad, alegre y creativa.

Norma y Rafael

Nino y Norma

Nati

Juan Carlos

Ficha cultural · Buenos Aires y sus habitantes

Buenos Aires es la capital de Argentina. Está situada en el centro este del país, sobre el Río de la Plata.

El español Pedro de Mendoza fundó Buenos Aires en 1536 y, tras el ataque de los indígenas que vivían en la zona, Juan de Garay volvió a fundarla en 1580. Desde 1826 es la capital del país.

Actualmente, en la ciudad viven 2 890 000 personas. Si se toma en cuenta la periferia, llamada «Gran Buenos Aires», el total de habitantes es de 12 800 000, número que la convierte en la segunda ciudad más poblada de América Latina.

La arquitectura de Buenos Aires es muy variada, ya que refleja la historia y las influencias culturales importantes en la historia de la ciudad. Hay edificios y casas de estilos *art nouveau*, *art decó*, barroco y colonial, entre otros. Además, hay muchos rascacielos, sobre todo en el centro financiero. En esta zona está también el obelisco, un monumento histórico que se construyó en 1936 y es hoy una de las imágenes más típicas de la ciudad.

Los habitantes de Buenos Aires se llaman «porteños», en referencia al hecho de que viven en una ciudad portuaria. Tienen una mejor calidad de vida que el resto de los argentinos, ya que cuentan con un poder adquisitivo tres veces más alto. El 80% de los porteños tiene una familia pequeña y vive en un hogar con tres personas o menos. Trabajan, como promedio, siete horas al día, y suelen viajar en colectivo (autobús), el medio de transporte más usado.

Vivir en una ciudad tan grande como Buenos Aires es estresante. Una de las prácticas habituales de los porteños es hacer terapia. La ciudad tiene la densidad de psicólogos por persona más alta del mundo: 949 terapeutas cada 100 000 habitantes. También se relajan con actividades culturales: yendo al cine, al teatro, a conciertos de música o leyendo. Finalmente, disfrutan reuniéndose para tomar un café o un mate (una infusión típica de Argentina) con los amigos y la familia.

El barrio de Puerto Madero, junto al Río de la Plata.

El obelisco, un símbolo de Buenos Aires.

Unos amigos tomando mate en una plaza de la ciudad.

Ficha cultural · El tiramisú

En la película que has visto, Nino y Rafael preparan tiramisú, la especialidad de su restaurante.

El tiramisú es un postre italiano que llegó a Argentina con la ola de inmigración europea que vivió el país, a principios del siglo XX. Eran años de dificultades económicas y problemas sociales en Italia, a causa de una revolución industrial tardía que originó un gran desplazamiento de campesinos hacia las ciudades, donde vivían en condiciones precarias. Atraídos por un país joven y rico, con un gobierno que quería poblar y desarrollar el territorio, miles de italianos (y españoles y, en menor medida, europeos de otras nacionalidades) llegaron a la región del Río de la Plata con su idioma, sus costumbres y sus recetas de cocina.

Hoy, muchos platos de origen italiano han sido adoptados por los argentinos como propios.

Aprende a preparar tiramisú con esta receta:

Una porción de tiramisú.

Ingredientes:

500 ml de crema de leche, o nata
250g de queso mascarpone
75ml de vino dulce o licor de almendras
5 cucharadas de azúcar blanco
300ml de café fuerte
175g de galletas savoiardi
25g de chocolate amargo
2 cucharadas de chocolate amargo en polvo

Preparación:

1. Poner la crema de leche, el queso mascarpone, el vino dulce y el azúcar en un bol grande. Batir, hasta que la crema y el queso estén completamente mezclados y tengan la consistencia de nata montada espesa.

2. Preparar la fuente donde vas a servir el postre. Poner el café en un plato hondo y sumergir varias galletas a la vez durante algunos segundos, dándolas vuelta para que absorban el café de modo parejo, sin llegar a desarmarse.
3. Poner las galletas en el fondo de la fuente, una al lado de la otra, para crear una capa.
4. Esparcir una cantidad generosa de la mezcla de crema sobre las galletas.
5. Rallar chocolate por encima, y volver a poner una capa de galletas embebidas en café. Termina el postre con otra capa de crema.
6. Cubrir la fuente y ponerla en la heladera durante tres o cuatro horas como mínimo.
7. Antes de servir, espolvorear el chocolate en polvo sobre la superficie del postre.

Ficha cultural · El mal de Alzheimer

La enfermedad de Alzheimer, también conocida como el mal de Alzheimer, es una enfermedad que afecta a las neuronas. Fue identificada por primera vez por Alois Alzheimer, un neurólogo alemán, en 1906.

Se caracteriza por la pérdida progresiva de la memoria y otros cambios en la conducta habitual de la persona, a medida que ciertas partes del cerebro dejan de funcionar. Algunos síntomas comunes son la confusión mental, la irritabilidad, los cambios de humor y los problemas de lenguaje.

Es la forma más frecuente de demencia. Ocurre sobre todo en personas con más de 65 años. No se conoce la causa, pero se estima que la enfermedad aparece cuando hay una combinación de factores como la edad, la herencia genética, las características ambientales, la dieta y la salud general.

Aunque actualmente no hay cura para el mal de Alzheimer, se cree que varias conductas ayudan a prevenirlo. Estas son mantener la mente activa, por ejemplo con la práctica de crucigramas o el ajedrez; hacer actividad física regularmente; llevar una dieta sana y mantener bajo control otras condiciones, especialmente vasculares, como la presión sanguínea alta.

Es una enfermedad en aumento en muchos países desarrollados, y tiene un gran impacto social, ya que quienes la padecen requieren cuidado permanente y, en muchos casos, institucionalización.

El 21 de septiembre es el Día Mundial del Alzheimer, una jornada para difundir información sobre la enfermedad y ofrecer apoyo a pacientes y familiares. Este día, hay muchos eventos para reunir fondos destinados a la investigación y el tratamiento de esta patología.

El lazo de color violeta es el símbolo de la lucha contra esta enfermedad, y la esperanza de desarrollar una cura en el futuro.

Jugar al ajedrez es una de las actividades recomendadas para prevenir la demencia.

Desfile para apoyar la difusión de información sobre el Alzheimer en San Francisco, EE. UU.

El lazo de color violeta es el símbolo de la lucha contra la enfermedad.

PARTE 1

Tiempo	Descripción
00:00:00 00:38:10	Desde el principio de la película, hasta que Rafael sale del hospital y llega al restaurante.

ANTES DE VER ESTE SEGMENTO

1 **En este segmento aparecen varios tipos de profesionales. Para repasar, escribe debajo de cada fotografía el nombre de la profesión, el lugar de trabajo y dos cualidades importantes para desempeñarse con éxito en este campo profesional.**

1.

2.

3.

4.

5.

6.

VOCABULARIO

¿Conoces el significado de estas palabras? Busca su significado en el diccionario o consulta su traducción al inglés a partir de la página 212.

Vocabulario nuevo

los anteojos (sust.)
boludo (adj.)
el empleado (sust.)
mami / papi (sust.)
la mercadería (sust.)
la parrilla (sust.)
petisa (adj.)
pícaro (adj.)
el quilombo (sust.)
la denuncia (sust.)
el despelote (sust.)
el laburo (sust.)
el pibe (sust.)
la plata (sust.)

Cognados

el actor (sust.)
el cheque (sust.)
el cliente (sust.)
profesional (adj.)
la recesión (sust.)

Expresiones

¿qué hacés?
mal que mal
no hay caso
darse manija
darse cuenta de
darse los gustos
hacer caso (a alguien)
no quedar más remedio que

2 En este segmento, vas a ver varios tipos de saludo, típicos de Argentina. ¿Cómo se saluda la gente en tu país? ¿Qué diferencia hay entre saludos formales e informales? ¿Qué diferencia hay entre saludos a hombres y a mujeres?

_____

_____

✳ MIENTRAS VES ESTE SEGMENTO

1 Elige la respuesta correcta.

1. ¿Qué profesión tiene Rafael Belvedere?
a. Camarero.
b. Cocinero.
c. Empresario.
d. Ingeniero.

2. ¿Quién es Sandra?
a. La hermana de Rafael.
b. La mujer de Rafael.
c. La exmujer de Rafael.
d. La profesora de la hija de Rafael.

3. ¿Qué tipo de empresa es el restaurante de Rafael?
a. Una empresa multinacional.
b. Una empresa pública.
c. Una empresa extranjera.
d. Una empresa familiar.

4. ¿Qué le propone Yacali a Rafael durante la reunión?
a. Comer juntos.
b. Comprarle el restaurante.
c. Hacer una maratón.
d. Venderle el restaurante.

5. ¿Quién cumple años hoy?
a. La hija de Rafael.
b. La novia de Rafael.
c. El padre de Rafael.
d. La madre de Rafael.

6. ¿Cuánto hace que Rafael no ve a su madre?
a. Dos días.
b. Una semana.
c. Un año.
d. Dos años.

7. ¿Qué intenta hacer cuando el policía lo detiene?
a. Pagar la multa.
b. Darle dinero.
c. Discutir.
d. Escapar.

8. ¿Cómo es la gente con Norma?
a. Amable.
b. Impaciente.
c. Indiferente.
d. Maleducada.

9. ¿Por qué discuten Sandra y Rafael?
a. Porque Rafael le debe dinero.
b. Porque Victoria no quiere ver a su padre.
c. Porque Rafael se olvidó de ir a buscar a Victoria.
d. Porque Victoria sacó una mala nota.

10. ¿Qué le cuenta Victoria a Rafael mientras cena?
a. Que sacó una mala nota.
b. Qué escribió un poema y ganó un premio.
c. Que le gusta Pikachu.
d. Que se quiere ir de viaje.

2 Elige las dos o tres palabras de esta lista que mejor describan las vidas de cada uno de estos personajes.

1. Nino   _____

2. Norma   _____

3. Nati   _____

sorprendente feliz
inesperada desconcertada
exigente tradicional
solitaria moderna plena peligrosa
caótica triste

❋ DESPUÉS DE VER ESTE SEGMENTO

1 **¿Qué cosas causan estrés a Rafael Belvedere? Justifica tu(s) respuesta(s) con dos ejemplos de la película.**

1. El tráfico.   ☐

2. Las demoras en la entrega de productos.   ☐

3. Las noticias internacionales.   ☐

4. Los problemas con el banco.   ☐

5. Las discusiones con su madre.   ☐

6. Las clases de francés.   ☐

2 **Si fueras un amigo de Rafael, ¿qué consejos le darías cuando está en el hospital? Utiliza estas expresiones.**

Te recomiendo que
Te aconsejo que   + subjuntivo
(No) Es bueno que

Prepara sugerencias sobre…

1. Su salud. *Por ejemplo:* Te recomiendo que bebas menos vino.

_____

_____

_____

2. Su estilo de vida.

_____

_____

_____

3. Las relaciones con su familia.

_____

_____

_____

PARTE 2

Tiempo	Descripción
00:38:10 00:57:30	Desde que Rafael sale del hospital y llega al restaurante, hasta que Nino le propone matrimonio a Norma.

¡Qué interesante!

Rafael, el protagonista de la película, está divorciado de Sandra, la madre de su hija. En Argentina, el divorcio es legal desde 1987, cuando se aprobó la Ley 23 515, conocida popularmente como Ley de Divorcio. Hasta entonces, las parejas se separaban pero no se disolvía el vínculo del matrimonio, por lo que no podían volver a casarse, y si tenían hijos con otra pareja, se los consideraba extramatrimoniales. La Ley de Divorcio cambió la forma en que la sociedad veía al matrimonio y a la separación. «A partir de 1987 se produjo en Argentina un cambio profundo en los modelos familiares», dice Nélida Beroch, abogada especialista en el tema.

❋ VOCABULARIO

¿Conoces el significado de estas palabras? Busca su significado en el diccionario o consulta su traducción al inglés a partir de la página 212.

Vocabulario nuevo
la abogacía (sust.)
el asco (sust.)
la borrachera (sust.)
bancar (v.)
chupar (v.)
la cuadra (sust.)
las expectativas (sust.)
largar (v.)
lindo (adj.)
marearse (v.)
el prócer (sust.)
el susto (sust.)
la terapia intensiva (sust.)

Cognados
el ángel (sust.)
el problema (sust.)
eficiente (adj.)
la especialidad (sust.)
el pánico (sust.)

Expresiones
no entender un carajo
irse al carajo

❋ ANTES DE VER ESTE SEGMENTO

1. Al final del segmento anterior, Rafael vive una experiencia muy importante. ¿Has vivido una experiencia que te cambiara la vida? ¿Qué cosas, además de una enfermedad, pueden cambiar la vida de una persona? ¿Qué cambios hará Rafael en su vida, en tu opinión? Comenta en clase.

2. Lee las palabras de las secciones «Vocabulario nuevo» y «Cognados», a la derecha. Completa con los términos que correspondan a estas definiciones. Finalmente, haz el crucigrama de la página siguiente con las palabras resultantes.

Horizontal

3. Estado de intoxicación tras beber mucho alcohol.
   B _ _ _ _ _ _ _ _ _ _ .

5. Sector del hospital donde se trata a los enfermos graves.
   T E R A P I A   I N T E N S I V A .

6. Persona que se distingue por sus logros, en general políticos o militares. P_ _ _ _ _ _ .

7. Impresión desagradable causada por algo repugnante. A _ _ _ _ .

Vertical

1. Impresión repentina causada por el miedo. S _ _ _ _ .

2. Dificultad, situación de solución difícil. P _ _ _ _ _ _ _ _ .

4. Medida de longitud que abarca aproximadamente 100 metros.
   C _ _ _ _ _ .

✳ MIENTRAS VES ESTE SEGMENTO

1 **Marca la opción correcta.**

1. ¿Qué decisión toma Rafael al salir del hospital?
a. Abrir otro restaurante.
b. Casarse con Nati.
c. Vender el restaurante.
d. Cambiar el menú del restaurante.

2. ¿Con qué compara Nino a Norma?
a. Con un fantasma.
b. Con una actriz de cine.
c. Con un ángel.
d. Con una modelo.

3. ¿Por qué discuten Natalia y Rafael en su casa?
a. Porque Rafael está en contra del casamiento.
b. Porque ella no quiere tener hijos.
c. Porque Nati no quiere casarse.
d. Por dinero.

4. ¿Qué sugiere Juan Carlos cuando llega a la casa de Rafael?
a. Ver una película.
b. Pedir comida china.
c. Pedir pizza.
d. Hacer una fiesta.

5. ¿Qué opina Juan Carlos sobre la boda?
a. Está en contra.
b. Está confundido.
c. Está de acuerdo.
d. No tiene ninguna opinión.

6. ¿Con qué frecuencia visita el padre de Rafael a Norma?

a. Tres veces por semana.
b. Dos veces al mes.
c. Todos los días.
d. Todos los domingos.

7. ¿Con qué compara Juan Carlos su vida?

a. Con una canción de salsa.
b. Con una película.
c. Con una tragedia.
d. Con un tango.

8. ¿Por qué se peleó Rafael con su madre?

a. Porque Rafael trabajaba en el restaurante.
b. Porque Rafael estaba casado con Sandra.
c. Porque Rafael abandonó sus estudios de abogacía.
d. Porque Norma no lo quería.

9. ¿Qué le hizo bien a Rafael, en ese momento difícil?

a. Empezar a administrar el restaurante.
b. Estudiar teatro.
c. Tener una hija.
d. Viajar al extranjero.

10. ¿Qué decide Rafael después de hablar con Juan Carlos?

a. Separarse de Nati.
b. Cambiar de profesión.
c. Ir al psicólogo.
d. Ayudar a su padre con la boda.

2 ▶ **Escucha y completa la declaración de Nino a Norma, al final del segmento.**

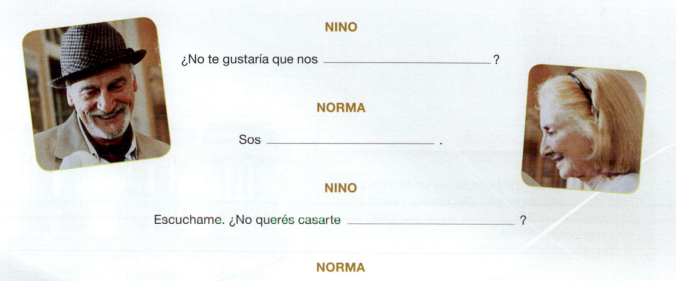

NINO

¿No te gustaría que nos _____?

NORMA

Sos _____ .

NINO

Escuchame. ¿No querés casarte _____ ?

NORMA

Mi _____ ...

✳ DESPUÉS DE VER ESTE SEGMENTO

1 Según lo que has visto hasta ahora, ¿qué personaje te interesa más y por qué? ¿Qué personaje te interesa menos y por qué?

_____

_____

_____

_____

2 ¿Qué sueños tienen los personajes de la película? Escribe uno al lado de cada nombre, comenzando la frase con «La o le gustaría...» *Por ejemplo:* Norma: Le gustaría casarse por la iglesia con Nino.

Rafael: _____

Vicky: _____

Nati: _____

Juan Carlos: _____

Norma: _____

3 En este segmento, Norma recita el poema *Setenta balcones y ninguna flor*. A Norma, a Nati y a Vicky les gusta mucho la poesía. ¿Qué simboliza, en tu opinión, la poesía en la película?

_____

_____

_____

_____

¡El consejo!

Setenta balcones y ninguna flor es un famoso soneto del poeta argentino Baldomero Fernández Moreno (1886-1950). Puedes leerlo completo en esta página de Internet:
www.poesi.as/bfm0003.htm.

PARTE 3

Tiempo	Descripción
00:57:30 01:30:00	Desde que Nino le propone matrimonio a Norma, hasta que Rafael lee el poema de Vicky en el restaurante de comida rápida.

¡Qué interesante!

El personaje de El Zorro, que Juan Carlos recuerda en varios momentos de la película, es un superhéroe creado por Johnston McCulley, escritor y guionista norteamericano. El Zorro es el alter ego de Don Diego de la Vega, un rico hacendado que asume su identidad secreta para luchar contra la injusticia en Los Ángeles, durante la época de la colonia española. La popularidad del personaje hizo que la historia se adaptara a diferentes medios, como la historieta, la radio, la televisión y el cine.

❋ ANTES DE VER ESTE SEGMENTO

1 **¿Qué dificultades había entre Rafael y su madre antes de que Norma desarrollara el mal de Alzheimer? ¿Cómo es, actualmente, el trato entre ellos? ¿Crees que Rafael quiere que esa relación cambie? ¿Por qué?**

_____

_____

_____

❋ VOCABULARIO

¿Conoces el significado de estas palabras? Busca su significado en el diccionario o consulta su traducción al inglés a partir de la página 212.

Vocabulario nuevo
la cosecha (sust.)
derretir (v.)
la empanada (sust.)
descalzo (adj.)
la muerte (sust.)
acomodar (v.)
el chiste (sust.)
el pendejo (sust.)
el edulcorante (sust.)
el trámite (sust.)
confiar (v.)
traicionar (v.)
la pesadilla (sust.)

Cognados
el álbum (sust.)
el chocolate (sust.)
el manual (sust.)
el restaurante (sust.)
el error (sust.)
la terapia (sust.)
la autorización (sust.)

Expresiones
en serio
estar en pedo
poner a alguien a prueba
cambiar de aire
valer la pena

2 ▸ Lee la columna «Expresiones», en la página 45. Luego, completa con la expresión adecuada para cada situación.

1. «¿ _____ ? No hay ninguna posibilidad de postergar el viaje, ¡no puedo creer que me lo preguntes ahora!».

2. «Muchas gracias por ayudarme con el examen. _____ , si no fuera por ti, no hubiera aprobado».

3. «México me parece un lugar perfecto para hacer un poco de turismo, estar tranquilo y _____ _____ ».

4. «Sé que este coche era un poco más caro, pero tiene tantas funciones útiles que me pareció que la diferencia de precio _____ ».

5. «Ella siempre ha tenido una vida tranquila. Pero últimamente, una sucesión de problemas laborales y dificultades familiares realmente _____ su fortaleza».

✳ MIENTRAS VES ESTE SEGMENTO

1 ▸ Relaciona las frases.

1. En el piso de Sandra, Rafael conoce
2. Sandra no reacciona bien
3. En la iglesia, Nino mira
4. Nino le dice al sacerdote
5. Según el sacerdote, la boda
6. Como Norma tiene Alzheimer,
7. En el *set* de filmación,
8. Juan Carlos confiesa a Rafael
9. En la calle, Rafael hace una escena de celos
10. En el bar, Nati le dice a Rafael

- a. que quiere una boda lujosa.
- b. costará unos 5 000 pesos.
- c. frente a Nati y al padre de ella.
- d. ante la idea de que Vicky viva en México.
- e. que está enamorado de Nati.
- f. a la nueva pareja de su exmujer.
- g. que quiere una relación como la de Nino y Norma.
- h. hay que pedir permiso para la boda al obispado.
- i. Rafael y Juan Carlos trabajan como extras.
- j. fijamente a Nati, cuando ella se acerca al altar.

2 ▸ Completa el poema de Vicky con las palabras del recuadro. Cuidado: hay más palabras de las necesarias.

abuelo	desgracias	río	cuidar
ayudan	divierto	voy	gracia
peine	separados	vida	reloj
quiero	tiempo	sol	años
piojos	deprimo	nena	flores

Tengo _____ en el pelo
y mi mamá los combate:
me pasa un _____ especial,
después me dice: «Enjuagate».

Tengo un papá que me cuenta
todo tipo de _____
yo me _____ todo el tiempo
porque me hacen mucha _____ .

Yo tengo mamá y papá
ellos viven _____
pero yo los _____ igual
me _____ en los dos lados.

Se preocupan todo el _____
me _____ con mis problemas
aunque yo siempre les digo
que ya no soy una _____ .

Yo los voy a _____ siempre
toda la _____ , no importa
que aunque dure muchos _____
mi _____ dice que es corta.

Vicky Belvedere

✳ DESPUÉS DE VER ESTE SEGMENTO

1 **¿Cómo se siente Rafael al leer el poema que escribió Vicky? ¿Crees que cambiará en algo su actitud hacia su hija? ¿Por qué?**

_____

_____

_____

_____

2 **Natalia y Rafael han tenido varios problemas en lo que va de la película. ¿Crees que forman una buena pareja? ¿Piensas que están enamorados uno del otro? Justifica tu respuesta con uno o dos ejemplos que hayas visto en este segmento.**

_____

_____

_____

_____

PARTE 4

Tiempo	Descripción
01:30:00 02:03:00	Desde que Rafael lee el poema de Vicky en el restaurante de comida rápida, hasta el final de la película.

✳ ANTES DE VER ESTE SEGMENTO

1 **Elige frases del recuadro y escribe una invitación a la boda de Norma Pellegrini y Antonio Belvedere. Cuidado: algunas de las frases no son apropiadas para la ocasión.**

> Tenemos el placer de comunicarles...
>
> Deseamos que nos acompañen en este día tan especial en...
>
> La presente tiene como finalidad recomendar...
>
> Anunciamos nuestro matrimonio, que se celebrará el...
>
> Tenemos el honor de invitarlo a usted y a su familia, al bautizo de nuestro hijo...
>
> Rogamos confirmar asistencia al...
>
> Me dirijo a Ud. para presentar mi renuncia...

_____

_____

_____

✳ VOCABULARIO

¿Conoces el significado de estas palabras? Busca su significado en el diccionario o consulta su traducción al inglés a partir de la página 212.

Vocabulario nuevo
el permiso (sust.)
el matrimonio (sust.)
el discernimiento (sust.)
el esfuerzo (sust.)
la pelea (sust.)
orgulloso (adj.)
el pensamiento (sust.)
la luna de miel (sust.)
pesado (adj.)

Cognados
el contrato (sust.)
la facultad (sust.)
sincero (adj.)

Expresiones
ser alguien
por los siglos de los siglos

2 **Relaciona cada situación con la fotografía que le corresponde. Luego, ordénalas cronológicamente.**

1. Los novios se van de luna de miel. ●

2. Los asistentes arrojan arroz a los ●
   recién casados (esta práctica está
   prohibida en algunos lugares).

3. La novia arroja el ramo. ●

4. Los novios intercambian los anillos. ●

5. Los novios pronuncian los votos ●
   matrimoniales.

6. El novio propone matrimonio a ●
   la novia.

a. ●   b. ●   c. ●

d. ●   e. ●   f. ●

3 **Los pasos del ejercicio anterior corresponden a una boda católica y tradicional. ¿Qué otros tipos de bodas conoces? Nombra dos y describe los elementos importantes de cada una.**

_____

_____

_____

❋ **MIENTRAS VES ESTE SEGMENTO**

1 **Decide si las frases son verdaderas (V) o falsas (F).**

1. La Iglesia decide que Nino y Norma no se pueden casar religiosamente, porque   ☐ V   ☐ F
   ella no tiene capacidad para entender lo que ocurre.

2. Rafael sufre un paro cardíaco mientras está en la iglesia, hablando con el sacerdote.   ☐ V   ☐ F

3. En la residencia, Norma le dice a Rafael que se quiere morir.   ☐ V   ☐ F

4. En una calle oscura, Nati confunde a Rafael con un ladrón.   ☐ V   ☐ F

5. Rafael llama a Nati por teléfono para pedirle perdón.   ☐ V   ☐ F

6. La boda se hace en la residencia donde vive Norma.   ☐ V   ☐ F

7. Juan Carlos es el sacerdote oficial enviado por la iglesia.   ☐ V   ☐ F

8. Después de la boda, Rafael, sus padres y el resto de la familia celebran el banquete en el restaurante familiar. □ V   □ F

9. El nombre del nuevo restaurante es Norma. □ V   □ F

10. Norma sonríe en la fotografía de la boda. □ V   □ F

✳ DESPUÉS DE VER ESTE SEGMENTO

1 ¿Piensas que Norma se enteró de que se estaba casando? Mira la foto y escribe un párrafo con los pensamientos de Norma en ese momento.

_____

_____

_____

_____

2 Después de ver el final de la película, ¿qué piensas que pasará con los personajes a continuación? Describe brevemente cómo son las vidas de Rafael, Nati, Vicky, Nino y Norma cinco años después de la boda.

_____

_____

_____

_____

_____

El orfanato

de Juan Antonio Bayona

100 min.

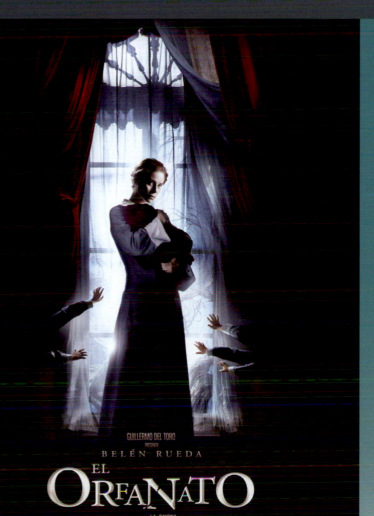

✳ **5** COSAS SOBRE LA PELÍCULA

Es una película española de misterio. Se estrenó en 2007.

Es el primer proyecto cinematográfico del director Juan Antonio Bayona. Tuvo mucho éxito: se convirtió en el film más taquillero de la historia del cine español, después de *Los otros*, de Alejandro Amenábar.

La protagonista es Belén Rueda. Esta actriz también interpretó al personaje principal de la película *Mar Adentro* (página 119 de este libro).

La película estuvo nominada a 61 premios de cine, de los cuales ganó 31, incluyendo 7 premios Goya.

El productor de la película es Guillemo del Toro, productor y guionista mexicano. En 2012 Del Toro producirá una versión norteamericana de la película, con actores estadounidenses y rodada en inglés.

Sinopsis

Laura y Carlos, y su hijo pequeño Simón, se mudan a una enorme y antigua casa de la costa norte de España. Se trata de una mansión de piedra, típica de la zona asturiana en la que Laura ya había vivido de niña: ella se crió allí, junto a otros niños que, como ella, eran huérfanos.

La pareja quiere abrir una escuela para niños con dificultades de aprendizaje en la nueva casa, y pronto recibirán la visita de muchos padres interesados en que sus hijos vivan en la mansión.

Pero un juego de niños traerá consigo muchas preocupaciones para la joven pareja: Laura se enfrentará a una serie de miedos, sospechas y recuerdos del pasado que le harán experimentar un largo viaje emocional. Carlos deberá tomar ciertas decisiones que van en contra de sus creencias. Esto pondrá en peligro los fuertes lazos de unión entre él y su mujer. Simón conocerá a Tomás, un amigo que le ayudará a descubrir sus verdaderos orígenes. Además, Tomás le conducirá a un grupo de niños con los que querrá compartir juegos y una amistad que durará para siempre.

Los personajes

Laura está casada con Carlos y es la madre de Simón, un niño de siete años. Laura se crió en el orfanato que había en la casa donde se acaba de mudar con su familia.

Carlos es el marido de Laura. Es médico. Quiere abrir un centro de cuidados para niños discapacitados, con su mujer, Laura. Por eso, se han mudado a una casa grande, cerca del mar.

Simón es el hijo de Laura y Carlos. Es un niño portador del virus VIH. Simón no conoce su condición médica. El niño tiene muchos amigos, pero sus padres piensan que estos no existen. Ellos creen que Simón se los inventa.

Pilar es una psicóloga. Cuando Simón desaparece tras una tarde de juegos, ella intenta ayudar a Laura y Carlos a encontrarlo. Gracias a Pilar conocen la historia de Benigna y su hijo, Tomás.

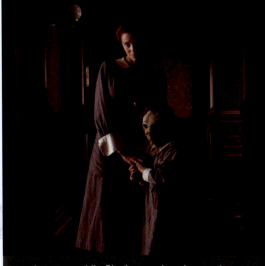

Laura y su hijo Simón, con la máscara de su amigo Tomás.

Una imagen de Simón, llena de misterio... o quizás la imagen sea de Tomás.

Ficha cultural · Asturias

La película se desarrolla en la comunidad autónoma de Asturias. Esta región está en el norte de España, entre las comunidades de Galicia y Cantabria. El idioma oficial de Asturias es, como en el resto del país, el español. Sin embargo, allí también se habla el asturiano, o bable, una lengua derivada del latín que, aunque no es oficial, está reconocida por la legislación. Además de una comunidad autónoma, Asturias es un principado. Felipe, el hijo del rey de España, es el Príncipe de Asturias y su mujer, Letizia, es la Princesa de Asturias.

La región es conocida por sus espectaculares paisajes y su gastronomía. La fabada asturiana, un plato rústico a base de judías, chorizo, morcilla y tocino, es quizás la comida más famosa. También son típicos los quesos, sobre todo el de Cabrales, que se fermenta en cuevas y es un queso azul muy apreciado. La bebida típica de la zona es la sidra, hecha a base del zumo fermentado de la manzana. De hecho, la mayor parte de sidra que se consume en España proviene de Asturias.

Esta comunidad cuenta con numerosos Parques Nacionales y Reservas de la Biosfera. Esta es una de las razones por la que muchos turistas, tanto españoles como extranjeros, visitan Asturias. Allí practican el turismo rural y los deportes de montaña, especialmente la escalada, el excursionismo, la escalada en hielo y el parapente.

Uno de los paisajes más bonitos de Asturias está alrededor de la zona de Llanes, el lugar donde se desarrolla la película.

Vista panorámica del pueblo de Llanes, en Asturias.

En Asturias hay muchos lagos. El de la imagen es el Lago Enol, en Covadonga.

La fabada asturiana, el plato más típico de la región.

La playa Cuevas del Mar es donde se rodaron algunas escenas de la película.

Ficha cultural · Las casas de indianos

La historia que vas a ver tiene lugar en una gran mansión construida en el año 1898, en Llanes, Asturias. Este caserón existe en la vida real y se llama Villa Parres (o Partarríu). Se trata de una casa edificada por indianos.

Los indianos eran emigrantes o descendientes de emigrantes españoles provenientes de las comunidades autónomas de la costa cantábrica, Cataluña y las Islas Canarias. Los emigrantes viajaron a América Latina a lo largo de los siglos XVIII, XIX y principios del siglo XX, para crear empresas y hacer fortuna. Muchos de ellos lo consiguieron y, años más tarde, volvieron a sus lugares de origen, con riqueza y éxito profesional. Por este motivo, decidieron construir auténticos palacios. Estos edificios se caracterizan por su enorme tamaño, su gran cantidad de habitaciones, la diversidad de fachadas y, en especial, por las palmeras y otros árboles y plantas tropicales que crecen en los jardines de su entorno. Estas especies fueron importadas por los emigrantes de las Américas.

Antiguo palacete indiano en Asturias, ahora abandonado.

Muchos indianos emplearon parte de su fortuna en construir carreteras, escuelas, hospitales, iglesias, asilos e instalaciones de agua y electricidad en su pueblo o región de origen. Los proyectos edificados por ellos tienen un marcado estilo caribeño o colonial. En la zona cantábrica, lamentablemente, muchas de estas antiguas construcciones indianas están abandonadas.

Los indianos de las Islas Canarias fueron los primeros en viajar a América Latina y los que consiguieron más éxito político o profesional. La mayor parte de ellos emigró a Cuba, Venezuela o Uruguay. De hecho, Montevideo, la capital uruguaya, fue fundada por canarios. La ciudad de San Antonio, en Texas, Estados Unidos, también fue creada por emigrantes de estas islas.

Los indianos vivían principalmente del café, el azúcar, el cacao, los muebles, los curtidos, el ron y la creación de ferrocarriles y bancos. Empresas que todavía existen, creadas por indianos, son: Banco Hispano-Americano, ron Bacardi, cerveza Modelo, pan Bimbo o Techo Eterno Eureka, responsable de cientos de construcciones en México.

«Villa Parres es como una casa encantada».
Juan Antonio Bayona

PARTE 1

Tiempo	Descripción
00:00:00 00:26:16	Desde el principio de la película hasta que Simón le dice a su madre que es una mentirosa.

¡Qué interesante!

La película que vas a ver habla de la historia de una pareja que quiere abrir un orfanato para niños discapacitados. Esta película se estrenó en el año 2007.

En el año 2011 el gobierno español modificó la Ley de Protección a la Infancia existente para crear «familias voluntarias, remuneradas y profesionales» que tendrían el rol de acoger a niños huérfanos o abandonados. Los padres de estas familias actuarían como educadores profesionales. A través de esta ley, el gobierno quiere cerrar los orfanatos que aún operan en el país.

Leire Pajín, la Ministra de Sanidad hasta diciembre del año 2011, dijo durante su mandato que «hay que redefinir el desamparo, cubrir algunas lagunas legales y potenciar el acogimiento familiar. Los orfanatos deberán desaparecer en los próximos años».

✱ VOCABULARIO

¿Conoces el significado de estas palabras? Busca su significado en el diccionario o consulta su traducción al inglés a partir de la página 213.

Vocabulario nuevo
el hogar (sust.)
pillar (v.)
tocar (a alguien) (v.)
el faro (sust.)
el tesoro (sust.)
localizar (v.)
criarse (v.)
remitir (v.)
la enfermedad (sust.)
machacar (v. coloq.)
crecer (v.)
la pista (sust.)
valioso (adj.)
el diente (de leche) (sust.)
el costurero (sust.)

Cognados
invisible (adj.)
la residencia (sust.)
el pirata (sust.)
imposible (adj.)
complicado (adj.)
la reforma (sust.)
el programa (sust.)
experimental (adj.)
adoptar (v.)

Expresiones
echar de menos
tener morro
pegar un ojo
contar (con alguien)
¡anda!
a este paso...
en balde

✱ ANTES DE VER ESTE SEGMENTO

1 **¿Has visto alguna película de misterio o de terror alguna vez? ¿De qué película se trata? ¿Te gustó? ¿Por qué? Habla de ella en clase.**

_____

_____

_____

2 **Después de leer la sección «Los personajes», ¿cuál crees que va a ser el más interesante? ¿Por qué?**

_____

_____

_____

✳ MIENTRAS VES ESTE SEGMENTO

1 ▸ Elige la respuesta correcta.

1. **¿Qué hacen los niños en el jardín?**
   a. Estudian.
   b. Juegan.
   c. Limpian.
   d. Leen.

2. **¿Por qué no puede dormir Simón?**
   a. Porque las ventanas están abiertas.
   b. Porque tiene miedo.
   c. Porque ha comido mucho chocolate.
   d. Porque la luz del faro no le deja.

3. **¿Qué hay enfrente de la casa donde viven los protagonistas?**
   a. Un parque.
   b. Un jardín con columpios.
   c. Caminos y bancos para sentarse.
   d. Una pista de petanca.

4. **¿Qué piensa Simón de sus amigos?**
   a. Que son misteriosos.
   b. Que no quieren conocer a sus padres.
   c. Que son sospechosos.
   d. Que son amigables.

5. **¿A cuántos niños quieren acoger Laura y Carlos?**
   a. A más de 100.
   b. A más de 20.
   c. A más de dos.
   d. A los que quieran vivir allí.

6. **En la cueva, ¿con quién dice Simón que quiere jugar?**
   a. Con un compañero del colegio.
   b. Con su padre.
   c. Con un niño.
   d. Con su madre.

7. **¿Quién visita a Laura para hablar de Simón?**
   a. Una amiga de la infancia.
   b. Una enfermera del hospital.
   c. Una profesora del colegio.
   d. Una asistente social.

8. **¿Qué no sabe Simón?**
   a. Que sus padres van a adoptar un bebé.
   b. Que es adoptado.
   c. Que tiene una hermana.
   d. Que su madre está embarazada.

9. **¿A quién ve Laura en el cobertizo del jardín?**
   a. A la asistente social.
   b. Al amigo de Simón.
   c. A su marido.
   d. A Simón.

10. **¿Qué encuentra Laura al abrir la puerta de su casa?**
   a. Comida.
   b. Un gato.
   c. Un perro.
   d. Pechinas.

2 ▸ Cuando Simón encuentra el tesoro, él y Laura tienen una discusión. Escucha la escena de nuevo y completa las casillas con los verbos que faltan.

SIMÓN
¡El tesoro!

LAURA
Esas _____ cosas de papá.

SIMÓN
¡Ahora puedo _____ un deseo! ¡Ahora _____ pedir un deseo!

LAURA
¡ _____ eso donde estaba! Estas _____ cosas de papá y mías. Y no _____ que haber escondido nada ahí.

SIMÓN
No he _____ yo. Han sido ellos.

LAURA

No soporto que _____ mentiras.

SIMÓN

Yo no _____ . Tú _____ la mentirosa. Tú eres la que _____ que eres mi madre. ¡Y no eres mi madre!

LAURA

¿Qué quieres _____?

SIMÓN

Tú no _____ mi madre.

LAURA

¿De dónde has _____ eso?

SIMÓN

Mi amigo me lo ha _____ .

LAURA

¿Quién _____ tu amigo?

SIMÓN

Tomás. ¡Tomás me ha dicho la verdad! Que yo _____ como ellos. Que yo no _____ ni madre ni padre. ¡Que me _____ a morir! ¡Tú no eres mi madre! ¡ _____ una mentirosa!

❋ **DESPUÉS DE VER ESTE SEGMENTO**

1 **En el primer segmento de la película, Carlos dice: «Se quedan en sus casas» y Simón dice: «Quedarse jugando». Estos dos usos del verbo «quedarse» tienen distintos significados. ¿Qué crees que quieren decir? Une las siguientes expresiones con el verbo «quedar» o «quedarse», con sus significados.**

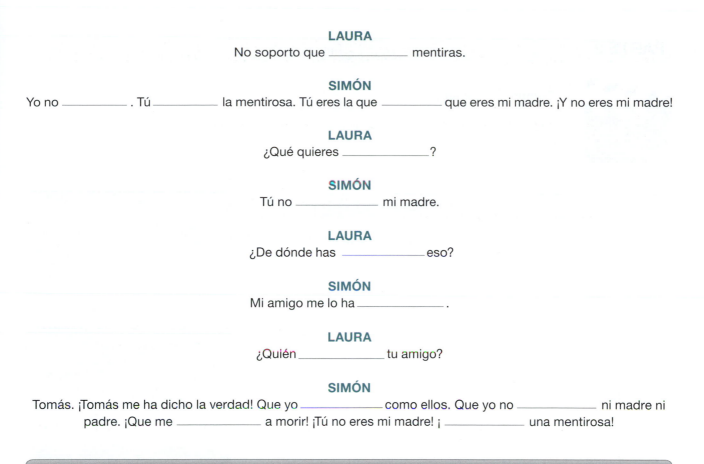

1. Quedarse tan ancho. •
2. Quedarse frito. •
3. Quedarse embarazada. •
4. Quedar en un lugar. •
5. Quedar en algo. •
6. Quedarse sin blanca. •
7. Quedarse de una pieza. •
8. Quedarse con las ganas. •

• a. Apetecerle algo a uno y no poder llevarlo a cabo.
• b. Estar conmocionado.
• c. Dejar de tener dinero.
• d. Permanecer tranquilo.
• e. Dormirse profundamente.
• f. Estar encinta.
• g. Decidir algo conjuntamente.
• h. Ponerse de acuerdo para encontrarse en algún sitio.

¡Qué interesante!

La película que estás viendo fue rodada en Llanes, Asturias. El director buscaba un panorama dramático, con grandes playas desiertas, cuevas, caminos, acantilados, bosques y grutas. Estos elementos son típicos del paisaje de Asturias.

Sin embargo, los interiores de la casa donde se desarrolla la mayor parte de escenas fueron creados en una nave industrial de más de 1 000 metros cuadrados, en las afueras de Barcelona. La forma en que el director quería grabar las escenas de interior, con difíciles movimientos de cámara, fue la razón por la que el equipo técnico decidió construir los ambientes en un plató. El 80 por ciento de la película se grabó en este lugar.

PARTE 2

Tiempo	Descripción
00:26:16 00:51:40	Desde que Simón le dice a su madre que es una mentirosa, hasta que Carlos sale del baño.

✳ ANTES DE VER ESTE SEGMENTO

1 ¿Qué piensas de Simón? ¿Qué crees que va a pasar con él? ¿Crees que es real o imaginario?

_____

_____

_____

2 Y los amigos de Simón, ¿crees que son reales o imaginarios? ¿Por qué?

_____

_____

_____

✳ MIENTRAS VES ESTE SEGMENTO

1 ¿Qué frases corresponden a qué personajes? Responde si la frase pertenece al personaje correcto (C) o incorrecto (I).

1. «No podemos bajar todavía, tengo que enseñarte una cosa», Simón.   C ☐   I ☐

2. «No está en la gruta», Laura.   C ☐   I ☐

3. «Tendría unos 70 años, con el pelo blanco, ojos claros y unas gafas muy gruesas», Simón.   C ☐   I ☐

4. «Se lo han llevado sus amigos invisibles, yo misma vi a uno», Carlos.   C ☐   I ☐

5. «Benigna era una de las cuidadoras del orfanato», Pilar.   C ☐   I ☐

6. «Tenía muchas posibilidades de no ser una persona normal como nosotros», Laura.   C ☐   I ☐

✳ VOCABULARIO

¿Conoces el significado de estas palabras? Busca su significado en el diccionario o consulta su traducción al inglés a partir de la página 213.

Vocabulario nuevo
cierto (adj.)
descubrir (v.)
obligar (v.)
descartar (v.)
el rapto (sust.)
el amuleto (sust.)
el préstamo (sust.)
empapelar (v.)
la malformación (sust.)
el saco (sust.)
ahogarse (v.)
acusar (v.)
convencido (adj.)

Cognados
la medicación (sust.)
imposible (adj.)

Expresiones
¡no me da la gana!
estar a salvo
hacer falta
echar un vistazo

✳ DESPUÉS DE VER ESTE SEGMENTO

1 En este segmento aparecen varias localizaciones exteriores. Observa las fotografías de estos lugares y descríbelos brevemente. Como ayuda, puedes usar las siguientes palabras.

paisaje	playa	rocas	cueva	marea	mar
blanco	azul	oscuro	gris	dramático	natural

camino	fin	verde	hierba	valla	precipicio
curva	árboles	montañas	tierra	flores	piedras

2 En la película se oyen las siguientes expresiones. ¿Las has entendido? Explícalas con tus propias palabras.

1. Lo antes posible: _____ .

2. Tener por seguro: _____ .

3. Dar importancia: _____ .

4. Tener la sensación: _____ .

5. Perder los nervios: _____ .

3 ► La casa en la que viven Laura, Carlos y Simón es muy grande y tiene muchas habitaciones. Haz un círculo alrededor del objeto que normalmente no se encuentra en las habitaciones siguientes.

1. **El cuarto de baño**
   a. el lavabo   b. la bañera   c. el lavavajillas

2. **El salón**
   a. el piano   b. la nevera   c. el sofá

3. **La cocina**
   a. la mesa   b. la silla   c. el colchón

4. **La bodega**
   a. la botella   b. la cuba   c. la mesita de noche

5. **El sótano**
   a. el balcón   b. la puerta   c. la escalera

6. **El cuarto trastero**
   a. la aspiradora   b. el piano   c. la escoba

7. **La oficina**
   a. el escritorio   b. la ducha   c. el sillón

8. **El jardín**
   a. el banco   b. el árbol   c. la secadora

9. **El dormitorio**
   a. la cómoda   b. la cama   c. el fregadero

10. **El cobertizo**
   a. el pico   b. la pala   c. la caja fuerte

4 ► Ordena estas frases cronológicamente.

1. Pilar, la psicóloga, visita a Laura.
2. Un coche atropella a Benigna.
3. Laura piensa que Carlos está en la cama, con ella.
4. Laura ve a un niño en la cueva.
5. Tomás empuja a Laura.
6. Laura no encuentra a Simón.
7. Niños y padres visitan el edificio.
8. Carlos le da una medalla a Laura.
9. Laura busca a Simón en la playa.
10. Tomás está en el jardín y luego en el pasillo.

7

PARTE 3

Tiempo	Descripción
00:51:40 00:74:40	Desde que Carlos sale del baño, hasta que Laura descubre restos humanos en el cobertizo.

❋ ANTES DE VER ESTE SEGMENTO

1 **Responde a estas preguntas.**

¿Qué crees que va a pasar con Laura?

_____

_____

¿Piensas que Simón va a aparecer?

_____

_____

¿Crees que hay algún personaje sospechoso? ¿Quién? ¿Por qué?

_____

_____

❋ MIENTRAS VES ESTE SEGMENTO

1 **Marca la opción correcta, ¿es verdadero (V) o falso (F)?**

1. Laura recibe la visita de una médium.   V ☐   F ☐

2. Pilar, la psicóloga, no quiere estar en la sesión de la médium.   V ☐   F ☐

3. Aurora, la médium, dice que puede oír a unos niños.   V ☐   F ☐

4. Carlos dice que en la casa hay fantasmas.   V ☐   F ☐

5. Aurora le dice a Laura que se trata de creer para ver.   V ☐   F ☐

6. Simón está de acuerdo con Aurora.   V ☐   F ☐

7. Laura se queda sola en la casa.   V ☐   F ☐

8. Laura empieza a jugar con los niños.   V ☐   F ☐

❋ VOCABULARIO

¿Conoces el significado de estas palabras? Busca su significado en el diccionario o consulta su traducción al inglés a partir de la página 214.

Vocabulario nuevo
el propósito (sust.)
fiarse (v.)
el inconveniente (sust.)
el muñeco (sust.)
la invocación (sust.)
sobreponer (v.)
desvanecerse (v.)
la oscuridad (sust.)
llorar (v.)
envenenar (v.)
el fantasma (sust.)
el pellizco (sust.)
el truco (sust.)
el indicio (sust.)
el montaje (sust.)

Cognados
el heraldo (sust.)
el pasaporte (sust.)
el exorcista (sust.)
la médium (sust.)
la percepción (sust.)
receptivo (adj.)
la farsa (sust.)
invitar (v.)

Expresiones
molar

9. Laura encuentra un muñeco en el cobertizo.   ☐ V   ☐ F

10. Laura encuentra a Simón.   ☐ V   ☐ F

✳ DESPUÉS DE VER ESTE SEGMENTO

1 **Contesta a las preguntas.**

¿Qué harías si fueras Laura? _____ .

¿Qué le dirías a Carlos? _____ .

¿Qué le preguntarías a Aurora? _____ .

2 **Imagina que visitas la casa de la película. ¿Cómo la describirías? Marca los adjetivos adecuados. Recuerda: puedes usar el diccionario.**

Pienso que la casa de la película es...

grande	majestuosa	pequeña	hermosa	nueva
tenebrosa	pretenciosa	moderna	antigua	bonita
palaciega	utilitaria	incómoda	cómoda	fea

Ficha cultural · Geraldine Chaplin

El papel de médium en la película está interpretado por la actriz norteamericana Geraldine Chaplin. Esta actriz es hija de una leyenda del cine, el cineasta Charles Chaplin. En su juventud, Geraldine fue bailarina de ballet clásico y, algo más tarde, se convirtió en actriz. Al principio de su carrera, en la década de los años 70, conoció al director español de cine Carlos Saura. Juntos rodaron nueve películas y la actriz se enamoró de España y de su gente. Tanto es así, que decidió aprender el idioma y quedarse a vivir en este país. Geraldine está casada con el director chileno de cine Patricio Castilla con quien tiene dos hijos de nacionalidad española.

Juan Antonio Bayona, el director de *El orfanato,* quiso contratar a la actriz «para darle a la película un aire de los años 70», según contó él mismo. Pero Bayona estaba algo nervioso por rodar con una estrella de la categoría de Geraldine y, para romper el hielo, quiso gastarle una broma. En la escena donde la médium intenta comunicarse con los niños de la casa, el director se escondió debajo de una cama y, en el momento menos pensado, le tocó la pierna a la actriz. La reacción que tuvo ella quedó grabada en la película.

Geraldine Chaplin, en el Festival de Cannes.

¡El consejo!

Si te ha interesado leer sobre Geraldine Chaplin, quizás quieras ver las películas más clásicas de su repertorio como actriz. Estas son: *Chaplin* (1992), *Bolero* (1981), *Mamá cumple 100 años* (1979), *Elisa, vida mía* (1977), *Criando cuervos* (1976).

PARTE 4

Tiempo	Descripción
00:74:40 01:01:22	Desde que Laura descubre restos humanos en el cobertizo, hasta el fin de la película.

✳ ANTES DE VER ESTE SEGMENTO

1 **¿Qué piensas de estos personajes? ¿Por qué?**

Puedes usar las siguientes expresiones:

Pienso que...	Creo que...
Me parece que...	Tengo la sensación de que...
A mi entender...	En mi opinión...

Laura: _____ .

Carlos: _____ .

Pilar: _____ .

Aurora: _____ .

Benigna: _____ .

✳ MIENTRAS VES ESTE SEGMENTO

1 **Elige la respuesta correcta.**

1. ¿Quién es la persona culpable de la desaparición de los niños?
a. Martín.
b. Rita.
c. Benigna.
d. Laura.

2. ¿Por qué se quiere quedar sola Laura?
a. Porque quiere limpiar la casa.
b. Porque quiere descubrir el misterio.
c. Porque quiere cerrar la casa.
d. Porque quiere cambiar los muebles de lugar.

3. ¿Por qué toca Laura la campana?
a. Para anunciar que empiezan las clases.
b. Para rezar.
c. Para llamar la atención de los niños.
d. Para convocar a la gente del pueblo.

✳ VOCABULARIO

¿Conoces el significado de estas palabras? Busca su significado en el diccionario o consulta su traducción al inglés a partir de la página 214.

Vocabulario nuevo
la pista (sust.)
la maleta (sust.)
el trato (sust.)
el malsueño (sust.)

Cognados
la mamá (sust.)
el papá (sust.)
la fantasía (sust.)
la atención (sust.)

Expresiones
hacer caso a alguien

4. ¿Quién aparece cuando Laura juega a «toco la pared»?

a. Benigna.

b. Carlos.

c. Los niños.

d. Pilar.

5. ¿Quién empuja la puerta y encierra a Laura?

a. Carlos.

b. Uno de los niños.

c. Benigna.

d. Simón.

6. ¿Qué descubre Laura?

a. Una escalera y una habitación.

b. Una clase.

c. Una cocina.

d. Un muñeco.

7. ¿Qué decide hacer Laura?

a. Irse de viaje.

b. Quedarse a cuidar de los niños.

c. Abandonar la casa.

d. Llamar a Carlos.

8. ¿Qué encuentra Carlos?

a. El espejo.

b. La cama.

c. El medallón.

d. El anillo.

❋ DESPUÉS DE VER ESTE SEGMENTO

1 **Lee esta versión simplificada de una crítica de *El orfanato* que el diario *El País* publicó el 12 de octubre de 2007. Luego debate en clase: ¿te parece que se trata de una crítica positiva o negativa? ¿Estás de acuerdo con el autor del artículo? ¿Por qué?**

El orfanato es una película hecha de piezas distintas. Piezas de muchas películas de terror. Piezas que ya hemos visto antes en el cine de nuestro barrio. Este proyecto parece recopilar los mejores momentos de las mejores películas de miedo ganadoras de los premios más importantes del cine. De hecho, nos podemos aventurar a imaginar cómo el director ha vendido su film al productor: «Se trata de crear la atmósfera de *Los otros* con la actriz de *Mar adentro*».

Por otra parte, el éxito de *El orfanato* no me sorprende. Se trata de una historia que ofrece lo que promete el póster de la carátula: misterio, miedo, horror, intriga... y amor maternal. El cuento está bien narrado y filmado. Los trucos clásicos de una película de intriga están ahí, aunque a mí, personalmente, me habrían gustado menos movimientos de cámara para crear el efecto de misterio que ofrece la película.

El proyecto de Bayona parece una buena película. Sin embargo, está lejos de ser el film de alguien que ya demostró su talento como director en proyectos como *Mis vacaciones* (1999) y *El hombre esponja* (2002).

El orfanato no es una obra de autor. Es una obra de un coleccionista de imágenes de otros films. Y una obra de alguien capaz de crear un producto de productos que atraen al público.

2 *El orfanato* **es una película de misterio. El equipo de producción, su director y los actores han creado una atmósfera visual que claramente indica el tipo de historia que han querido contar. Observa las siguientes imágenes. ¿Qué tipo de historia se podría contar aquí? Anota tu opinión.**

3 Al final de la película, Carlos visita la casa y encuentra un medallón en el suelo. Imagina que la película no acaba aquí. ¿Qué crees que podría pasar en la vida de Carlos a partir de ahora? Especula en clase y anota tus ideas aquí.

_____

_____

_____

_____

_____

El secreto de sus ojos

de Juan José Campanella

129 min.

✳ **5** COSAS SOBRE LA PELÍCULA

Es una película argentino-española. Se estrenó en 2009.

Ganó, entre otros, el premio Oscar a la mejor película extranjera, el premio especial del jurado en el Festival de cine de La Habana y el premio Goya a la mejor película extranjera de habla hispana.

Es una de las películas más taquilleras de la historia del cine argentino: la vieron casi 3 000 000 de personas.

Está basada en la novela policíaca *La pregunta de sus ojos*, del escritor argentino Eduardo Sacheri. Juan José Campanella, el director de la película, colaboró con Sacheri en la escritura del guion.

Guillermo Francella, el actor que interpreta a Pablo Sandoval, es un famoso actor cómico argentino. A petición del director de la película, para interpretar este papel, Francella se afeitó el bigote que había llevado durante más de 20 años.

Sinopsis

En 1999, Benjamín Espósito, un empleado judicial retirado, decide escribir una novela sobre el caso de Liliana Colotto, en el que había trabajado hacía 25 años.

Liliana, una maestra, fue víctima de un asesinato en 1974. El juzgado que se ocupó del caso estaba a cargo de Irene Menéndez Hastings, una joven abogada, jefa de Benjamín y su compañero Pablo Sandoval.

Al enterarse del crimen, Benjamín visitó a Ricardo Morales, viudo de Liliana, quien le dio unas fotos de su mujer, y Benjamín pronto identificó en ellas a un sospechoso llamado Isidoro Gómez. Benjamín y Pablo intentaron, sin éxito, atrapar a Gómez, y el caso se cerró sin resolver.

Un año después, Benjamín se enteró de que Morales aún buscaba al asesino; por eso convenció a Irene de reabrir la investigación y prometió que atraparía a Gómez. Lo consiguió, pero Gómez pasó poco tiempo en prisión, ya que sus contactos políticos lo pusieron en libertad, y no se supo nada más de él.

Después de un atentado contra su vida, Benjamín se exilió en el norte argentino durante muchos años. Al volver a Buenos Aires, visita a Irene, en quien había pensado a menudo, y decide averiguar qué sucedió con Isidoro Gómez.

Los personajes

Benjamín Espósito es un empleado de un juzgado de Buenos Aires. Es compañero de trabajo de Pablo Sandoval y subordinado de Irene Menéndez Hastings, de quien se enamora. Uno de los casos en los que trabaja Benjamín es el asesinato de Liliana Colotto. Benjamín está obsesionado con resolver el caso, y 25 años después del hecho, decide escribir una novela sobre la investigación.

Irene Menéndez Hastings es una joven abogada en un juzgado de Buenos Aires. Es la jefa de Benjamín y de Pablo. Irene viene de una familia de mucho dinero; ha estudiado en Estados Unidos y está comprometida con un ingeniero de su mismo nivel social. Sin embargo, durante la investigación del asesinato de Liliana Colotto, Irene empieza a interesarse por Benjamín.

Pablo Sandoval es otro empleado del juzgado. Es, además, muy amigo de Benjamín. Pablo es listo, observador y valiente, pero bebe demasiado, y eso a menudo le trae problemas con su mujer.

Ricardo Morales es el viudo de Liliana Colotto. Es un hombre serio y formal, que trabaja en un banco. Durante los años que siguen al crimen, Ricardo va a menudo a las estaciones de tren de Buenos Aires, con la esperanza de encontrar al asesino de su mujer.

Isidoro Gómez es el principal sospechoso del asesinato de Liliana, a quien conocía porque los dos crecieron en el mismo pueblo, Chivilcoy. Es fanático del club de fútbol Racing.

Benjamín Espósito, en primer plano, junto a Pablo Sandoval, al fondo.

Irene Menéndez Hastings.

Ficha cultural · Juan José Campanella

Campanella nació en 1959 en Buenos Aires, Argentina. Empezó sus estudios universitarios en la facultad de Ingeniería en su ciudad, pero no los completó porque le gustaba mucho el cine y decidió cambiar de carrera. Se mudó a Nueva York, Estados Unidos y estudió cine allí, primero en la escuela de arte Tisch y luego en la Universidad de Nueva York (NYU).

Rodó sus primeras películas en Estados Unidos, en 1991. En ese país, el director trabajó también en televisión, dirigiendo varios episodios de series populares como *La ley y el orden*, *House* y *30 Rock*.

En 1999, su película *El mismo amor, la misma lluvia*, rodada en Argentina, ganó varios premios de la Asociación de Cronistas Cinematográficos de su país. Entre ellos, los de mejor director y mejor guion original (Campanella escribió el guion con Eduardo Castets). En esta película, el director trabajó con los actores Ricardo Darín y Soledad Villamil, dos de los protagonistas de *El secreto de sus ojos*.

Dos años después, dirigió *El hijo de la novia*, una película romántica, sobre la que puedes leer en la página 33. En 2004 rodó *Luna de Avellaneda*, una película sobre el futuro de un club de barrio en una época de crisis económica. La película fue un éxito de público e inspiró un programa del gobierno argentino para preservar los clubes de barrio y otros espacios comunitarios.

En 2009, dirigió *El secreto de sus ojos*, tras coescribir el guion con el escritor argentino Eduardo Sacheri.

Desde entonces, Campanella alterna su tiempo entre proyectos televisivos y cinematográficos. «La televisión es como jugar al ajedrez con cronómetro. El elemento del tiempo es muy importante y es lo que lo hace un juego estimulante», explica, «pero después de un año y medio, me dan ganas de volver al cine y poder trabajar con más tiempo».

«Cuando termino una película, quiero hacer televisión y cuando termino un proyecto en televisión, quiero hacer una película».
Juan José Campanella

Juan José Campanella con los protagonistas de *El secreto de sus ojos*.

El director dando indicaciones para filmar la escena del tren.

Campanella con integrantes del elenco y del equipo técnico de la película.

Ficha cultural · Ricardo Darín y Soledad Villamil

Ricardo Darín y Soledad Villamil interpretan a Benjamín Espósito e Irene Menéndez Hastings en *El secreto de sus ojos*.

Ricardo es uno de los actores argentinos más conocidos internacionalmente. Nació en Buenos Aires, en 1957. Es hijo de padres actores y empezó a actuar desde muy joven, primero en obras de teatro y, más tarde, en programas de televisión. En los años 80 interpretó varios roles de galán en telenovelas y en los años 90 ganó popularidad por un papel cómico en la serie *Mi cuñado*.

En 2001 tuvo su primer gran éxito en el cine, interpretando a un carismático estafador en la película *Nueve Reinas*. A partir de entonces, Ricardo ha sido protagonista de muchas películas premiadas, como *El mismo amor, la misma lluvia*, *El hijo de la novia* (página 33) y *Un cuento chino* (página 181).

Es un actor muy querido en Argentina y en otros países de habla hispana. Tiene mucho respeto por su oficio, y asegura que, en su caso, la interpretación «nace un poco de la duda, del dolor, de la necesidad de entendimiento. Son cosas que están relacionadas: el que trabaja con absolutas seguridades o certidumbres, a mí me resulta sospechoso».

Soledad es actriz y cantante. Nació en La Plata, la capital de la provincia de Buenos Aires, en 1969.
Empezó a estudiar arte dramático a los 15 años y desde entonces ha trabajado en numerosas obras de teatro, series de televisión y películas. Entre sus trabajos más conocidos están la obra de teatro *Monólogos de la vagina*, la serie *Locas de Amor* y la película *El mismo amor, la misma lluvia*.

Desde hace muchos años, Soledad combina sus proyectos en la pantalla con los ensayos musicales para sus discos y espectáculos. Estudió música desde niña y luego se especializó en cantar tangos y folclore argentino. «Toco el piano, la guitarra y la flauta... pero ninguno de ellos muy bien. Mi instrumento es la voz», dice.

Ricardo Darín.

Soledad Villamil.

«En la película, Soledad y yo decidimos tratarnos de usted durante toda la filmación, para mantener la distancia entre los personajes».
Ricardo Darín

PARTE 1

Tiempo	Descripción
00:00:00 00:33:40	Desde el principio de la película, hasta que Espósito le pide un favor a Sandoval en el bar.

✳ ANTES DE VER ESTE SEGMENTO

1. *El secreto de sus ojos* **es una película de suspense. En este género de películas, es habitual que el final sea inesperado. ¿Qué otros géneros cinematográficos conoces? Encuentra en la sopa de letras los géneros que corresponden a estas definiciones.**

a. Película con situaciones divertidas. Comedia
b. Película que causa miedo. De _____
c. Película de vaqueros. Del _____
d. Película que toca temas conflictivos. _____
e. Película con una historia sobrenatural o futurista. De _____

```
C  B  X  B  L  Z  T  T  W  P  N  Z  T  G  W
K  I  S  F  V  G  C  K  L  B  S  M  M  L  G
Q  I  E  H  C  L  I  J  W  L  M  O  L  E  N
J  C  U  V  J  J  E  D  L  L  D  Z  J  X
J  C  O  I  C  Y  X  K  C  Z  A  Q  W  A  H
M  K  L  I  M  I  J  U  X  D  R  L  G  N  E
E  B  I  N  S  E  A  F  K  S  K  Z  G  O  H
Q  O  P  A  D  U  C  F  H  G  C  L  B  O  U
R  A  M  I  M  O  B  D  I  R  O  R  R  E  T
N  H  E  D  M  A  A  U  B  C  V  D  Y  S  N
W  A  S  E  D  R  R  A  S  F  C  H  U  T  P
H  F  D  W  H  T  G  D  K  W  U  I  D  E  F
L  I  J  V  A  I  U  P  B  P  F  W  Ó  Q  Q
A  R  U  K  I  C  N  K  X  T  J  S  V  N  W
Q  D  C  P  B  I  M  A  J  W  O  R  B  B  G
```

✳ VOCABULARIO

¿Conoces el significado de estas palabras? Busca su significado en el diccionario o consulta su traducción al inglés a partir de la página 214.

Vocabulario nuevo
la vejez (sust.)
el sapo (sust.)
el garabato (sust.)
la jubilación (sust.)
el cuaderno (sust.)
el albañil (sust.)
el laburo (sust.)
el rostro (sust.)
el mediodía (sust.)
la costumbre (sust.)
pasmado (adj.)
el impuesto (sust.)
violar (v.)
la mirada (sust.)
jubilarse (v.)

Cognados
la excusa (sust.)
la imagen (sust.)
la historia (sust.)
el inspector (sust.)
la morgue (sust.)
la negación (sust.)
el delirio (sust.)
el dilema (sust.)

Expresiones
me colgué
tener que ver
causar gracia

2 Gran parte de la película que vas a ver trascurre en el mundo de las leyes. Para prepararte, relaciona este vocabulario específico con su significado.

1. juez ●
2. juzgado ●
3. declaración ●
4. código civil ●
5. su señoría ●
6. homicidio ●
7. expediente ●

● a. fórmula de respeto para hablar a un juez.
● b. crimen, asesinato.
● c. libro con todas las leyes.
● d. persona con autoridad para sentenciar.
● e. explicación de los hechos.
● f. conjunto de papeles sobre un tema.
● g. lugar donde se hacen juicios.

✳ MIENTRAS VES ESTE SEGMENTO

1 Completa las frases.

1. Benjamín Espósito escribe un libro sobre _____

2. Benjamín e Irene han sido _____

3. El responsable del crimen nunca _____

4. La chica asesinada trabajaba como _____

5. Su marido volvía a casa todos los mediodías para _____

6. El programa de televisión favorito de Liliana era _____

7. Benjamín ha empezado a investigar otra vez la causa porque _____

8. Ricardo Morales llama a la madre de Gómez y le pide _____

9. La madre dice que Gómez y Liliana eran _____

10. Al recibir la llamada de su madre, Gómez _____

✳ DESPUÉS DE VER ESTE SEGMENTO

1 Benjamín e Irene vuelven a verse después de muchos años. ¿Qué relación crees que tuvieron en el pasado? ¿Qué relación piensas que tendrán tras el reencuentro? Escribe tu teoría.

_____
_____
_____
_____
_____

2 En este segmento, el personaje de Benjamín Espósito observa que hay un hombre en las fotografías que siempre mira a la joven muerta. «Los ojos hablan», dice Espósito. ¿Qué dicen estas personas con sus ojos? Escribe una frase al lado de cada una.

_____

_____

_____

_____

_____

_____

_____

_____

_____

_____

_____

_____

3 Estos refranes hablan sobre los ojos o la mirada. Léelos y explica brevemente su significado.

1. «La belleza está en los ojos de quien mira».

_____

2. «Cría cuervos y te sacarán los ojos».

_____

3. «Ojos que no ven, corazón que no siente».

_____

4. «Ojo por ojo, diente por diente».

_____

5. «Es más fácil ver la paja en el ojo ajeno que la viga en el propio».

_____

PARTE 2

Tiempo	Descripción
00:33:40 01:03:05	Desde que Espósito le pide un favor a Sandoval en el bar, hasta el final de la escena en el estadio de fútbol.

¡Qué interesante!

En este segmento, vas a ver uno de los momentos más impresionantes de la película. Es una escena de cinco minutos y medio filmada en el estadio de fútbol, en la que Espósito y Sandoval buscan a Morales durante el partido.

Esta escena es especial porque sigue a los personajes desde que llegan al estadio hasta que salen nuevamente a la calle, pasando por las gradas llenas de público, el campo de juego, los vestuarios y los baños del edificio. Toda esta toma aparece sin cortes en la película, algo que es muy inusual y que crea un clima de suspense y acción. Para filmar esta escena, se usaron un helicóptero, grúas y sogas, que llevaron las cámaras y los micrófonos de un lugar a otro. También se usó un programa de ordenador para recrear a cientos de espectadores, ya que, aunque la escena muestra las gradas llenas de gente, se filmó en un estadio vacío.

¡El consejo!

Si te gusta el fútbol y visitas Argentina, no dejes de asistir a un partido de fútbol en uno de los grandes estadios, o de ir a observar el juego en uno de los muchos cafés donde suelen reunirse los aficionados. Es una oportunidad única para conocer un aspecto poco turístico de la cultura argentina.

✱ ANTES DE VER ESTE SEGMENTO

1 **Al final del segmento anterior, Espósito y Sandoval se enteran de que Morales, el principal sospechoso del crimen, se ha escapado. ¿Qué crees que harán ellos dos al respecto? ¿Por qué lo piensas?**

_____

_____

_____

✱ VOCABULARIO

¿Conoces el significado de estas palabras? Busca su significado en el diccionario o consulta su traducción al inglés a partir de la página 214.

Vocabulario nuevo
mear (v.)
el almacén (sust.)
la basura (sust.)
desaparecer (v.)
el tipo (sust.)
turro (adj.)
asaltar (v.)
averiguar (v.)
aclarar (v.)
el mocasín (sust.)
el jefe (sust.)
el asunto (sust.)
la curda (sust.)
solemne (adj.)
agarrar (v.)

Cognados
la rabia (sust.)
el/la colega (sust.)
el subordinado (sust.)
irresistible (adj.)
la iniciativa (sust.)
incompetente (adj.)
abandonar (v.)

Expresiones
quedarse de campana
tomar del pico
salir de la vista (de alguien)
y, acá estoy

2 Lee la columna «Expresiones», en la página anterior. Luego, completa con la expresión adecuada para cada situación y relaciona la frase con la imagen correcta.

1. ●

2. ●

3. ●

4. ●

● a. Diego no tenía un buen día, el proyecto no había salido bien. Le pregunté como estaba; se encogió de hombros y me dijo: «_____».

● b. Vamos a salir temprano de clase, pero Marina _____ para avisarnos si viene el profesor a buscarnos.

● c. Normalmente, cuando Diana termina su clase de yoga, tiene tanta sed que agarra la botella de agua y _____ .

● d. José estaba tan enojado con Gabriel que le pidió que se fuera de la oficina. «¡ _____ !», le gritó.

3 Ahora, escribe una frase con cada una de las expresiones del ejercicio anterior.

1. _____

2. _____

3. _____

4. _____

❋ MIENTRAS VES ESTE SEGMENTO

1 Marca si las frases son verdaderas (V), falsas (F) o sin información para decidir (S/I).

1. La madre de Morales invita a Espósito y a Sandoval a su casa. ☐ V ☐ F ☐ S/I

2. Sandoval roba las cartas de Morales y se lo confiesa a Espósito en el coche. ☐ V ☐ F ☐ S/I

3. El juez Fortuna felicita a Espósito y a Sandoval por ir a investigar a Chivilcoy. ☐ V ☐ F ☐ S/I

4. Irene habla con el juzgado de Chivilcoy para ayudar a Espósito.   ☐ V   ☐ F   ☐ S/I

5. Espósito se encuentra con Morales en la estación. Morales va allí a menudo.   ☐ V   ☐ F   ☐ S/I

6. Espósito y Sandoval convencen a Irene de volver a abrir la investigación sobre la muerte de Liliana.   ☐ V   ☐ F   ☐ S/I

7. Sandoval descubre un código relacionado con el fútbol en las cartas de Gómez.   ☐ V   ☐ F   ☐ S/I

8. Durante el partido de fútbol, Espósito y Sandoval se confunden y piensan que un joven espectador es Gómez.   ☐ V   ☐ F   ☐ S/I

9. Gómez entra en el campo de juego, en su intento por escapar de Espósito.   ☐ V   ☐ F   ☐ S/I

10. Gómez logra escapar y se esconde en una casa cercana.   ☐ V   ☐ F   ☐ S/I

2 Sandoval dice en el bar: «El tipo puede cambiar de todo: de cara, de casa, de familia, de religión, de novia, de Dios. Pero no puede cambiar de pasión». ¿Cuál es la pasión de Gómez? ¿Qué relación hay entre esta información y el código de las cartas?

_____

_____

✴ DESPUÉS DE VER ESTE SEGMENTO

1 Sandoval y Espósito trabajan juntos y, además, son buenos amigos. Pero Espósito a veces se enfada con su amigo, especialmente cuando lo encuentra en el bar. ¿Por qué? ¿Cómo reaccionarías si un amigo tuviera un problema similar?

_____

_____

_____

2 En la película se dice que el fútbol es una pasión, porque en Argentina es un deporte muy popular: nueve de cada diez argentinos tienen un equipo favorito y van habitualmente al estadio a verlo jugar. Los equipos más importantes son Boca Juniors, Independiente, San Lorenzo, River Plate y Racing. Este último es el equipo que juega (contra Huracán) cuando Espósito y Sandoval van a buscar a Morales al estadio. ¿Qué deporte es popular en tu país? ¿Cómo se celebran las victorias deportivas allí?

_____

_____

_____

_____

Ficha cultural · Argentina en 1974

Gran parte de la historia de *El secreto de sus ojos* transcurre en 1974. Este fue un año significativo en Argentina, ya que fue el año en que murió Juan Domingo Perón, entonces Presidente.

Perón fue un político y militar muy importante en la historia de su país. En 1943, participó en un golpe de estado que derrocó al Presidente Ramón Castillo. La situación política en Argentina era muy inestable y en 1946 se llamó a elecciones generales, que Perón ganó.

Su gobierno se caracterizó por apoyar al sector industrial y por reformar la Constitución para incorporar leyes de protección a los trabajadores. Eva Perón, su segunda esposa y Primera Dama, trabajó con él desarrollando políticas sociales. A la vez, el gobierno tuvo aspectos negativos: se persiguió violentamente a la oposición, especialmente a los miembros del partido comunista.

En 1952, Perón fue reelegido como Presidente. Su gobierno duró hasta 1955, cuando un golpe de estado lo derrocó. Desde ese momento, Perón se exilió en Madrid, España, durante 18 años.

En 1973, Perón volvió a Argentina, que vivía momentos de caos y violencia política. Se presentó a las elecciones presidenciales y ganó con el 62% de los votos. María Estela Martínez de Perón, tercera esposa del político, también llamada Isabel Perón (era bailarina e Isabel era su nombre artístico), asumió el poder como Vicepresidenta.

Perón murió en 1974, a causa de un paro cardíaco. Más de un millón de personas fue a despedirlo en su funeral.

Isabel Perón asumió la presidencia, que mantuvo hasta 1976, cuando un golpe de estado la depuso. Su gobierno fue difícil: en el país se enfrentaban varios grupos armados, la economía se desplomaba y las fuerzas públicas actuaban violentamente contra la oposición.

Juan Domingo Perón asume su tercera presidencia, en 1973.

Isabel Perón y su marido.

PARTE 3

Tiempo	Descripción
01:03:05 01:31:14	Desde el final de la escena en el estadio de fútbol, hasta que Espósito se va a Jujuy.

¡Qué interesante!

Mientras ves la película, es posible que notes que los personajes usan a menudo la expresión «che». Esta interjección se usa para llamar la atención de alguien, o para expresar sorpresa, en lugar de «oye». El origen de esta palabra no está claro. Una posibilidad es que derive de una palabra del español antiguo, «ce», que tenía un uso similar. Actualmente, esta palabra se asocia con Argentina en muchos países de habla hispana. El revolucionario argentino Ernesto Guevara, por ejemplo, es conocido internacionalmente como Ernesto «Che» Guevara o simplemente como «El Che», ya que a menudo usaba esta expresión.

¡El consejo!

Jorge Luis Borges, un famoso escritor argentino, ilustra la utilización del «che» en su microrrelato *La trama*. Lee el relato en esta página de Internet: http://bit.ly/dlvChx.

✳ ANTES DE VER ESTE SEGMENTO

1 Lee la sección completa de «Vocabulario», a la derecha. Después, escribe la palabra correcta de la lista debajo de cada foto.

1. _____   2. _____

✳ VOCABULARIO

¿Conoces el significado de estas palabras? Busca su significado en el diccionario o consulta su traducción al inglés a partir de la página 215.

Vocabulario nuevo
quebrar (v.)
rogar (v.)
el imputado (sust.)
la pensión (sust.)
la infancia (sust.)
el muchacho (sust.)
cornudo (adj.)
el hueso (sust.)
el modisto (sust.)
la sorpresa (sust.)
el perito mercantil (sust.)
intocable (adj.)

Cognados
el taxi (sust.)
preferible (adj.)
conveniente (adj.)
la autopsia (sust.)
el agresor (sust.)
imbécil (adj.)
el subversivo (sust.)
(cadena) perpetua (adj.)
feudal (adj.)

Expresiones
costar un ojo de la cara
que sean felices y que coman perdices

3. _____   4. _____   5. _____

2 **La policía ha atrapado a Gómez, el principal sospechoso del crimen. ¿Crees que él mató a Liliana? ¿Por qué?**

_____

_____

_____

✳ MIENTRAS VES ESTE SEGMENTO

1 **Al principio de este segmento, Espósito interroga a Gómez. Completa la ficha con la información del acusado.**

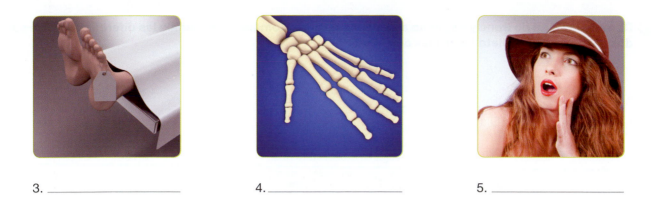

CONFIDENCIAL

JUZGADO DE INSTRUCCIÓN N. 42

CAUSA: COLOTTO DE MORALES, LILIANA

Declaración de:

Nombre y apellido: _____

DNI (Documento Nacional de Identidad):

_____

Dirección: _____

Acusado de: _____

El día: _____

Durante la visita de Irene y Espósito a la oficina del juez Romano, este señala las diferencias entre sus dos visitantes. Completa las frases con lo que dice.

ROMANO

Ella es _____ , vos _____ .

Ella es _____ , vos _____ .

Ella es _____ , vos _____ .

Ella es Menéndez Hastings y vos _____ . O sea, nada.

Ella es _____ , vos, no.

✳ DESPUÉS DE VER ESTE SEGMENTO

1 Después de la confesión de Gómez, Espósito va a la estación para darle la noticia a Morales. Imagina qué se dijeron y escribe un diálogo breve, que termine con el abrazo de Morales a Espósito que se ve en esta escena.

_____

_____

_____

_____

_____

2 Al final de este segmento, Irene y Benjamín se despiden en la estación de tren. Vuelve a leer el párrafo del ejercicio 2 de la sección «Mientras ves este segmento» de esta misma página. ¿Crees que esas diferencias afectan la relación entre Irene y Benjamín? ¿Por qué no pueden estar juntos?

_____

_____

_____

_____

_____

_____

PARTE 4

Tiempo	Descripción
01:31:14 01:38:00	Desde que Espósito se va a Jujuy, hasta el final de la película.

✳ ANTES DE VER ESTE SEGMENTO

1 En el próximo segmento, han pasado 25 años desde que Irene y Benjamín se despidieron en la estación de tren. ¿Qué crees que ocurrirá entre ellos? Escribe tu teoría.

_____

_____

2 Estas expresiones aparecen en el segmento que vas a ver. Relaciónalas con su significado.

1. bajar la persiana. ●
2. llevárselo de arriba. ●
3. vivito y coleando. ●
4. darle vueltas a algo. ●
5. valer la pena. ●

● a. pensar mucho en una cosa.
● b. justificar el tiempo o esfuerzo.
● c. no tener interés en algo o alguien.
● d. salir de una situación sin consecuencias negativas.
● e. tener buena salud.

✳ MIENTRAS VES ESTE SEGMENTO

1 ¿Qué información se revela en este segmento? Marca las frases adecuadas.

1. Que Espósito se casó en Jujuy, pero la relación no funcionó. ☐

2. Que Irene no leyó la novela. ☐

3. Que Morales se mudó a Chivilcoy. ☐

4. Que Irene se fue de vacaciones a Cuba. ☐

5. Que Morales trabaja en otra sucursal del banco. ☐

6. Que Sandoval era millonario. ☐

✳ VOCABULARIO

¿Conoces el significado de estas palabras? Busca su significado en el diccionario o consulta su traducción al inglés a partir de la página 215.

Vocabulario nuevo
creíble (adj.)
la vía (sust.)
el/la novelista (sust.)
la locura (sust.)
suelto (adj.)
adivinar (v.)
la vergüenza (sust.)
la casualidad (sust.)
el recuerdo (sust.)

Cognados
el ministerio (sust.)

Expresiones
bajar la persiana
llevárselo de arriba
vivito y coleando
darle vueltas a algo
valer la pena

7. Que Sandoval salvó la vida de Espósito.   ☐

8. Que Morales tiene prisionero a Gómez.   ☐

9. Que Morales mató a Gómez hace 25 años.   ☐

10. Que Irene está enamorada de Espósito.   ☐

2 **¿Cómo reacciona Espósito frente al descubrimiento en la casa de Morales? ¿Qué hace a continuación?**

_____

_____

_____

_____

✳ DESPUÉS DE VER ESTE SEGMENTO

1 **¿Cómo justifica Morales sus acciones al final de la película? ¿Crees que es una buena razón para hacer lo que hizo? ¿Qué hubieras hecho tú, en su situación?**

_____

_____

_____

2 **Después de ver el final de _El secreto de sus ojos_, escribe un final alternativo para la película, usando esta fotografía como inspiración.**

_____

_____

_____

_____

_____

_____

_____

_____

_____

Los colores de la montaña

de Carlos César Arbeláez

90 min.

* 5 COSAS SOBRE LA PELÍCULA

Es una película colombiana. Se estrenó en 2011.

Es el primer largometraje del director Carlos César Arbeláez quien ya había dirigido un cortometraje, *La edad de hielo*. *Los colores de la montaña* también iba a ser un cortometraje, pero un amigo del director le dijo que un proyecto largo encontraría financiación más fácilmente.

La película fue galardonada en el Festival Internacional de Cine de San Sebastián, España.

El título de la película hace alusión a la afición del personaje central por pintar y colorear, y también al trato fotográfico que el equipo de producción le ha dado al filme: a medida que este avanza, los colores van desapareciendo. Las últimas escenas son casi en blanco y negro.

Los actores que protagonizan la película nunca habían participado en un proyecto cinematográfico.

Sinopsis

Manuel es un niño de nueve años que vive en una pequeña aldea, rodeada de montañas y a muchos kilómetros de la ciudad. Colombia, su país, sufre un conflicto armado que afecta las vidas de todos sus habitantes, especialmente las de los que viven en zonas rurales, pero Manuel y sus amigos viven una infancia normal, ignorando las dimensiones de esta lucha.

Manuel tiene dos amigos, Julián y Poca Luz. A Manuel le gusta mucho pintar y jugar al fútbol con sus amigos: sueña en convertirse en un arquero (portero) profesional.

El día de su cumpleaños, su padre le regala un balón y unos guantes, algo que le hace muy feliz. Sin embargo, mientras juega con sus amigos, a los chicos se les escapa el balón hacia un campo minado. Manuel no quiere perder su preciada pelota y los amigos deciden hacer lo posible por rescatarla.

Es entonces cuando el conflicto armado y su influencia sobre los distintos habitantes de la aldea se va observando poco a poco, entre juegos de niños y la vida cotidiana en la montaña.

Los personajes

Manuel es un niño de nueve años. Vive con sus padres y su hermano pequeño en una zona rural, en el interior de Colombia. Es un niño feliz e inocente al que le gusta pasar el rato con sus amigos.

Julián es uno de los mejores amigos de Manuel. Estudian en la misma escuela y comparten su afición al fútbol. Los dos viven en la misma zona, aunque sus situaciones familiares son distintas y por eso experimentan el conflicto armado de formas diferentes.

Poca Luz es un niño albino, también compañero de clase de Manuel y Julián. Los niños del colegio le gastan bromas pero él no sufre por ello: sus amigos le protegen y juntos comparten aventuras y juegos. Poca Luz es inteligente pero algo inocente.

Manuel

Julián

Poca Luz

Los tres niños, en la montaña.

Ficha cultural · Colombia

Colombia es un país del noroeste de América del Sur. Su capital es Bogotá, una ciudad de aproximadamente 7 363 782 habitantes, según el censo oficial de 2010. Colombia comparte frontera con Perú, Ecuador, Venezuela, Brasil y Panamá, y es el único país latinoamericano con costa en el océano Pacífico y el mar Caribe.

Colombia es conocida internacionalmente por su exportación de café, flores, esmeraldas y petróleo, así como por su gran diversidad biológica.

El idioma principal del país es el español aunque, siendo uno de los países latinoamericanos con mayor representación étnica, también se hablan otras lenguas como el wayúu, el misak, el emberá y el páez. De hecho, en el país conviven más de 65 lenguas indígenas. El uso del español varía enormemente en todo el país. En algunas zonas montañosas, como en la de la aldea que aparece en la película, se usa el voseo, mientras que en otras, se usa el tuteo. En el archipiélago de San Andrés y Providencia se habla el inglés.

El país lleva el nombre del navegante y descubridor de América, Cristóbal Colón (del latín *Columbus*), aunque, a través de los siglos, también se ha llamado República de la Nueva Granada, Confederación Granadina y Estados Unidos de Colombia.

Los españoles llegaron al país en 1499 y Colombia consiguió la independencia de sus colonizadores en 1810.

La cultura indígena y precolombina tiene una fuerte presencia en el país y es la creadora de numerosos platos culinarios, como las arepas, unas tortas hechas de masa de maíz molida, y de objetos artesanos como la mochila arhuaca o el sombrero *vueltiao*, elegido símbolo cultural de la nación en 2004.

Colombia también ha producido grandes figuras culturales y musicales como el Premio Nobel de literatura Gabriel García Márquez y los cantantes Shakira y Juanes. Además, el Festival Iberoamericano de Teatro de Bogotá es uno de los festivales escénicos más importantes del mundo.

Vista panorámica de la ciudad de Bogotá, capital de Colombia.

Arepa de choclo (o maíz), ejemplo de la gastronomía colombiana.

La cantante Shakira, una colombiana internacional.

Ficha cultural · Conflicto armado en Colombia

Colombia ha experimentado largos periodos de conflictos armados internos prácticamente desde su formación. Ya en el siglo XIX hubo varias guerras civiles que culminaron en la llamada Guerra de los mil días. Esta guerra duró desde 1899 hasta 1902 y concluyó con la independencia de Panamá, que hasta entonces había sido parte del territorio colombiano.

Durante los años de la Guerra Fría en la que muchos territorios latinoamericanos estaban divididos en su apoyo a Estados Unidos o a la Unión Soviética, las grandes diferencias entre pensamientos políticos que convivían en Colombia, hicieron que el país experimentara varias luchas armadas y levantamientos populares violentos.

En 1948, por ejemplo, durante el gobierno del conservador Mariano Ospina, el jefe del gobierno liberal Jorge Eliécel fue asesinado. Esto dio paso a una época de violencia partidista, la promoción de guerrillas por parte del partido liberal, y la instauración de varias armadas irregulares, que operaban sobre todo en comunidades rurales.

Entre 1958 y 1974, liberales y conservadores decidieron pactar un sistema de gobierno mediante el cual los dos partidos se alternarían el poder, que cambiaría cada cuatro años. A esta coalición política se le llamó Frente Nacional.

No obstante, en el interior del país se habían ido formando unas zonas llamadas «repúblicas independientes», de carácter comunista. El segundo presidente del Frente Nacional, Guillermo León, quiso desmantelar estos grupos, enviando una ofensiva del ejército nacional. Como consecuencia, varias guerrillas móviles se agruparon en las conocidas FARC (Fuerzas Armadas Revolucionarias de Colombia), de carácter marxista-lenilista. Las actividades del grupo son el narcotráfico, la guerra de guerrillas, los secuestros y las técnicas terroristas como la implantación de minas, como las que aparecen en la película. Álvaro Uribe, presidente desde 2002 hasta 2010, mejoró considerablemente la seguridad interna del país con su Política de Seguridad Democrática, aunque también tuvo muchos detractores. Además, quiso demostrar que el conflicto principal es entre grupos armados ilegales y el pueblo colombiano.

Actualmente existen decenas de guerrillas, bandas criminales y paramilitares distribuidas por todo el país, sobre todo en zonas rurales, como en las montañas de Antioquía, donde se desarrolla la película.

Colombia es el segundo país del mundo con mayor número de desplazamientos forzados.

Turistas en los asentamientos arqueológicos de Ciudad Perdida, en el norte de Colombia, bajo la vigilancia de militares.

Los militares, siempre presentes en el interior del país.

Álvaro Uribe, uno de los presidentes más estrictos con las guerrillas armadas.

PARTE 1

Tiempo	Descripción
00:00:00 00:24:41	Desde el comienzo de la película, hasta que los padres de Manuel tienen una discusión sobre los paramilitares.

¡Qué interesante!

La película que vas a ver se desarrolla en una aldea de las montañas de Antioquía. Allí se habla un dialecto del español, conocido como español antioqueño o español paisa. Las características principales de esta forma de español son el uso del voseo, el lleísmo y el seseo, además del uso de algunas palabras típicamente colombianas, como *el coroto* (trasto u objeto que no se quiere mencionar) o *la vereda* (sección administrativa de una parroquia). Estas palabras no existen o tienen el mismo significado en otros países hispanohablantes.

El voseo consiste en dirigirse a una persona con el término «vos», en lugar de «tú» o «usted». En la zona antioqueña, este uso no está restringido a la gente inculta, como sucede en el resto del país.

El lleísmo hace que las palabras que se escriban con «y» o «ll», se pronuncien del mismo modo. Así, «yo» y «llover», tienen la misma pronunciación.

El seseo consiste en pronunciar la «z», o la «c» ante «e», «i», como «s», al igual que en el resto de países latinoamericanos y otras regiones hispanohablantes como las Islas Canarias y partes de Andalucía, en España.

Otra característica del español antioqueño es el uso de expresiones como «¡Ave María pues!». Ante una pregunta, muchas personas de esta región dicen «¡Eh, avemaría pues hom'e!». En la película vas a ver ejemplos de esta expresión.

Otra zona donde se usa el paisa es en la Región de los Andes, en Venezuela, zona que fue colonizada por andaluces.

✳ VOCABULARIO

¿Conoces el significado de estas palabras? Busca su significado en el diccionario o consulta su traducción al inglés a partir de la página 215.

Vocabulario nuevo
correrse (v.)
apurarse (v.)
sacrificar (v.)
esconderse (v.)
faltar (v.)
la fila (sust.)
picarito (adj.)
orar (v.)
chiquita (sust.)
la vereda (sust.)
terco (adj.)
comprometerse (v.)
la cobardía (sust.)

Cognados
el albino (sust.)
criticar (v.)

Expresiones
llevársela bien (llevar)
de una vez por todas
ser una chanda

✳ ANTES DE VER ESTE SEGMENTO

1 **Ahora que has leído las fichas culturales sobre Colombia y su conflicto armado, ¿cuáles imaginas que son los peligros que viven los habitantes en las zonas afectadas?**

2 ¿Cómo crees que es la vida diaria en una aldea distanciada de la ciudad miles de kilómetros? ¿Cómo imaginas que es el acceso a la educación, sistema sanitario, tiendas o transportes en un lugar así?

_____

_____

_____

3 ¿Cómo era tu vida cuando tenías nueve años? ¿Dónde vivías y quiénes eran tus amigos? ¿En qué ocupabas el tiempo?

_____

_____

_____

❋ MIENTRAS VES ESTE SEGMENTO

1 Elige la respuesta correcta.

1. ¿Por que dos niños molestan al niño de piel clara?
a. Porque es albino y piensan que por eso es débil.
b. Porque está débil y cansado.
c. Porque tiene un balón de fútbol que ellos quieren.
d. Porque él siempre les insulta.

2. ¿Quién llega a la aldea?
a. Una supervisora de la estación.
b. Una profesora.
c. Una médica.
d. Una oficial del gobierno.

3. ¿Por qué se esconden el padre y su hijo?
a. Porque no quieren que los hombres los vean.
b. Porque no quieren que la mujer los vea.
c. Para que las vacas no los vean.
d. Para que la profesora no los vea.

4. ¿Qué le pide Manuel a su compañero de clase?
a. Un cuaderno.
b. Un lápiz amarillo.
c. Una pluma.
d. Un sacapuntas.

5. ¿Por qué le tapa la boca Julián a Manuel cuando hablan al salir de clase?
a. Porque Manuel le dice que Johan le ha abandonado.
b. Porque Manuel le pregunta si Johan se ha ido con la guerrilla.
c. Porque Julián no quiere que Manuel hable de la profesora.
d. Porque Julián no quiere que Manuel hable de su compañera de clase.

6. **¿Qué ven los niños en el campo de fútbol?**
a. Una reunión de los padres con la profesora.
b. Otros niños, jugando.
c. Unos visitantes del pueblo.
d. Un grupo de hombres armados.

7. **¿Qué hacen Manuel y su padre en el pueblo?**
a. Van al mercado, a la iglesia y a la estación.
b. Van al mercado, a la iglesia y a un bar.
c. Hablan con unos hombres con poncho.
d. Compran animales en el mercado.

8. **¿Qué le quiere decir el padre de Manuel a su hijo cuando le regala el balón?**
a. Que no puede llevar el balón a la escuela.
b. Que no quiere que comparta el balón con sus amigos.
c. Que no quiere que deje de estudiar por el fútbol.
d. Que ahora ya puede dejar de ir al colegio y convertirse en un deportista.

9. **¿De qué hablan los padres de Manuel cuando este se va a la cama?**
a. De la iglesia.
b. De los paramilitares.
c. De los padres de Julián.
d. De sus planes de irse de Colombia.

10. **¿Qué le dice la madre de Manuel a su marido mientras discuten?**
a. Que la gente que no se reúne con los paramilitares está en contra de ellos.
b. Que su padre era un paramilitar.
c. Que no quiere que Manuel sepa que se ha unido a los paramilitares.
d. Que los paramilitares han vuelto a visitarlos.

❋ DESPUÉS DE VER ESTE SEGMENTO

1 ¿Qué características tienen los padres de Manuel y la profesora? Marca las casillas.

	el padre	la madre	la profesora
positivo/-a			
negativo/-a			
cariñoso/-a			
bueno/-a			
simpático/-a			
serio/-a			
trabajador/a			
miedoso/-a			

2 **¿Por qué crees que estos personajes son así?**

Ejemplo: Creo que la profesora es positiva porque cree en educar a los niños y no tiene miedo del conflicto armado.

_____

_____

_____

_____

¡Qué interesante!

Colombia es un país con una geografía montañosa extensa y sin embargo, muy poblada. Por esta razón, existen miles de colegios rurales, repartidos por todo el territorio, que educan a más de 176 000 niños. La escuela que aparece en *Los colores de la montaña*, es un buen ejemplo de uno de estos centros. Se trata de un edificio sencillo, a menudo de una sola estancia, donde alumnos de varias edades estudian conjuntamente. Es por esta razón que los profesores tienen una preparación de «docente multigrado». Las condiciones de vida de los estudiantes no son muy buenas. La pobreza, el alto desempleo y la violencia que se vive en muchas zonas rurales del país, hace que la educación de los niños no sea una cuestión prioritaria. Además, el grado de marginación de estos, con respecto a otras zonas más urbanizadas, es muy alto (el 75%, según estadísticas publicadas por el gobierno colombiano en 2009). El rol de los profesores es difícil. Debido a la situación política y administrativa de Colombia, muchos profesores sufren interrupciones en el calendario escolar. Esto afecta a los alumnos de forma importante, ya que sus clases se acaban deteniendo o cancelando.

La película que estás viendo ofrece una visión muy fiel a esta situación.

¡El consejo!

Las escuelas rurales colombianas ofrecen muchas posibilidades de llevar a cabo una estadía de voluntario en sus centros. Muchas de estas escuelas suelen necesitar jóvenes que quieran contribuir a la educación de los niños colombianos en zonas aisladas. La asociación Fundación por la madre ofrece programas de voluntariado en escuelas de la Sierra Nevada colombiana. Este grupo requiere que el voluntario pueda enseñar Inglés, Matemáticas o Ciencias Naturales y que, además, tenga nociones básicas de Español, y pueda ofrecer respeto, tolerancia y paciencia.

Para más información, visita: http://www.fundacionporlamadre.org/

3 **¿Piensas que la profesora va a tener un rol significativo en la vida de los niños? ¿De qué modo?**

_____

_____

_____

4 **¿Quiénes imaginas que son los hombres que llevan poncho marrón? ¿Por qué crees que el padre de Manuel no quiere que le vean? Debate en clase.**

PARTE 2

Tiempo	Descripción
00:24:41 00:46:08	Desde que los padres de Manuel tienen una discusión sobre los paramilitares, hasta que una mujer a caballo les dice a los tres amigos que se vayan del lugar.

✳ ANTES DE VER ESTE SEGMENTO

1 Muchos personajes de la película viven con miedo. ¿Has tenido miedo alguna vez? ¿Cuándo?

_____

_____

✳ MIENTRAS VES ESTE SEGMENTO

1 María Cecilia, una de las alumnas de la escuela, no va a clase y Laura le dice a la profesora que «ellos se fueron». ¿Adónde crees que se fue la familia de María Cecilia y por qué? Luego, sigue viendo esta escena.

_____

_____

2 Completa la conversación entre Ernesto y su mujer, con los verbos que faltan.

ELLA

Parece que _____ a los hermanos González.

ÉL

Usted _____ por qué yo no voy a esas reuniones.

ELLA

Bueno, está bien, yo no la voy a _____ más.

ELLA

Usted _____ trabajador. Usted
_____ hacer muchas cosas.

ÉL

Yo, no _____ a mover de aquí.

ELLA

Oiga, Ernesto, pero _____ para acá.

✳ VOCABULARIO

¿Conoces el significado de estas palabras? Busca su significado en el diccionario o consulta su traducción al inglés a partir de la página 216.

Vocabulario nuevo
la comadre (sust.)
la zozobra (sust.)
el coroto (sust.)
la colcha (sust.)
la marrana (sust.)
la bomba (sust.)
la cancha (sust.)
terco (adj.)
pegar (v.)
la mina (sust.)
bravo (adj.)
el/la soldado (sust.)
la bala (sust.)
chillón (adj.)
rescatar (v.)
regañar (v.)
el torneo (sust.)
la paja (sust.)

Cognados
abandonar (v.)
alertar (v.)
el revólver (sust.)
la pistola (sust.)
el helicóptero (sust.)
la bicicleta (sust.)

Expresiones
meterse en la cabeza
quedar claro
a la fuerza
hacerse el dormido

3 **¿Qué piensas que le sucede al cerdo? ¿Por qué?**

_____

_____

_____

✷ DESPUÉS DE VER ESTE SEGMENTO

1 **¿Qué tres escenas te han impresionado más? ¿Por qué? Escribe los motivos debajo de las tres que más te hayan impactado.**

Escena 1: María Cecilia no acude a clase y la profesora la tacha de la lista.

_____

_____

_____

Escena 2: La madre de Manuel se encuentra a los vecinos que se van de la aldea con sus posesiones.

_____

_____

_____

Escena 3: La conversación de los padres de Manuel sobre los eventos ocurridos.

_____

_____

_____

Escena 4: Los niños corren detrás del cerdo y este explota.

_____

_____

_____

Escena 5: La profesora habla con los hombres sobre la zona minada.

_____

_____

_____

Escena 6: Ernesto prohíbe a los niños que jueguen en la cancha.

_____
_____
_____

Escena 7: Los niños encuentran varios tipos de balas en la casa abandonada.

_____
_____
_____

Escena 8: Julián le dice a Manuel que no hay clase hasta el lunes.

_____
_____
_____

2 **¿En qué momento piensas que los niños saben que viven en una zona de peligro? Descríbelo con tus propias palabras.**

_____
_____
_____

3 **Cuando los niños hablan del balón de Manuel, utilizan palabras relacionadas con el fútbol que se usan exclusivamente en algunos países de América Latina. Encuentra los sinónimos de estas palabras y completa el crucigrama.**

remate   esquive   arquero   arco   cancha

1. portero: _ _ _ _ _ _ _
2. campo: _ _ _ _ _ _
3. regate: _ _ _ _ _ _ _
4. portería: _ _ _ _
5. lanzamiento a la portería: _ _ _ _ _ _

PARTE 3

Tiempo	Descripción
00:46:08 01:08:00	Desde que una mujer a caballo les dice a los tres amigos que se se vayan del lugar, hasta que los niños acaban de pintar el mural.

✳ ANTES DE VER ESTE SEGMENTO

1 Si fueras el protagonista de la película, ¿intentarías rescatar el balón? ¿Por qué? ¿Cómo lo harías?

_____

_____

_____

2 ¿Cómo es el clima en la casa de Manuel? Marca los adjetivos que lo califiquen. Luego, justifica tus elecciones.

acogedor ☐   tenso ☐   difícil ☐   rústico ☐

político ☐   lujoso ☐   amistoso ☐   complicado ☐

hogareño ☐   sencillo ☐   pequeño ☐   estresante ☐

✳ MIENTRAS VES ESTE SEGMENTO

1 Marca la opción correcta, ¿es verdadero (V) o falso (F)?

1. Manuel le dice a Julián que si no hay clase, pueden ir a rescatar el balón.   V ☐ F ☐

2. Julián le roba golosinas a Poca Luz.   V ☐ F ☐

3. Los niños se ríen al mirar a los conejos.   V ☐ F ☐

4. Ernesto le dice a su hijo que hable con los hombres de la moto.   V ☐ F ☐

5. Manuel le dice a su madre que uno de los muñecos se parece a Poca Luz.   V ☐ F ☐

6. La madre de Manuel prepara comida típica.   V ☐ F ☐

✳ VOCABULARIO

¿Conoces el significado de estas palabras? Busca su significado en el diccionario o consulta su traducción al inglés a partir de la página 216.

Vocabulario nuevo
perderse (v.)
descarado (adj.)
alcanzar (v.)
la cita (sust.)
esconderse (v.)
la finca (sust.)
desaparecer (v.)
la cuerda (sust.)
pudrir (v.)
la plata (sust.)
faltar (v.)
amenazar (v.)
la brocha (sust.)
prestar (v.)
merecer (v.)

Cognados
idéntico (adj.)
la región (sust.)
la comunidad (sust.)
dialogar (v.)
el mural (sust.)
el color (sust.)
el favor (sust.)
la clase (sust.)

Expresiones
tener la culpa
¡uy, qué hueso!
¿qué hubo?

7. Los niños quieren rescatar el balón y eligen a Poca Luz para que lo haga.   V ☐   F ☐

8. Poca Luz pierde los zapatos.   V ☐   F ☐

2 **¿Por qué hay tensión entre los padres de Manuel? ¿Qué opina la madre sobre la actitud pacífica de su marido?**

_____

_____

_____

✳ DESPUÉS DE VER ESTE SEGMENTO

1 **¿Por qué crees que la profesora ignora el comentario de Luisa e invita a los niños a pintar el mural? ¿Qué mensaje piensas que está compartiendo con los niños?**

_____

_____

_____

2 **Imagina que eres un político que llega a la aldea donde viven los protagonistas, y que quieres ser elegido gobernador del lugar. ¿Qué cosas prometerías a los habitantes de la región para que te votaran? Escribe un memorándum para tu campaña política.**

SI ME ELIGEN GOBERNADOR DE LA REGIÓN, PROMETO:

1. _____

2. _____

3. _____

4. _____

5. _____

6. _____

Ficha cultural · Artesanía colombiana

La artesanía latinoamericana tiene una identidad propia, marcada por una gran influencia precolombina. Los artesanos colombianos en particular, cuentan con una rica población indígena de la que tomar influencias.

Las primeras muestras artesanas en Colombia son esculturas y jarras de barro, y tienen sus orígenes en la era neolítica. También se han encontrado piezas de oro que datan del año 325 a.C. Estos objetos provienen principalmente de la zona del Pacífico.

Brazaletes de telas y decorados colombianos.

El oro fue precisamente lo que atrajo a los navegadores y colonizadores españoles e ingleses a Colombia. Estos buscaban El Dorado, un lugar mítico donde se pensaba que los pavimentos estaban cubiertos por este metal. Muchos exploradores españoles murieron en busca del oro en la entonces Nueva Granada, en plena selva, rendidos ante la dureza del terreno y las condiciones climáticas.

Hoy en día, es fácil encontrar ejemplos de artesanía típica del país, ya que mucha gente se dedica a crear objetos de este tipo, sobre todo en las zonas rurales. En *Los colores de la montaña*, la madre de Manuel fabrica muñecas de trapo para vender en el mercado. Estos juguetes son muy típicos y tienen una larga tradición ancestral. Sus marcados rasgos y el uso de colores fuertes en sus vestimentas, indican la importante presencia indígena en la cultura colombiana.

Reproducción de un bus o chiva colombiana.

Otros objetos típicamente colombianos son: la laca de Pasto, las coloridas telas conocidas como molas, producidas por las mujeres de la etnia kuna; la alfarería de Ráquira, el tiple de Chiquinquirá, un instrumento de cuerda; las sillas de Guadua, típicas de la región Paisa; la mochila *arhuaca* y el sombrero *vueltiao*, símbolo cultural de la nación desde 2004.

Muñecas de trapo inspiradas en las de origen precolombino.

PARTE 4

Tiempo	Descripción
01:08:00 01:33:05	Desde que los niños acaban de pintar el mural, hasta el final de la película.

❋ ANTES DE VER ESTE SEGMENTO

1 ¿Qué crees que va a pasar cuando los habitantes del pueblo vean el mural?

_____

_____

_____

2 Mucha gente se va de la aldea, ¿crees que la familia de Manuel se irá o se quedará? Justifica tu respuesta. Luego, sigue viendo este segmento.

_____

_____

_____

❋ MIENTRAS VES ESTE SEGMENTO

1 Elige la respuesta correcta.

1. **¿Por qué el padre de Julián lo va a buscar a la escuela?**
a. Porque no quiere que estudie.
b. Porque se tienen que ir de la aldea.
c. Porque su esposa va a tener un bebé.
d. Porque no se encuentra bien.

2. **¿Qué pasa con el padre de Julián?**
a. Los guerrilleros se lo llevan.
b. Se muere.
c. Se escapa.
d. Desaparece.

❋ VOCABULARIO

¿Conoces el significado de estas palabras? Busca su significado en el diccionario o consulta su traducción al inglés a partir de la página 216.

Vocabulario nuevo
empacar (v.)
la bestia (sust.)
rescatar (v.)
estorbar (v.)
maldito (adj.)
pegar (v.)
castigar (v.)
tomar (v.)

Cognados
la mamá (sust.)
el papá (sust.)

Expresiones
ahorita
¡vamos, pues!

3. **¿Qué se lleva Manuel de la casa abandonada?**
a. Unos libros.
b. Un zapato.
c. Una caja.
d. Una maleta.

4. **¿Dónde aparece el padre de Julián?**
a. Sobre un caballo.
b. Detrás de unos matorrales.
c. En la casa abandonada.
d. En la escuela.

5. **¿Qué decide hacer la profesora?**
a. Seguir dando clase.
b. Irse de la aldea.
c. Ampliar la escuela.
d. Pintar otro mural.

6. **¿Quién más se despide de Manuel?**
a. Poca Luz.
b. Los vecinos.
c. Su madre.
d. Su padre.

7. **¿Quiénes visitan la casa de Manuel?**
a. Un grupo de profesores.
b. Un grupo de vecinos.
c. Un grupo de niños.
d. Un grupo de guerrilleros.

8. **¿Qué encuentra Manuel en el cuarto de baño?**
a. Los zapatos de su padre.
b. El sombrero de su padre.
c. Destrozos y un espejo nuevo.
d. La colcha de su madre.

9. **¿Qué decide hacer Manuel?**
a. Ir a buscar a Julián.
b. Ir a buscar los guantes.
c. Ir a buscar el balón.
d. Ir a buscar a la profesora.

10. **¿Con quién se van Manuel, su hermano y su madre?**
a. Con Julián.
b. Con la profesora.
c. Con unos vecinos.
d. Con Poca Luz.

❋ DESPUÉS DE VER ESTE SEGMENTO

1 La madre de Manuel tiene un rol bastante tradicional en su familia. ¿Qué cosas la has visto hacer?

1. Coser ☐

2. Cocinar ☐

3. Lavar la ropa ☐

4. Atender a su bebé ☐

5. Atender a los animales ☐

6. Pintar las paredes ☐

7. Preparar ingredientes para la comida ☐

8. Fregar los suelos ☐

9. Hacer los deberes con Manuel ☐

2 ¿Qué información aparecida en la película te ha sorprendido más? ¿Por qué?

_____

_____

_____

_____

3 Todas las familias de la película acaban yéndose de la aldea. ¿Entiendes su decisión? ¿Tú qué harías? ¿Por qué?

_____

_____

_____

_____

4 Imagina que eres el director de la película y que debes rodar tres escenas más, a partir del final de la película. ¿Qué pasaría en estas escenas?

Escena 1

Personajes: _____
Lugar: _____
Día/noche: _____
Tipo de música: _____

En esta escena _____
_____
_____
_____
_____
_____
_____

Escena 2

Personajes: _____
Lugar: _____
Día/noche: _____
Tipo de música: _____

En esta escena _____
_____
_____
_____
_____
_____
_____
_____
_____

Escena 3

Personajes: _____
Lugar: _____
Día/noche: _____
Tipo de música: _____

En esta escena _____
_____
_____
_____
_____
_____
_____
_____

DIRECTOR

Machuca

de Andrés Wood

121 min.

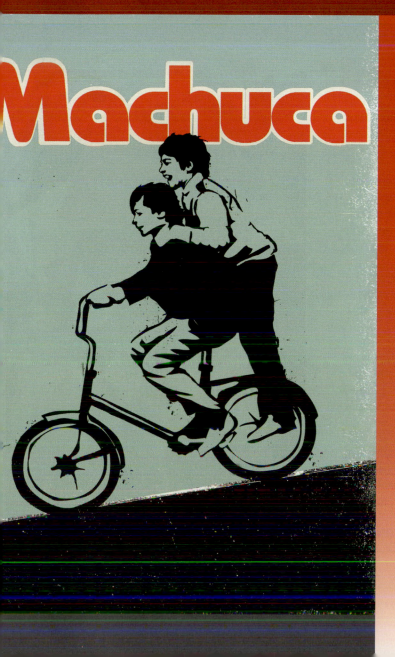

101 of 240

* 5 COSAS SOBRE LA PELÍCULA

Es una coproducción entre Chile, España, Inglaterra y Francia.

Participó en el Festival de Cine de Cannes en 2004. Fue elegida como la mejor película por el público de varios festivales, incluyendo el de Vancouver, el de Portugal, el de Ciudad de México y el de Lima.

Es una de las películas más exitosas en la historia cinematográfica de Chile. En este país, casi 650 000 espectadores la vieron en el cine.

La película se filmó en Santiago de Chile. Como la historia transcurre en 1973, el equipo de producción trabajó sobre las localizaciones para que parecieran de esa época, pintando los semáforos y los buzones, que eran de un color diferente al actual.

Matías Quer y Ariel Mateluna, los chicos que interpretan a los personajes principales de Machuca, no son actores. El equipo de la película trabajó con ellos durante siete meses en las escenas, antes de empezar a filmar.

Sinopsis

Gonzalo Infante y Pedro Machuca son dos niños de once años que viven en Santiago de Chile. Gonzalo es un chico de familia acomodada, que estudia en el exclusivo colegio católico Saint Patrick's. Machuca, en cambio, es un niño pobre: vive en una villa miseria (un conjunto de viviendas muy precarias y a menudo ilegales) y trabaja en la calle.

El padre McEnroe, rector del Saint Patrick's, está interesado en la integración social. Como resultado, decide que el colegio pague los estudios de un grupo de chicos pobres. Los nuevos alumnos, entre los que está Machuca, empiezan a asistir a clase junto a los estudiantes privilegiados.

Gonzalo y Machuca pronto se hacen amigos, unidos contra un grupo de estudiantes que discriminan e intimidan a los nuevos alumnos.

Al mismo tiempo, el país vive momentos difíciles. Es 1973 y el gobierno socialista de Salvador Allende ha generado tensiones sociales, que en el colegio se reflejan en los padres de los alumnos.

El golpe de estado de ese año es el inicio de cambios políticos, económicos y sociales en Chile, que tienen un gran impacto en las aulas del colegio Saint Patrick's y en la vida de Gonzalo y de Machuca.

Los personajes

Pedro Machuca es un nuevo estudiante en el colegio Saint Patrick's. Vive en una villa miseria de la ciudad y trabaja en la calle junto a Silvana. Pedro es muy listo, respetuoso y valiente.

Gonzalo Infante es el hijo menor de una familia de clase media alta de Santiago. Es un chico tranquilo, tímido y un poco solitario. Gonzalo lleva una vida cómoda pero un poco triste, ya que su padre está poco en casa y su madre tiene un romance secreto con otro hombre y hace cómplice de ello al niño.

Silvana es una joven que vive en la misma villa que Machuca. Es independiente y valiente. Desconfía de la gente que tiene dinero porque cree que siempre intentan perjudicar a la gente pobre como ella.

El padre McEnroe es el rector del colegio Saint Patrick's. Es un cura irlandés que lleva muchos años en Chile. Es severo y formal, pero también es justo: cree que los chicos de los barrios pobres tienen el mismo derecho que los niños ricos a tener una buena educación.

María Luisa es la madre de Gonzalo. Es joven, guapa y quiere mucho a su hijo. No es feliz en su matrimonio y tiene un amante argentino. Está en desacuerdo con las medidas del padre McEnroe, porque cree que los ricos y los pobres no tienen que mezclarse.

Gastón Robles es un alumno del colegio Saint Patrick's. Es arrogante y agresivo, tanto con Gonzalo como con los nuevos alumnos. Proviene de una familia adinerada.

Pedro Machuca

Gonzalo Infante   Silvana

Ficha cultural · Santiago de Chile

Santiago es la capital de Chile y su ciudad más importante. Tiene aproximadamente cinco millones y medio de habitantes, el 36% de la población total del país.

La ciudad está situada al este de la cordillera de los Andes, a más de 500 metros sobre el nivel del mar. El clima es templado, con lluvias en invierno y una larga estación seca en verano. La temperatura media es de 21 grados centígrados en verano y ocho en invierno.

Santiago fue fundada en 1541, en el valle del Mapocho, el río que hoy atraviesa la ciudad, por el conquistador español Pedro de Valdivia. El nombre del poblado original era Santiago de la Nueva Extremadura, en honor al apóstol Santiago, patrono de España.

Los primeros años del periodo colonial no fueron fáciles: varias tribus indígenas atacaron el poblado, hubo una epidemia de viruela y varios terremotos. Sin embargo, con el tiempo, Santiago se afianzó como centro político de la región.

En 1810, se organizó la primera Junta Nacional de Gobierno, el primer paso hacia la independencia de Chile, declarada el 12 de febrero de 1818 y reconocida por España el 24 de abril de 1844.

Hoy, el legado de la colonia española se ve en el centro histórico, que tiene espacios y edificios construidos en esa época. Algunos de los más importantes son la Plaza de Armas, la Catedral y el convento de San Francisco.

Santiago es un centro cultural muy importante, sede de muchos museos, compañías de teatro y cines. Algunas de las universidades más importantes del país están en la ciudad, como la Universidad de Chile (laica) y la Universidad Católica de Chile (religiosa).

Un paisaje de Santiago, con la cordillera de los Andes al fondo.

El río Mapocho atraviesa la capital chilena.

La Plaza de Armas es la más importante de la ciudad.

Ficha cultural · **Los años setenta**

Los años setenta fueron una época de grandes cambios en todo el mundo.

En esta década, el mapa político internacional tuvo dos polos: Washington, en Estados Unidos y Moscú, en la Unión Soviética. Estos dos países mantenían una «Guerra Fría» y ejemplificaban formas opuestas de entender la vida.

Por un lado, el capitalismo americano afirmaba la individualidad de las personas, la iniciativa empresarial y la democracia como forma de gobierno. Por el otro, el socialismo soviético, inspirado en las ideas marxistas de una sociedad más igualitaria, proponía una alternativa donde el Estado era responsable de distribuir la riqueza, y había un partido único, el comunista, que no toleraba crítica ni oposición.

Aunque lejos de las dos «superpotencias», los países latinoamericanos respondían a las tendencias globales con un debate sobre el papel de América Latina en el mundo. Fue una época violenta para la región, ya que una serie de golpes de estado instaló dictaduras militares en muchos países, como Chile (1973), Argentina (1976), Brasil (desde 1964 hasta 1974), Perú (desde 1968 hasta 1975) y Bolivia (1971).

En el resto del mundo había cambios sociales además de políticos: varios movimientos que cobraron importancia en los años 60, como el feminismo y la defensa del medioambiente, se difundieron aún más y se convirtieron en importantes formas de presión para los gobiernos.

La década fue muy productiva a nivel cultural, especialmente en lo musical. El rock se consagró como el ritmo elegido por los jóvenes. Grupos como The Rolling Stones, Pink Floyd, Kiss y AC/DC daban conciertos y vendían sus discos en todo el mundo. En la segunda mitad de la década, surgieron dos estilos musicales y estéticos muy diferentes: el *disco* y el *punk*.

Además, en estos años aparecieron por primera vez tecnologías que hoy son habituales, como los ordenadores personales, las calculadoras de bolsillo, el reproductor de música portátil (el *walkman*) y los hornos microondas.

La Casa Blanca, residencia del Presidente de los Estados Unidos, en Washington.

La catedral de San Basilio, en la Plaza Roja, en Moscú.

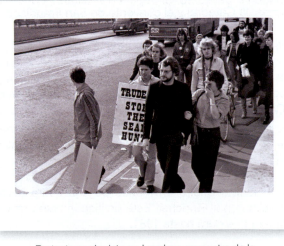

Protesta ecologista en Londres, en contra de la matanza de focas.

Ficha cultural · Salvador Allende

Salvador Allende (1908-1973) fue un médico y político chileno. Después de desempeñar sus obligaciones en varios puestos públicos, ganó las elecciones presidenciales de su país en 1970, con el 36,6% de los votos. Con esta victoria, Allende se convirtió en el primer presidente marxista elegido democráticamente en el mundo occidental.

En su primer año de gobierno, Allende inició una transición del país hacia el socialismo: ordenó la nacionalización de varias industrias, empezó una reforma agraria y aumentó los salarios.

Estas medidas encontraron resistencia en diferentes sectores económicos y sociales. Muchas empresas estuvieron en desacuerdo con la nacionalización. La reforma agraria causó enfrentamientos entre terratenientes y campesinos, por el control de la tierra. El aumento de salarios creó inflación y otros problemas económicos, como el incremento del déficit.

Para controlar la inflación, el gobierno impuso «precios oficiales». Esto causó el desabastecimiento de muchos productos y la creación de un «mercado negro» con mercadería que no había en las tiendas legales. En octubre de 1972, una huelga nacional empeoró los problemas de distribución de productos y afianzó la oposición al gobierno en todo el país.

En los primeros meses de 1973 hubo muchos conflictos violentos entre sectores a favor del gobierno y grupos de la oposición. Estos últimos acusaban al gobierno de ejercer un régimen totalitario, controlando la economía y censurando la libertad de expresión.

En medio de un clima de tensión, el 11 de septiembre de 1973, las Fuerzas Armadas tomaron la ciudad de Santiago. Un grupo de militares, liderados por Augusto Pinochet, exigió la renuncia inmediata de Allende. Ante su negativa, el Ejército bombardeó el Palacio de la Moneda, donde estaba el Presidente. Finalmente, los militares entraron en el edificio y encontraron muerto a Allende.

El gobierno quedó en manos de una Junta Militar, presidida por Pinochet. Este político instaló una dictadura que duró hasta 1981.

Un sello conmemorativo del servicio postal cubano, con la imagen de Salvador Allende.

El Palacio de la Moneda es la residencia del Presidente de Chile.

PARTE 1

Tiempo	Descripción
00:00:00 00:26:11	Desde el principio de la película, hasta que los chicos se van de la segunda manifestación.

¡Qué interesante!

La película está dedicada al sacerdote Gerardo Whelan, rector del colegio Saint George de Santiago, entre los años 1969 y 1973. El director Andrés Wood fue alumno de este colegio y la historia de *Machuca* está inspirada en sus años de estudiante. «En mi clase había quince alumnos que vivían en una villa junto al río Mapocho. Estos niños habían entrado en el colegio por la iniciativa del director, un sacerdote norteamericano de ideas progresistas. Fue una experiencia enriquecedora, a veces tormentosa y cruel, pero también maravillosa; llena de contradicciones, como las que se vivían en el país», cuenta. «El padre Whelan trabajó durante 20 años en los barrios pobres de Santiago y allí se convirtió en un importante activista político», explica Wood.

✳ ANTES DE VER ESTE SEGMENTO

1 La película *Machuca* transcurre en Chile. Estas son cosas típicas del país, pero hay dos intrusos: márcalos.

☐ 1. El carnaval

☐ 2. El desierto de Atacama

☐ 3. El poeta Pablo Neruda

☐ 4. La bandera

☐ 5. Las esculturas de la Isla de Pascua

☐ 6. Los vinos

2 Parte del segmento que vas a ver, se desarrolla dentro de un colegio católico y privado de Santiago. Marca las palabras que, en tu opinión, están relacionadas con este tipo de educación. Después de ver el segmento, relee tus respuestas y corrígelas, si fuera necesario.

☐ buena disciplina

☐ educación bilingüe

☐ asignaturas creativas

☐ ambiente informal

☐ clases mixtas

☐ problemas de violencia

☐ alumnos de diferente origen social

☐ aulas modernas

☐ profesores con mucha autoridad

✳ MIENTRAS VES ESTE SEGMENTO

1 **Marca la opción correcta.**

1. ¿Cómo se presentan los nuevos compañeros de clase?
a. De pie, en una hilera frente a la clase.
b. De pie, en una ronda.
c. Sentados, en un círculo.

2. ¿Cómo hay que recibir a los nuevos compañeros, según el padre McEnroe?
a. Como si fueran turistas.
b. Como si fueran hermanos.
c. Como si fueran soldados.

3. ¿Qué le pide Gastón Robles a Pedro Machuca, durante el primer recreo?
a. Que le dé su comida.
b. Que le devuelva su asiento en el aula.
c. Que sea su amigo.

4. ¿Qué hay en la caja que consigue la madre de Gonzalo?
a. Aparatos tecnológicos.
b. Nuevos pasaportes y otros documentos.
c. Comida y productos del mercado negro.

5. ¿Por qué echa el padre McEnroe a un alumno de la piscina?
a. Porque se burla de los nuevos alumnos.
b. Porque orina en la piscina.
c. Porque le pega a otro alumno.

6. ¿Cómo se siente Gonzalo cuando acompaña a su madre al sastre?
a. Enfermo.
b. Contento.
c. De mal humor.

7. ¿Por qué tiene Gonzalo una venda en la cabeza?
a. Porque se cae en la clase de gimnasia.
b. Porque un compañero le tira una piedra.
c. Porque se pelea con Machuca.

8. ¿Por qué el vecino de Machuca llama «cara de frutilla» a Gonzalo?
a. Porque está colorado.
b. Porque tiene pecas.
c. Porque le gusta comer frutillas.

9. ¿De qué trabajan Machuca, su vecino, y Silvana?
a. Dan discursos en las manifestaciones.
b. Limpian la calle después de las manifestaciones.
c. Venden banderas en las manifestaciones.

10. ¿De qué partido es la segunda manifestación a la que asisten?
a. Del partido conservador.
b. Del partido comunista.
c. Del partido verde.

2 **Compara a los alumnos antiguos del colegio privado con los nuevos compañeros. Marca las casillas con la información apropiada para cada caso.**

	alumnos antiguos	alumnos nuevos
1. son tímidos		
2. tienen confianza en sí mismos		
3. llevan uniforme		
4. tienen agujeros en la ropa		
5. saben nadar		
6. no saben nadar		
7. tienen traje de baño		
8. no tienen traje de baño		
9. van de casa al colegio en coche		
10. van de casa al colegio caminando, o en camión		

✳ DESPUÉS DE VER ESTE SEGMENTO

1 Los nuevos alumnos son muy diferentes al resto de la clase del colegio privado. ¿Qué crees que pasará entre ellos, según avanza el curso?

_____

_____

_____

_____

2 Hacia el final del segmento, Gonzalo decide acompañar a Machuca, a su vecino y a Silvana a trabajar. Escribe una breve entrada en su diario personal, donde cuenta la experiencia. Utiliza las siguientes palabras.

manifestación	trabajo	confianza	política	sentir
diferencia	novio	bandera	amistad	niña

PARTE 2

Tiempo	Descripción
00:26:11 00:46:20	Desde que los chicos se van de la segunda manifestación, hasta que Machuca se prueba las zapatillas de Gonzalo.

✳ ANTES DE VER ESTE SEGMENTO

1 Lee las columnas «Vocabulario nuevo» y «Cognados» a la derecha. Luego, completa con el adjetivo más adecuado para cada situación.

1. Esta obra de teatro no tiene buenas críticas. Quienes la han visto dicen que el argumento no tiene sentido, es completamente

   _____ .

2. Diana está muy preocupada porque su madre está en el hospital. Está nerviosa e _____ . Hoy, cuando vaya a verla, la voy a acompañar.

3. ¿Por qué te quedas _____ cuando te pregunto si estás mintiendo?

4. No voy a volver a esa tienda. Todo el género es de _____ calidad.

2 En el segmento que vas a ver hay varias palabras que se usan en Chile. Algunas de ellas están en las columnas de aquí abajo: relaciónalas con la foto adecuada. Después de ver el segmento, relee tus respuestas y corrígelas, si fuera necesario.

- 1. el «manilarga»
- 2. los pololos
- 3. el pituco
- 4. la «once»

a. ●

b. ●

c. ●

d. ●

✳ VOCABULARIO

¿Conoces el significado de estas palabras? Busca su significado en el diccionario o consulta su traducción al inglés a partir de la página 217.

Vocabulario nuevo
inquieto (adj.)
pésimo (adj.)
manejar (v.)
callado (adj.)
el hipo (sust.)
molestar (v.)
vigilar (v.)
el sobrenombre (sust.)

Cognados
absurdo (adj.)
el casino (sust.)

Expresiones
valer la pena
en sus marcas

✳ MIENTRAS VES ESTE SEGMENTO

1 ▶ Relaciona las frases.

1. La madre de Gonzalo visita ●   ● a. a Machuca que hable en inglés.
2. Machuca quiere ●   ● b. las zapatillas de Gonzalo.
3. Gonzalo ayuda ●   ● c. menor que la del de Gonzalo.
4. La madre de Machuca prepara ●   ● d. copiar las respuestas del examen.
5. Silvana pide ●   ● e. a un hombre argentino.
6. Gonzalo y su padre van ●   ● f. a la hermana de Gonzalo y a su novio.
7. La nota del examen de Machuca es ●   ● g. una carrera en la clase de gimnasia.
8. Los chicos corren ●   ● h. a comprar jamón a una tienda clandestina.
9. En casa de Gonzalo, Machuca conoce ●   ● i. a Machuca con las respuestas.
10. A Machuca le encantan ●   ● j. la merienda para los chicos.

2 ▶ ¿Quién dice estas frases? Completa con: Machuca · Silvana · Gonzalo.

1. «¡Oye, pituco!».

2. «Te las presto».

3. «¿Toda esa ropa es tuya?».

✳ DESPUÉS DE VER ESTE SEGMENTO

1 ▶ Machuca y Gonzalo se están haciendo amigos. ¿Cómo crees que la diferencia en su situación económica y social afectará esta amistad? ¿Qué cosas has visto hasta ahora que te ayuden a justificar tu opinión?

_____

_____

_____

_____

_____

¡El consejo!

Como has visto en este segmento, la merienda en Chile se llama la «once» o las «once». Se toma entre las cinco de la tarde y las ocho de la noche, y suele consistir en leche, té o café con tostadas, galletas o algún tipo de pan dulce. Si quieres probar una «once» típicamente chilena, prepara pan con un poco de aguacate («palta», en Chile). ¡Es delicioso!

PARTE 3

Tiempo	Descripción
00:46:20 01:15:10	Desde que Machuca se prueba las zapatillas de Gonzalo, hasta el final de la reunión de padres en la iglesia.

¡Qué interesante!

El Llanero Solitario, un personaje de ficción estadounidense, es el protagonista de las historietas preferidas de Gonzalo Infante. El personaje fue creado en 1933 por Fran Striker, guionista de un programa de radio, y luego apareció en historietas y en una serie de televisión. Es un hombre que recorre el oeste americano con su compañero Toro (en inglés, el personaje se llama *Tonto*, que en español significa 'estúpido', así que se le cambió el nombre en este idioma), un miembro de la tribu apache. El Llanero y Toro son buenos amigos, a pesar de ser muy diferentes. Hay una versión cinematográfica de la historia, con los actores Armie Hammer, Johnny Depp y Helena Bonham Carter, que se estrena en 2013.

✳ANTES DE VER ESTE SEGMENTO

1 **En este segmento, Machuca visita la casa de Gonzalo por primera vez. Describe, marcando en la tabla, el entorno de los chicos.**

	el entorno de Gonzalo	el entorno de Machuca
1. barato		
2. pobre		
3. lujoso		
4. formal		
5. cómodo		
6. peligroso		
7. precario		
8. privado		
9. privilegiado		
10. público		
11. relajado		
12. seguro		

✳ VOCABULARIO

¿Conoces el significado de estas palabras? Busca su significado en el diccionario o consulta su traducción al inglés a partir de la página 217.

Vocabulario nuevo
el trago (sust.)
la leche condensada (sust.)
bruto (adj.)
decepcionar (v.)
bestia (adj.)
el puño (sust.)
golpear (v.)
el cuello (sust.)
el aliento (sust.)
la guagua (sust.)
el chupete (sust.)
la misa (sust.)
la granja (sust.)
el chancho (sust.)
los víveres (sust.)

Cognados
ordinario (adj.)
la arrogancia (sust.)
respetar (v.)
el indio (sust.)
el déficit (sust.)

Expresiones
estar bueno
m'hijito

2 A menudo, los profesores del colegio dan indicaciones a los alumnos. Para ello, usan frases con el verbo en la forma imperativa. Repasa este tiempo verbal, indicando la acción de la foto en el imperativo.

1. (saltar, tú)

_____

2. (salir, ustedes)

_____

3. (prestar atención, ustedes)

_____

4. (nadar, tú)

_____

✳ MIENTRAS VES ESTE SEGMENTO

1 Ordena estas acciones cronológicamente.

1. Al llegar a casa, los padres de Gonzalo tienen una discusión.   ☐

2. Durante la fiesta, la hermana de Gonzalo le ofrece un trago.   1

3. El padre McEnroe reta a los chicos, en la oficina de dirección del colegio.   ☐

4. Gonzalo compra leche condensada.   ☐

5. Gonzalo presta un libro a Machuca.   ☐

6. La familia Infante cena en un restaurante.   ☐

7. La hermana de Gonzalo fuma en la cocina.   ☐

8. Machuca tiene una pelea en el patio del colegio.   ☐

9. María Luisa dice a Machuca que tiene los ojos bonitos.   ☐

10. Silvana besa a Gonzalo por primera vez.   ☐

2 ¿Cómo son las relaciones entre los miembros de la familia Infante? Escribe tres palabras junto a cada pareja.

1. María Luisa y Patricio.   _____   _____   _____
2. María Luisa y Gonzalo.   _____   _____   _____
3. Gonzalo y su hermana, Lucy.   _____   _____   _____
4. Gonzalo y Patricio.   _____   _____   _____

3 ¿Qué piden los integrantes de la familia Infante al padre, que viaja a Roma? Marca las tres opciones correctas.

1.   4.   7.

3.   6.   9.

2.   5.   8.

✳ DESPUÉS DE VER ESTE SEGMENTO

1 ¿Crees que la escena del beso entre Gonzalo y Silvana, y Silvana y Pedro, es significativa para la historia? ¿Por qué?

_____

_____

_____

2 Después de la cena familiar, el padre de Gonzalo sugiere que se muden a Roma. «El socialismo es lo mejor para Chile, pero no para nosotros», dice. ¿Qué significa esta frase, en tu opinión?

_____

_____

_____

3 Lee la «Ficha cultural» sobre Salvador Allende en la página 105 y elabora un breve resumen sobre su gobierno, incluyendo tu opinión sobre las ventajas y desventajas de su propuesta.

_____

_____

_____

PARTE 4

Tiempo	Descripción
01:15:10 01:28:00	Desde el final de la reunión de padres en la iglesia, hasta el final de la película.

❋ ANTES DE VER ESTE SEGMENTO

1 Al final del segmento anterior, varios padres del colegio discuten acerca de la medida del padre McEnroe, por la cual el colegio se hace cargo de incorporar y pagar los estudios de chicos de sectores pobres. ¿Cuáles son los dos puntos de vista que se enfrentan durante la reunión? ¿Crees que uno de ellos tiene más razón que el otro? ¿Por qué? ¿Cómo crees que progresará esta situación?

_____

_____

_____

2 Lee las palabras de la sección «Vocabulario nuevo». Luego, completa el crucigrama con esas palabras, a partir de las definiciones.

Horizontal

5. Digno de veneración porque pertenece a Dios.

Vertical

1. Que causa repulsión moral o física.
2. Suspender algo sin que llegue al suelo.
3. Desafortunado. También puede ser un insulto: en este caso significa 'mala persona'.
4. Vehículo de cuatro ruedas que se usa para transportar grandes cargas.

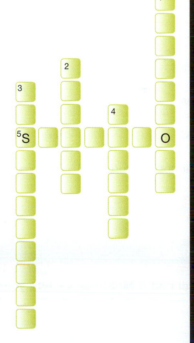

❋ VOCABULARIO

¿Conoces el significado de estas palabras? Busca su significado en el diccionario o consulta su traducción al inglés a partir de la página 217.

Vocabulario nuevo
desgraciado (adj.)
asqueroso (adj.)
colgar (v.)
sagrado (adj.)
el camión (sust.)

Cognados
el rumor (sust.)
el curso (sust.)

Expresiones
¡salga de acá!

✱ MIENTRAS VES ESTE SEGMENTO

1 ▸ **Completa las frases con una o varias palabras, según corresponda.**

1. La manifestación que se ve al principio del segmento es de _____ .

2. En la manifestación, Gonzalo ve al _____ .

3. Para hacer ruido, los manifestantes golpean _____ .

4. María Luisa y sus amigas insultan a _____ .

5. Desde la camioneta, Silvana, Gonzalo y Machuca ven _____ .

6. Los alumnos queman _____ .

7. Gonzalo y su hermana ayudan a su padre a _____ .

8. María Luisa autoriza a su hija a _____ .

9. En la villa, Silvana y Machuca le quitan a Gonzalo _____ .

10. Gonzalo se entera a través de la televisión de que _____ .

2 ▸ **¿Qué cuatro cambios ocurren inmediatamente en el colegio con la llegada de los militares? Marca las cuatro frases correctas.**

1. Despiden al padre McEnroe.   ☐

2. Expulsan a varios alumnos.   ☐

3. Hacen obligatorio el saludo militar.   ☐

4. Les cortan el pelo a los chicos.   ☐

5. Cancelan las clases de inglés.   ☐

6. Prohíben a los alumnos hablar con los curas.   ☐

7. Suspenden los recreos.   ☐

✱ DESPUÉS DE VER ESTE SEGMENTO

1 ▸ **¿Qué hace Machuca, cuando el padre McEnroe se está yendo del colegio? ¿Qué hubieras hecho tú, en su situación?**

_____

_____

_____

2 **¿Qué ocurre en la villa donde viven Silvana y Machuca? ¿Qué hace Gonzalo cuando el militar le da una orden?**

_____

_____

_____

3 **Escribe una carta de Gonzalo a Machuca diez años después de los hechos del final de la película, explicando qué pasó en su vida a continuación, y cómo se siente al recordar lo que pasó en la villa.**

_____

_____

_____

_____

_____

_____

¡El consejo!

Si te ha gustado _Machuca_, quizás te interese otra película del mismo director. Se llama _Violeta se fue a los cielos_ y cuenta la historia de Violeta Parra, una famosa cantante folclórica chilena. Esta película ganó el Gran premio internacional del jurado en el festival de cine Sundance en 2012.

4 **Gran parte de la historia de _Machuca_ ocurre en las aulas y los patios del colegio Saint Patrick's. Las películas sobre chicos en edad escolar constituyen casi un género en sí mismo y cada generación tiene una o varias películas que les recuerdan sus años de estudiantes. En los últimos años, las películas de Harry Potter, basadas en las novelas de J.K. Rowling, han ocupado ese lugar para miles de niños y jóvenes de todo el mundo. Compara estos aspectos de las dos películas. Si necesitas información sobre los filmes de Harry Potter, puedes visitar esta página de Internet: www.pottermore.com/es.**

1. **¿Cómo son los niños protagonistas de la historia?**

En _Machuca_: _____

En las películas de Harry Potter: _____

2. ¿Cómo es el ambiente del colegio?

En *Machuca*: _____

En las películas de Harry Potter: _____

3. ¿Cómo es la vida fuera del colegio?

En *Machuca*: _____

En las películas de Harry Potter: _____

4. ¿Cuál es la diferencia principal que existe entre los alumnos del colegio?

En *Machuca*: _____

En las películas de Harry Potter: _____

5. ¿Cómo son los profesores?

En *Machuca*: _____

En las películas de Harry Potter: _____

6. ¿Qué pasa con el triángulo protagonista al final de la(s) película(s)?

En *Machuca*: _____

En las películas de Harry Potter: _____

7. ¿Qué otras comparaciones se te ocurren? Encuentra al menos dos aspectos más.

_____

_____

_____

_____

_____

_____

Mar adentro

de Alejandro Amenábar

125 min.

JAVIER BARDEM

MAR ADENTRO

una película de
ALEJANDRO AMENÁBAR

*✱ **5** COSAS SOBRE LA PELÍCULA*

- Es una película española. Se estrenó en 2004.

- Alejandro Amenábar, compositor y cineasta chileno-español, es el director de esta película.

- Amenábar ha escrito y dirigido cinco películas y cuatro cortometrajes. Además, ha compuesto la banda sonora de casi todos ellos.

- La historia está basada en hechos reales: cuenta la vida de Ramón Sampedro.

- La película ganó muchos premios de cine, tanto nacionales como internacionales. Los más destacables son: un Premio Oscar a la mejor película de habla no inglesa, cuatro Premios Goya, entre ellos a la mejor película y al mejor director, y un Premio del cine europeo al mejor director.

Sinopsis

Tras un accidente en el mar hace casi 30 años, Ramón no tiene movilidad en el cuerpo y vive permanentemente en su cama. Su habitación tiene vistas al mar y, desde la ventana, piensa en su pasado y en un futuro sin ilusión. Quiere dar un cambio drástico a su vida y para ello necesita un abogado.

Julia trabaja en un bufete y decide ayudar a Ramón a conseguir sus metas, pero deberá tomar decisiones que afectarán a las vidas de su entorno y a las de la familia de Ramón.

La familia de Ramón está dividida: unos miembros entienden las decisiones que él quiere tomar, mientras que otros no están de acuerdo.

Rosa, una vecina del pueblo, también quiere ayudar a Ramón. Sin embargo, su carácter y punto de vista son muy distintos a los de los otros personajes y eso creará una serie de conflictos.

Esta historia, basada en hechos reales, hizo que la sociedad española se planteara un cambio de leyes que todavía ahora se debate.

Los personajes

Ramón Sampedro es un marinero gallego. Sufre un accidente en su juventud y, como consecuencia, pierde la movilidad en el cuerpo. Ramón está en cama desde hace 30 años. Su luminosa personalidad tiene una gran influencia sobre las vidas de su vecina y de su abogada.

Julia es una abogada joven y atractiva. Trabaja en un bufete en Cataluña. Quiere ayudar a Ramón a preparar su caso, de forma gratuita, y a menudo viaja a Galicia. Sufre una enfermedad degenerativa.

Gené trabaja en la asociación Derecho a morir dignamente. Ofrece apoyo psicológico y asesoramiento legal a Ramón. También le ayuda a coordinar su caso con la abogada. Gené comienza una relación con Marc, ayudante de Julia en el bufete de abogados.

Rosa es una vecina de Ramón. Vive sola, con sus dos hijos. Trabaja en una fábrica conservadora de atunes y es voluntaria en una radio local.

Manuela está casada con el hermano de Ramón. Es una mujer seria y a la antigua, que no está de acuerdo con los planes de su cuñado.

Javi es el sobrino de Ramón. Es un chico joven y alegre que prefiere la compañía de su tío a la del resto de la familia. Fabrica y arregla los instrumentos que Ramón necesita.

Ramón y Julia, compartiendo un cigarrillo.

Ficha cultural · Galicia

Mar adentro se desarrolla en varios lugares de la comunidad autónoma de Galicia. Galicia está situada en el noroeste de España y es famosa por sus grandes y desiertas playas, paisajes y montañas, majestuosos ríos y rías, su gastronomía y el mar.

Según el censo electoral del año 2011, en Galicia viven 2 795 422 habitantes. Muchas de estas personas lo hacen en aldeas y pueblos, como los que vas a ver en la película. Las ciudades gallegas más importantes son Santiago de Compostela, capital de la comunidad, Lugo, Vigo y La Coruña.

Los orígenes históricos de Galicia son celtas. De hecho, todavía hoy existen muchos asentamientos (conocidos como «castros») y tradiciones de este pueblo. Algunas de estas tradiciones son comunes a otras culturas celtas, como por ejemplo la gaita, un instrumento musical a la vez típico de Escocia, Reino Unido. Los romanos y los árabes también llegaron a Galicia, dejando aspectos culturales propios, que se integraron a los de la zona, como lo hicieron en muchas otras partes del país.

En Galicia, al ser una zona principalmente rural, son típicos unos graneros llamados «hórreos». Estas construcciones se encuentran por toda la comunidad y se han convertido en casi un símbolo de esta región.

El mar es muy importante en Galicia. Mucha gente trabaja o vive de él. Además, la gastronomía típica es a base de pescado y marisco. Muchos poetas o escritores gallegos han hablado del mar en alguna de sus obras. También los músicos locales cantan sobre el mar.

Galicia tiene una larga tradición de emigrantes: miles y miles de personas han emigrado a otros países a través de la historia. Es fácil encontrar gallegos o familias de descendientes gallegos en el norte de Europa, Australia, Estados Unidos, Canadá y sobre todo, América Latina. De hecho, hubo tanta emigración de gallegos a Argentina, que a los españoles que viven allí se les conoce con el apelativo de «gallegos», vengan o no de esta zona.

Los hórreos son graneros típicos de las regiones de la costa cantábrica.

La Playa de las Catedrales, una de las muchas escenas marítimas gallegas.

El pulpo a la gallega pertenece a la gastronomía popular de la región.

Ficha cultural · Javier Bardem

Javier Bardem, el principal actor de la película que vas a ver, nació en el año 1969 en Las Palmas de Gran Canaria, España, aunque lleva muchos años viviendo entre Madrid y Los Ángeles. Viene de una dinastía de actores: sus abuelos, hermanos, primos y tíos son actores o directores de cine. Su madre, Pilar Bardem, es una actriz muy conocida en España.

Javier formó parte de la Selección Nacional de Rugby y luego estudió pintura en la Escuela de Artes y Oficios de Madrid. Posteriormente, siguió estudios de Arte Dramático en la prestigiosa escuela de Carlos Corazza, también en la capital española.

Cuando era pequeño participó en varias películas y series de televisión. Más tarde, saltó a la fama por su intervención en la película del director Bigas Luna, *Jamón, jamón* (1992).

Javier ha protagonizado películas como *Huevos de oro* (1993), *Carne trémula* (1997), *Antes que anochezca* (2000), *Los fantasmas de Goya* (2006), *No es un país para viejos* (2007), *Vicky Cristina Barcelona* (2008) y *Detrás del árbol* (2012), entre otras muchas.

El actor ha alcanzado mucho éxito tanto en su país como en el extranjero y ha ganado muchos e importantes premios, como por ejemplo un Premio Oscar, cinco Premios Goya, un Premio BAFTA, un Globo de Oro y un Premio del Festival de Cannes.

«No me interesa el éxito. Me interesa la opinión de mi familia y la del público de a pie, gente que paga dinero para ir al cine. Me tomo más a pecho su opinión que la de cualquier crítico», dice el actor.

Javier está casado con la también actriz Penélope Cruz. Ambos tienen un niño, Leo, nacido el 22 de enero de 2011.

Javier Bardem, sonriendo a la cámara.

«Trabajar con Bardem es como volver a la escuela. Cada día se aprende algo». Alejandro Amenábar

PARTE 1

Tiempo	Descripción
00:00:00 00:35:56	Desde el principio de la película, hasta que Julia habla con Manuela en la cocina.

¡Qué interesante!

En España hay cuatro idiomas oficiales: el español, o castellano, el catalán, el gallego y el vasco.

Todos los españoles hablan español, pero hay regiones bilingües en las que se habla también la otra lengua cooficial (el catalán en Cataluña e Islas Baleares, el gallego en Galicia, el vasco, o euskera, en el País Vasco). Hay también zonas como la Comunidad Valenciana donde se habla el valenciano, considerada una variante del catalán.

En *Mar adentro* se hablan tres de estos idiomas. El español es el idioma principal de la película y lo hablan todos los personajes. Sin embargo, al principio de la historia, en la escena en la que Gené recoge a Julia en el aeropuerto, se habla catalán. Se trata de una breve conversación entre Gené y Marc, el ayudante de Julia. Estos dos personajes viven y trabajan en Barcelona, una de las ciudades españolas donde el bilingüismo es muy común. Otros personajes usan palabras o expresiones gallegas o, en algunos casos, préstamos lingüísticos de este idioma al español. ¿Te atreves a localizar este vocabulario?

✳ ANTES DE VER ESTE SEGMENTO

1 **Después de leer la sinopsis, ¿cómo piensas que es la vida de Ramón? ¿Qué crees que quiere cambiar en su vida? ¿Por qué piensas esto?**

_____

_____

_____

2 **¿Has vivido alguna experiencia que cambiara tu vida? ¿Qué cosas pueden cambiar la vida de una persona? Anótalas aquí.**

_____

_____

_____

✳ VOCABULARIO

¿Conoces el significado de estas palabras? Busca su significado en el diccionario o consulta su traducción al inglés a partir de la página 218.

Vocabulario nuevo
desplegar (v.)
madrugar (v.)
digno (adj.)
escandalizarse (v.)
la incapacidad (sust.)
la quimera (sust.)
farsante (adj.)
vacilar (v.)
espabilado (adj.)
conservador (adj.)
grabar (v.)
la manta (sust.)
la resaca (sust.)
distraerse (v.)
la poza (sust.)

Cognados
concentrarse (v.)
el color (sust.)
la temperatura (sust.)
tranquilo (adj.)
infinito (adj.)
nervioso (adj.)
el debate (sust.)
el suicidio (sust.)

Expresiones
manejar el cotarro
írsele a uno la olla
no enterarse de nada
tragársele a uno la tierra
valer la pena
tirar los tejos
llevarse bien

✳ MIENTRAS VES ESTE SEGMENTO

1 **Encierra en un círculo la respuesta adecuada.**

1. El paisaje donde se desarrolla la historia es urbano / rural.
2. La persona que visita a Ramón es una médica / abogada.
3. Ramón dice que su vida no es digna / interesante.
4. A Ramón le cuida su hermana / cuñada.
5. Rosa visita a Ramón en su comedor / cuarto.
6. Gené dice que no han parado de recibir correos / llamadas.
7. Julia entrevista a Ramón para preparar un juicio / un libro.
8. Ramón le dice a Julia que, de joven, viajó / escribió.
9. Ramón le cuenta a Julia cómo fue su accidente / vida.
10. Julia conoce la vida de Ramón mirando un documental / fotografías.

2 **Conecta el personaje con su diálogo.**

1. «¿Te importaría venir en el coche conmigo?».
2. «Perdona que no te dé la mano».
3. «Me sorprendió lo claro que lo tenía».
4. «Mi hijo saltó desde aquí».
5. «Me fijé en tus ojos, y después oí lo que decías».
6. «Vamos a empezar por tu juventud, antes del accidente».
7. «Yo estoy hablando de mí».
8. «Yo miro hacia el futuro».

- Ramón
- Julia
- Gené
- Rosa
- Joaquín

✳ DESPUÉS DE VER ESTE SEGMENTO

1 **Conecta al personaje con la descripción física.**

1. Es un chico moreno, alto y joven.
2. Es un hombre con el pelo gris. A menudo lleva gafas.
3. Es una mujer con el pelo rubio. Es guapa y delgada.
4. Es una mujer con el pelo muy largo. Es de estatura media.
5. Es una señora con el pelo corto y negro. A menudo lleva un delantal.
6. Es un señor muy mayor, con el pelo largo y gris.

- Julia
- Ramón
- Rosa
- Joaquín
- Javi
- Manuela

2 **Lee el siguiente diálogo entre Ramón y Julia. Luego, responde a las preguntas.**

Ramón: Pues yo la veo muy bien. Tu pierna.
Julia: Sí, moverse se mueve.
Ramón: Me alegro.
Julia: A ver... va a ser muy fácil, solo tienes que contestar con el corazón.
Ramón: Con la cabeza, querrás decir.
Julia: Con la cabeza. No te importa que te grabe, ¿no?
Ramón: No.
Julia: A ver... vamos a empezar por tu juventud, antes del accidente. ¿Qué hacías por esa época?
Ramón: Uy, uy, uy, ¿eso es necesario? ¡Mira que llovió desde entonces!
Julia: ¿Tan mala memoria tienes?
Ramón: No, es que... bueno, pensé que hablaríamos de mi demanda de suicidio.
Julia: Así será, Ramón. Solo que es muy importante que el juez se identifique contigo. Y que te entienda. Y para eso necesito saber quién es Ramón Sampedro, y saber quién era.
Ramón: A ver si después lo vas a usar en mi contra.
Julia: ¡Pero mira que eres gallego! Que soy tu abogada, Ramón, que estoy de tu parte.
Ramón: Bueno.

1. ¿A qué se refieren Ramón y Julia cuando hablan de la pierna de ella?

2. ¿Qué piensas que quiere decir Ramón cuando dice que va a responder con la cabeza, y no con el corazón?

3. ¿Por qué piensas que Ramón no cree necesario hablar de su pasado?

4. ¿Piensas que Julia tiene razón cuando dice que un juez valorará el pasado de Ramón? ¿Por qué?

5. ¿Qué piensas que quiere decir Julia cuando dice «¡Pero mira que eres gallego!»?

3 **¿Qué tipo de relación crees que van a tener Julia y Ramón? ¿Por qué? Escribe tu opinión.**

PARTE 2

Tiempo	Descripción
00:35:56 00:62:06	Desde que Julia habla con Manuela en la cocina, hasta que Rosa le dice a Ramón que le quiere ayudar a sanar.

✳ ANTES DE VER ESTE SEGMENTO

1 **¿Crees que Julia va a ayudar a Ramón a conseguir lo que este quiere? ¿Por qué? ¿Cuál piensas que va a ser el rol de Rosa en la vida de Ramón?**

_____

_____

_____

2 **En español existen varias expresiones con la palabra «pena». En este segmento de la película, por ejemplo, dos de los protagonistas dicen «vale la pena» y «dar pena». ¿Qué significan estas frases? Puedes usar el diccionario.**

1. «vale la pena»:

_____

2. «dar pena»:

_____

3. «¡qué pena!»:

_____

4. «tener pena»:

_____

5. «pasar muchas penas»:

_____

6. «está hecho una pena»:

_____

7. «a duras penas»:

_____

8. «es una vida de pena»:

_____

✳ VOCABULARIO

¿Conoces el significado de estas palabras? Busca su significado en el diccionario o consulta su traducción al inglés a partir de la página 218.

Vocabulario nuevo
el paseo (sust.)
publicable (adj.)
el infarto (sust.)
el miedo (sust.)
apoyar (v.)
disfrutar (v.)
el reino (sust.)
la abnegación (sust.)
la inercia (sust.)
el agradecimiento (sust.)
la razón (sust.)
valiente (adj.)

Cognados
cuestionar (v.)
optimista (adj.)
diagnosticar (v.)
el/la líder (sust.)
la fortuna (sust.)
importante (adj.)

Expresiones
ir(se) volando
quitarse de en medio
¡faltaría más!
echar una mano
poner más atención
a raíz de
hacerse el

3 El segmento que vas a ver comienza en la cocina de Manuela. Se trata de una cocina de pueblo, con utensilios típicos de las casas rurales españolas. ¿Conoces los nombres de estas herramientas de cocina? Une con flechas los objetos con sus nombres. Puedes usar el diccionario.

1. mortero

2. botijo

3. cazuela

4. taza

5. aceitera

6. porrón

a. ●   b. ●   c. ●

d. ●   e. ●   f. ●

✳ **MIENTRAS VES ESTE SEGMENTO**

1 Rellena los huecos mientras ves la escena en la que Julia lee la carta de Ramón.

> *Querida Julia:*
> *Cuando Gené .... que una abogada .... a llevar mi caso, ... un*
> *factor que .... más que ningún otro en mi decisión. Y era que esa abogada ....*
> *una enfermedad degenerativa. Pensé que alguien en ese estado .... comprender*
> *el mío. Y .... mi infierno. Ahora .... que a veces vale la pena*
> *....................... en ese infierno, si así se conocen a personas como tú.*
> *Vale la pena .... un cigarrillo con ellas, o, como ahora .... una caricia*
> *aunque sea escribiendo esta tontería. Y, ... de tonterías, estoy .... mis*
> *escritos, con la esperanza de que pronto .... y .... una mano.*

2 Después de leer esta carta, ¿cómo crees que va a reaccionar Julia? ¿Piensas que se va a sentir mejor? ¿O peor? ¿Por qué?

✳ DESPUÉS DE VER ESTE SEGMENTO

1 Rosa le dice a Ramón que lo quiere ayudar a sanar. ¿A qué se refiere? ¿Cómo crees que Rosa podría ayudarlo? Si tú fueras Rosa, ¿cómo ayudarías a Ramón?

_____

_____

2 En el segmento de _Mar adentro_ que has visto, se usan muchos subjuntivos. ¿Conoces el uso de este tiempo verbal? Conjuga los verbos entre paréntesis en subjuntivo y luego escríbelos en el crucigrama.

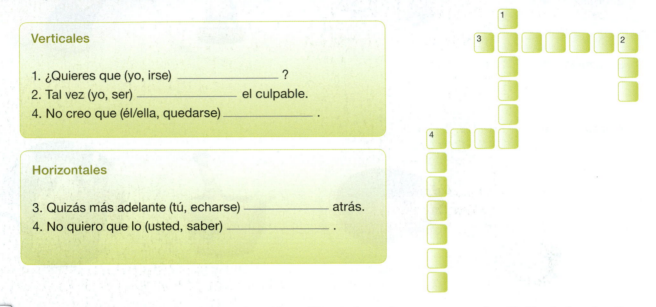

Verticales

1. ¿Quieres que (yo, irse) _____ ?
2. Tal vez (yo, ser) _____ el culpable.
4. No creo que (él/ella, quedarse) _____ .

Horizontales

3. Quizás más adelante (tú, echarse) _____ atrás.
4. No quiero que lo (usted, saber) _____ .

3 Ramón y Javi discuten sobre la acentuación y diferencias entre «que» y «qué». ¿Quién de los dos tiene razón? Practica con estos ejemplos añadiendo el acento donde haga falta.

1. ¿Que quieres que te diga?
2. ¡Que aproveche!
3. ¡Pero que imaginación!
4. A estas horas, ya no creo que venga...
5. ¿Que miras?
6. No es lo mismo que era.
7. ¿Que haces aquí?
8. ¿Pero que demonios haces tú aquí?
9. No hay de que.
10. Me he fijado en que te gusta el mar.

¡Qué interesante!

Posiblemente te hayas dado cuenta de que en la película muchos personajes, al hablar del pasado, usan el pretérito perfecto simple («canté») en lugar del pretérito perfecto compuesto («he cantado»). Las normas gramaticales del uso del pretérito perfecto compuesto son las mismas en Galicia que en el resto de España. Sin embargo, el uso extendido del pretérito perfecto simple en esta zona del país es aceptado por la Real Academia Española. El uso de esta forma de pasado es más parecida a la que se hace en muchos países de Latinoamérica. Ejemplos de esto son: «Esta mañana no desayuné» (en lugar de «Esta mañana no he desayunado»), o «¿Viste a Javier?» (en lugar de «¿Has visto a Javier?»).

¡El consejo!

Si visitas Galicia, no olvides llevar un paraguas. Aunque en España generalmente hace buen tiempo, en esta zona del país llueve mucho y a menudo.

4 ▸ Completa las siguientes frases con el pretérito adecuado y clasifícalas en la columna pertinente.

1. Ayer, Rosa no (ir) _____ a ver a Ramón porque tenía que cuidar de los niños.
2. Cuando Ramón (ser) _____ joven, viajaba mucho.
3. Esta mañana, Gené (hablar) _____ con Marc.
4. El año pasado, Ramón (escribir) _____ muchos poemas.
5. El domingo pasado (llover) _____ a mares.
6. Hace dos años, Manuela y Rosa no se (conocerse) _____ .
7. Todos los martes, Rosa (trabajar)_____ en una fábrica.
8. El mes pasado, Julia (tomar) _____ un avión para volar de Barcelona a La Coruña.

Pretérito perfecto simple/compuesto	Pretérito imperfecto
_____	_____
_____	_____
_____	_____
_____	

PARTE 3

Tiempo	Descripción
00:62:06 00:92:04	Desde que Rosa le dice a Ramón que lo quiere ayudar a sanar, hasta que Julia abraza a su marido en la playa.

✲ ANTES DE VER ESTE SEGMENTO

1 ▸ Responde a estas preguntas.
¿Qué es la eutanasia? ¿Es legal o ilegal en tu país? Debate en clase y escribe tu respuesta en las líneas siguientes.

_____

_____

_____

_____

_____

✲ MIENTRAS VES ESTE SEGMENTO

1 ▸ Elige la respuesta correcta.

1. ¿Qué le dice Ramón al cura?
a. Que el 67% de los españoles está a favor de la eutanasia.
b. Que el 67% de los españoles está en contra de la eutanasia.
c. Que la eutanasia es inmoral.
d. Que la eutanasia es una decisión individual.

2. ¿Por qué se enfada Manuela con el cura?
a. Porque el cura no puede hacer nada por ayudar a Ramón.
b. Porque el cura dijo en televisión que la familia de Ramón no lo quería.
c. Porque el cura dijo en televisión que Ramón no tenía familia.
d. Porque el cura dijo que a Ramón le faltaba su familia.

✲ VOCABULARIO

¿Conoces el significado de estas palabras? Busca su significado en el diccionario o consulta su traducción al inglés a partir de la página 218.

Vocabulario nuevo
la majadería (sust.)
afeitarse (v.)
apetecer (v.)
el olfato (sust.)
la ensoñación (sust.)
marearse (v.)
picar (v.)
colgar (el teléfono) (v.)
la pesadilla (sust.)
el juez (sust.)
el trastero (sust.)
el arreglo (sust.)
la bisagra (sust.)
la almohada (sust.)
la facultad (mental) (sust.)

Cognados
la cuestión (sust.)
común (adj.)
la palpitación (sust.)
cabezota (adj.)
la dignidad (sust.)

Expresiones
tener en cuenta
dejar en paz a uno
tener la boca grande
tener las manos atadas
¡vaya!
plantar cara

3. ¿Qué sorpresa le dan a Ramón?

a. La visita de Javi.

b. La visita de Rosa.

c. La visita de Julia.

d. La visita de Manuela.

4. ¿De qué hablan Marc, Gené, Manuela y el padre de Ramón, en la cocina?

a. De cómo pedirle ayuda al público.

b. De cómo preparar el juicio.

c. De cómo cambiar las leyes.

d. De cómo acceder a la ayuda de la prensa.

5. ¿En qué trabajan Julia y Ramón?

a. En una película.

b. En el caso judicial.

c. En una poesía.

d. En un libro.

6. ¿Qué le confiesa Ramón a Julia?

a. Que le gusta su aspecto.

b. Que la echa de menos.

c. Que piensa en ella.

d. Que la quiere.

7. ¿Qué decide hacer Ramón?

a. Ir a Madrid.

b. Arreglar la silla.

c. Ayudar a Julia.

d. Usar la ambulancia.

8. ¿Qué hay delante del juzgado?

a. Taxistas.

b. Ambulancias.

c. Oficiales de policía.

d. Mucha gente y pancartas.

9. ¿Qué le dice un miembro de la prensa a Ramón?

a. Que él es el único español en solicitar la eutanasia activa.

b. Que muchos españoles quieren la eutanasia.

c. Que la mayor parte de españoles quiere la eutanasia.

d. Que él es el único español que quiere la eutanasia.

10. ¿Qué le dicen los jueces a Ramón?

a. Que lo quieren ayudar.

b. Que ayudarlo sería un delito.

c. Que intentarán ayudarlo.

d. Que cambiarán las leyes para poder ayudarlo.

2 Cuando Ramón acude a los juzgados, en la calle hay mucha gente, miembros de la prensa y policías. Además, se pueden observar muchos elementos de decoración urbana. ¿Conoces los nombres de los siguientes objetos? Escríbelos debajo de cada imagen.

| la marquesina | la alcantarilla | la farola | el semáforo | el bolardo |

1. _____ 2. _____ 3. _____ 4. _____ 5. _____

✳ DESPUÉS DE VER ESTE SEGMENTO

1 Ramón defiende una causa en los juzgados. Si tuvieras que defender una causa, ¿cuál sería? ¿Por qué? Escribe cinco razones por las que lo harías.

_____

_____

_____

_____

_____

2 Ramón no quiere usar una silla de ruedas excepto cuando visita los juzgados. ¿Por qué crees que lo hace? ¿Qué harías tú en su situación?

_____

_____

_____

_____

_____

PARTE 4

Tiempo	Descripción
00:92:04 01:25:00	Desde que Julia abraza a su marido en la playa, hasta el fin de la película.

✱ ANTES DE VER ESTE SEGMENTO

1 Ya conoces a los personajes que rodean a Ramón. Estas personas le ayudan de distintas maneras. ¿Cómo lo hacen?

Julia _____

Rosa _____

Manuela _____

Gené _____

Javi _____

2 ¿Qué crees que va a pasar con Ramón? ¿Piensas que los tribunales van a tomar la decisión que él quiere? ¿Por qué? Explícalo con tus propias palabras.

_____

_____

_____

_____

✱ MIENTRAS VES ESTE SEGMENTO

1 Marca la opción correcta, ¿es verdadero (V) o falso (F)?

1. Julia le envía el libro a Ramón.　　　　　　　V ☐　F ☐

2. Ramón le pide a Manuela que marque
   el número de Rosa.　　　　　　　　　　　　V ☐　F ☐

3. Rosa le dice a Ramón que lo ama, pero
   que no lo quiere ayudar.　　　　　　　　　　V ☐　F ☐

✱ VOCABULARIO

¿Conoces el significado de estas palabras? Busca su significado en el diccionario o consulta su traducción al inglés a partir de la página 219.

Vocabulario nuevo
el tranquilizante (sust.)
el esclavo (sust.)
la huerta (sust.)
regalar (v.)
el rencor (sust.)
añadir (v.)
raro (adj.)
el cianuro (sust.)
desentenderse (v.)
presionar (v.)
el chaval (sust.)
la señal (sust.)
la corazonada (sust.)
el presentimiento (sust.)
la desidia (sust.)

Cognados
el hospital (sust.)
la marca (sust.)
dedicar (v.)
impaciente (adj.)
el espíritu (sust.)
aliado (adj.)

Expresiones
salirse con la suya
¡hala!
quedarse frito
¡claro que sí!

4. Ramón y su hermano discuten.   V ☐   F ☐

5. Ramón quiere irse a Boiro.   V ☐   F ☐

6. Ramón se despide de Gené.   V ☐   F ☐

7. Rosa alquila un apartamento cerca de la playa.   V ☐   F ☐

8. Ramón y su familia graban un mensaje en vídeo.   V ☐   F ☐

9. Después de la muerte de Ramón, Julia recibe la visita de Gené.   V ☐   F ☐

10. Ramón le escribe una poesía a Julia.   V ☐   F ☐

✳ DESPUÉS DE VER ESTE SEGMENTO

1 **Si fueras un amigo de Ramón, ¿qué consejos le darías?**

Puedes usar estas expresiones:

> Te recomiendo que...
> Te aconsejo que...   + subjuntivo
> (No) es bueno que...

Prepara sugerencias sobre:

Su relación con Rosa. Por ejemplo: *Te recomiendo* que no sigas viendo a Rosa.

1. Su relación con Gené.

_____

2. Su rol como tío de Javi.

_____

3. Su relación con su hermano.

_____

4. Sus planes de futuro.

_____

2 **La película que acabas de ver está basada en el libro que escribió Ramón Sampedro, *Cartas desde el infierno*. Imagina que eres un periodista y que tienes ocasión de conversar con Ramón. ¿Qué cosas le preguntarías? Prepara al menos diez preguntas.**

1. _____

2. _____

3. _____

4. _____

5. _____

6. _____

7. _____

8. _____

9. _____

10. _____

3 **A continuación vas a leer un extracto de *Cartas desde el infierno*. ¿Crees que la vida que tuvo Ramón Sampedro cuando viajaba por el mundo tuvo influencia en su decisión final? ¿Por qué? Escríbelo con tus propias palabras.**

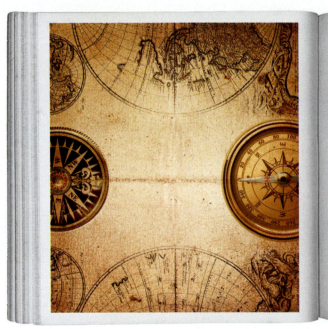

Dicen, a veces, que cuando las personas sienten que van a morir les pasa por la cabeza como una película a gran velocidad todo lo acontecido, todo aquello que les ha marcado para siempre. Yo era marino mercante y las primeras imágenes que llenaron mis recuerdos fueron las de los puertos que había recorrido. [...] De repente aparecieron los puertos de Holanda, Maracaibo, Nueva York, y se fundieron, dolorosamente, las mujeres que había amado, y surgieron los recuerdos de mi infancia.

_____

_____

_____

_____

_____

Miss Bala

de Gerardo Naranjo

100 min.

MISS BALA

* **5** COSAS SOBRE LA PELÍCULA

Es una película mexicana. Se estrenó en 2011.

Gerardo Naranjo, el director y guionista, quiso contar una realidad actual de México. «En el norte del país, las leyes no valen», dice.

Aunque la historia es de ficción, el director se entrevistó con narcotraficantes, dentro y fuera de la cárcel, para poder retratarlos bien.

Stephanie Sigman es la protagonista de *Miss Bala*. Es modelo desde los 16 años y hace poco ha empezado a trabajar como actriz. Este es su primer papel protagonista.

La película ganó dos premios en el Festival de Cine de Tokio: al mejor director (Naranjo) y a la mejor actriz (Sigman). También estuvo nominada a los premios Goya, en la categoría de mejor película hispanoamericana.

Sinopsis

Laura Guerrero, una joven de Tijuana, se presenta, junto con su amiga Suzu, a las pruebas de un concurso de belleza. La ganadora de ese concurso será nombrada Miss Baja California.

Después de una prueba para entrar en el concurso, Laura acompaña a su amiga a una discoteca, donde está el hombre con el que Suzu sale. Mientras Laura está en el baño, un grupo de narcotraficantes entra en la discoteca y dispara contra todos los asistentes. Laura logra escapar y pide ayuda a un policía, quien la entrega directamente a la banda de narcotraficantes responsables del ataque a la discoteca.

El jefe de la banda, Lino, se interesa por Laura, y promete ayudarla a ganar el concurso de belleza a cambio de algunos favores. Laura, asustada por la violencia del grupo, intenta escapar, pero cuando Lino amenaza con matar al padre y al hermano de esta, ella empieza a trabajar para los delincuentes.

Los personajes

Laura Guerrero es una chica de Tijuana. Vive con su padre y su hermano en una pequeña casa. Laura estudia Pedagogía y sueña con ganar un concurso de belleza. Es una chica tranquila y confiada, aunque sabe que la vida en Tijuana es muy peligrosa, especialmente para una mujer joven y guapa.

Chalino «Lino» Valdez es el líder de una banda de narcotraficantes que opera en el norte de México y tiene conexiones en EE. UU. Es poderoso, autoritario y cruel. Está acostumbrado a dar órdenes.

Kike Cámara es un oficial de la DEA, la agencia del gobierno estadounidense que lucha contra el narcotráfico dentro y fuera del país. Kike está en México investigando a la banda de Lino Valdez.

Azucena «Suzu» Ramos es amiga de Laura. Vive en la misma ciudad y comparte con ella la ilusión de ganar la corona de Miss Baja California.

Laura y Lino en la camioneta.

Laura intentando escapar de Kike Cámara.

Ficha cultural · Baja California

Baja California es un estado en el noroeste de México. Su capital es Mexicali.

Es una península, es decir, está rodeada de agua por todas partes excepto por una: en este caso, el océano Pacífico baña sus costas al oeste y el mar de Cortés, al este.

Es una región con un paisaje muy variado: tiene playas hermosas, sierras y valles en el centro y un desierto muy árido en el este. Los valles que hay entre las sierras son muy fértiles y la región es famosa por su producción agrícola, así como por sus yacimientos minerales.

El turismo es una importante fuente de ingresos del estado. Entre los atractivos, se cuentan el avistamiento de ballenas grises, y la práctica de surf en la isla de Todos los Santos.

Baja California es uno de los estados con mejor nivel educativo del país. Tiene varias universidades e institutos terciarios, reconocidos en todo el país por la calidad de sus carreras de ciencia y tecnología.

El estado fue una colonia española desde 1539 hasta 1822. Durante el periodo colonial, dos órdenes religiosas, los jesuitas y los dominicos, establecieron misiones para enseñar la religión católica a los indígenas.

Cuando México declaró la independencia en 1822, Baja California pasó a ser un territorio que dependía del estado nacional. Finalmente, en 1953, se reconoció a la región como estado libre y soberano.

Además de la capital, el estado tiene ciudades importantes como Tijuana y Ensenada. Tijuana, la ciudad donde transcurre la historia de la película, tiene una población muy diversa ya que ha recibido inmigrantes de todas las regiones del país. Como está muy cerca de la ciudad norteamericana de San Diego, Tijuana es un lugar al que muchos mexicanos llegan para cruzar la frontera con EE. UU., en busca de un cambio de vida.

El desierto de Sonora, en Baja California.

El avistamiento de ballenas grises es un atractivo de la región.

La frontera entre México y EE. UU. está marcada con una larga valla.

Ficha cultural · México y la violencia

Desde hace unos años, México convive a diario con la violencia. Una combinación de crimen organizado ligado al tráfico de drogas, corrupción política e institucional y enfrentamientos entre el gobierno y los carteles del narcotráfico ha causado que haya regiones del país en donde cada día ocurren decenas de muertes violentas.

El norte es la zona más afectada; especialmente las ciudades de Monterrey, Tijuana y Ciudad Juárez. Esta última es una de las ciudades más violentas del mundo, ya que es la zona donde se enfrentan dos grandes carteles de droga. Las víctimas de la violencia en esta ciudad son, sobre todo, mujeres: alrededor de 600 han sido asesinadas y más de 3000 han desaparecido desde el principio de los años 90.

Cuando el presidente Felipe Calderón ganó las elecciones en 2006, comenzó una estrategia de ataque al narcotráfico y ordenó la intervención del ejército en varias ciudades donde había mucha violencia, ya que se sospechaba que la policía local estaba trabajando junto a los carteles. Se estima que, desde entonces, 40 000 personas han muerto o desaparecido a manos del narcotráfico o del ejército.

Los mexicanos no quieren permanecer indiferentes frente a la difícil situación que vive su país. En mayo de 2011, más de 20 000 personas salieron a la calle para exigir el fin de la violencia, con la consigna «No más sangre». La manifestación fue liderada por el poeta Javier Sicilia, cuyo hijo Juan Francisco fue asesinado por criminales, y empezó un movimiento para pedir justicia que se extendió por todo el país a través de la prensa, Internet y las redes sociales.

Gran parte de la policía mexicana está bajo sospecha de corrupción.

Cajas con los informes de los asesinatos de mujeres en Ciudad Juárez.

El afiche de «No más sangre», la campaña por el fin de la violencia.

Ficha cultural · Gerardo Naranjo

Gerardo Naranjo, el director y guionista de la película, es uno de los cineastas mexicanos más exitosos de los últimos años.

Empezó su carrera como crítico de cine, pero luego decidió dedicarse a la dirección. Estudio cine en su país y luego hizo una maestría en el American Film Institute en Los Ángeles.

Después de dirigir un par de cortometrajes, Naranjo filmó en 2004 *Malachance*, su primer largometraje, sobre la historia de tres amigos. En 2006 rodó *Drama/Mex*, su segunda película, en la ciudad balnearia de Acapulco. Dos años más tarde, los actores Gael García Bernal y Diego Luna produjeron su película *Voy a explotar* (ver sección «El consejo», en la página 150).

Naranjo, junto con Alfonso Cuarón, Alejandro González Iñárritu, Carlos Reygadas y Guillermo del Toro, forma parte de un grupo cuyas películas retratan distintos aspectos de la realidad mexicana.

No obstante, el director prefiere no hablar de una industria de cine independiente en su país. «Somos todos individuos con personalidades fuertes, pero no hay una industria, solo un grupo reducido de directores intentando hacer algo», explica. «A los ojos de la prensa mexicana, somos aburridos. La industria que quiere vender comedias románticas no nos quiere. Sin embargo, en otros países, la gente se interesa por nuestras películas».

Gerardo Naranjo.

«En México no hay una industria de cine independiente».
Gerardo Naranjo

PARTE 1

Tiempo	Descripción
00:00:00 00:29:45	Desde el principio de la película, hasta que Laura se baja de la camioneta y entra en la tienda de ropa.

✳ ANTES DE VER ESTE SEGMENTO

1 Mira esta foto de la película. ¿A qué género cinematográfico crees que pertenece *Miss Bala*? ¿Por qué?

_____

_____

2 *Miss Bala* es una película mexicana y sus personajes hablan la variante de español de México. Aunque el 80% de las palabras en idioma español son comunes a todos los hablantes, el 20% son específicos a un lugar o cultura. Mira estas cuatro palabras que se usan en México y aparecen en el segmento que vas a ver. Después, escribe un sinónimo en español para cada una.

1. *güero*: persona con cabello claro. _____

2. *güey*: es una palabra informal para decir 'hombre'.

   _____

3. *órale*: es una palabra para expresar acuerdo o animar a alguien.

   _____

4. *morra*: en el norte de México se llama así a una mujer joven.

   _____

✳ VOCABULARIO

¿Conoces el significado de estas palabras? Busca su significado en el diccionario o consulta su traducción al inglés a partir de la página 219.

Vocabulario nuevo
ganar (v.)
el concurso (sust.)
la sirvienta (sust.)
ensayar (v.)
el suelo (sust.)
la papa (sust.)
el patrón (sust.)
la bronca (sust.)
equivocarse (v.)
jalar (v.)

Cognados
la chance (sust.)
el plástico (sust.)
el reporte (sust.)

Expresiones
m'hija
ponerse las pilas
ganar el billete

✳ MIENTRAS VES ESTE SEGMENTO

1 **Marca si las frases son verdaderas (V) o falsas (F).**

1. Laura y Suzu quieren participar en el concurso de Miss Baja California.   ☐ V   ☐ F

2. Las chicas llegan temprano a la prueba.   ☐ V   ☐ F

3. Laura tiene las uñas impecables.   ☐ V   ☐ F

4. Javier, el amigo de Suzu, es un hombre peligroso.   ☐ V   ☐ F

5. Laura pide a un policía ayuda para ganar el concurso.   ☐ V   ☐ F

6. Un grupo de narcotraficantes secuestra a Laura.   ☐ V   ☐ F

7. El narcotraficante ayuda a Laura a participar en el concurso.   ☐ V   ☐ F

8. En la camioneta, Laura pregunta por su amiga.   ☐ V   ☐ F

9. Laura está contenta de tener un teléfono nuevo.   ☐ V   ☐ F

10. Ahora, Laura tiene dinero para comprar un vestido nuevo.   ☐ V   ☐ F

2 **En tu opinión, ¿qué emociones experimenta Laura en estas escenas? ¿Por qué? Marca la casilla correcta en cada caso. Luego, agrega otras emociones que te parezcan adecuadas para escenas de este segmento.**

escena	preocupación	ilusión	miedo	duda	alivio
1. Luisa le da la oportunidad de presentarse al concurso.					
2. En el baño, no está segura de si huir o alertar a Suzu.					
3. Después del tiroteo, no encuentra a su amiga.					
4. El policía le ofrece su ayuda y le dice que suba al coche.					
5. El narcotraficante le dice que le tiene que obedecer.					

✳ DESPUÉS DE VER ESTE SEGMENTO

1 Este segmento transcurre en Baja California, un estado mexicano. Después de leer la «Ficha cultural» de la página 137, mira el escudo de esta región y comenta qué elementos de la zona aparecen como símbolos. *Por ejemplo*: Las olas y los peces a ambos lados simbolizan que la región es una península. Puedes acceder a más información visitando esta página web: www.baja.gob.mx/estado/Resena_Historica/escudo.htm

2 En este segmento has escuchado varios ejemplos del imperativo. Completa estas frases para repasar la estructura.

1. (Usted, bajarse) _____ del coche.

2. (Usted, dejar) _____ ir, por favor.

3. (Tú, esconderse) _____ ahí abajo.

4. (Usted, irse) ¡Señora, _____ !

5. (Tú, comprarse) _____ el vestido que más te guste.

6. (Nosotros, ir) _____ a la fiesta en el museo esta noche.

7. (Tú, hablar) _____ con el policía para averigüar qué planes tiene.

8. (Ustedes, dejar) _____ todo como está, ¡no toquen nada!

9. (Usted, esperar) _____ a que sea de noche antes de salir de la casa.

10. (Tú, llamar) _____ a tu hermano y dile que llegarás tarde.

PARTE 2

Tiempo	Descripción
00:29:45 01:03:46	Desde que Laura se baja de la camioneta y entra en la tienda de ropa, hasta que la camioneta llega a la estación de servicio, otra vez en Baja California.

¡Qué interesante!

A lo largo de la película, y especialmente en este segmento, los personajes de *Miss Bala* hablan *spanglish*, un dialecto informal que combina el español y el inglés. El uso del *spanglish* es habitual entre las comunidades latinas de EE.UU. o en las zonas de frontera, como Tijuana. Los hablantes de *spanglish* usan palabras provenientes del inglés, que adaptan al español, como *parquear* (del inglés to *park*) en vez de 'aparcar' o 'estacionar', o *carpeta* (del inglés *carpet*) en vez de 'alfombra'. A veces, también se usan frases, como te *llamo para atrás* (del inglés *I call you back*), en vez de 'te devuelvo la llamada'.

✳ VOCABULARIO

¿Conoces el significado de estas palabras? Busca su significado en el diccionario o consulta su traducción al inglés a partir de la página 219.

Vocabulario nuevo
a pedido (adv.)
el enano (sust.)
el trapo (sust.)
el gabacho (sust.)
el mandado (sust.)
la bata (sust.)

Cognados
el perdón (sust.)
la base (sust.)
el taxi (sust.)

Expresiones
echar aguas
hacer un mandado
estar limpio

✳ ANTES DE VER ESTE SEGMENTO

1 **Al final del segmento anterior, Lino le dice a Laura que la ayudará con el concurso a cambio de un favor. ¿Qué crees que va a pedirle? ¿Piensas que Laura puede negarse? ¿Por qué?**

_____

_____

_____

2 **Lee la sección «¡Qué interesante!», en esta misma página. Después, relaciona estas palabras en *spanglish* con su significado (todas ellas se usan en el segmento que vas a ver).**

1. guachear ●   ● a. comprobar

2. la troca ●   ● b. observar

3. cachear ●   ● c. el camión o la camioneta

4. checar ●   ● d. interceptar

✳ MIENTRAS VES ESTE SEGMENTO

1 **Elige la opción correcta.**

1. ¿Cómo es la tienda a la que va Laura?
a. Informal.
b. Elegante.
c. Barata.

2. ¿Cómo es el vestido que se quiere probar?
a. Verde con brillos en la parte de delante.
b. Blanco con tul.
c. Rojo con volantes.

3. ¿Quién la llama mientras está en el probador?
a. Su hermano.
b. Suzu.
c. Lino.

4. ¿Qué le pasa a Laura cuando sale de la tienda?
a. Va a comer con unos hombres.
b. La detienen unos hombres.
c. Unos hombres la invitan a una fiesta.

5. ¿Qué tiene Laura que es interesante para los hombres?
a. El vestido.
b. El teléfono.
c. El periódico.

6. ¿Qué pide Laura a su padre y a su hermano, cuando Lino va a la casa de ellos?
a. Que preparen la cena.
b. Que se queden en la habitación.
c. Que canten una canción.

7. ¿Qué trato hacen Laura y Valdez?
a. Ella acepta un encargo a cambio de no involucrar a su familia.
b. Él les da dinero y ella gana el concurso.
c. Ella se casa con él.

8. ¿Qué lleva Laura bajo el vestido?
a. Diamantes.
b. Drogas.
c. Dinero.

9. ¿Cuál es, según Laura, el motivo de su viaje a San Diego?
a. Visitar a una prima.
b. Comprar ropa.
c. Ir a un *spa*.

10. ¿Qué dice Lino cuando empieza el tiroteo?

a. Que maten a Laura.

b. Que protejan a Laura.

c. Que no sabe donde está Laura.

2 Completa estas frases relacionadas con el mensaje que Laura recibe en San Diego.

Kike está _____

Está con el nombre _____

Es mejor para Lino mantenerse alejado de Kike porque _____

_____

✳ DESPUÉS DE VER ESTE SEGMENTO

1 **Para llegar a San Diego, Laura cruza la frontera entre México y Estados Unidos. Antes de subir al avión, le piden el pasaporte, pero, como viaja en un avión privado, no hay muchos controles de seguridad. En cambio, para hacer un viaje en avión desde un aeropuerto comercial, es obligatorio seguir ciertos pasos. Ordena la secuencia.**

1. hacer la cola de pasaportes. ▢

2. subir al avión. ▢

3. caminar hasta la puerta de embarque. ▢

4. llegar al aeropuerto. ▢

5. pasar el control de seguridad. ▢

6. facturar el equipaje. ▢

2 **Al final de este segmento, Laura ha vivido una experiencia muy violenta. ¿Qué consejo le darías sobre lo que puede hacer a continuación? ¿Cómo crees que va a ser el futuro de Laura?**

_____

_____

_____

_____

PARTE 3

Tiempo	Descripción
01:03:46 01:27:10	Desde que la camioneta entra en la estación de servicio, otra vez en Baja California, hasta que Laura se dirige hacia el hotel en la camioneta, sola.

✳ ANTES DE VER ESTE SEGMENTO

1 Lee la sección completa de «Vocabulario» a la derecha. Después, completa el crucigrama con la palabra de esa lista que corresponda a la definición. Cuidado: no necesitas todas las palabras.

Horizontal
1. Ganadora de un concurso de belleza.
5. Militar de alto rango.

Vertical
2. Dar luz.
3. Edificio donde se puede alquilar habitaciones.
4. Conjunto de periódicos.

2 Laura está a punto de llegar al concurso de belleza. ¿Qué crees que pasará allí? ¿Por qué piensas que quiere ganar el concurso?

_____

_____

✳ MIENTRAS VES ESTE SEGMENTO

1 Relaciona las frases para que tengan sentido.

1. Laura sale al escenario • • a. del oficial de la DEA en el puente.
2. En la entrevista, Laura • • b. la orden de seducir al general.
3. La finalista no está • • c. es testigo de un crimen.
4. Lino le dice • • d. feliz de que Laura haya ganado.
5. Desde la camioneta, Laura • • e. en traje de baño.
6. Lino cuelga el cuerpo • • f. a Laura que puede irse.
7. Laura recibe • • g. dice muy poco y llora.

✳ VOCABULARIO

¿Conoces el significado de estas palabras? Busca su significado en el diccionario o consulta su traducción al inglés a partir de la página 219.

Vocabulario nuevo
la presencia (sust.)
iluminar (v.)
el/la suplente (sust.)
la prensa (sust.)
el fierro (sust.)

Cognados
la miss (sust.)
el hotel (sust.)
el general (sust.)

Expresiones
darle entrada a alguien

2 ▸ **Observa el trato de Lino hacia Laura. ¿Es amable o violento con ella? Toma nota de los ejempos que veas en este segmento.**

_____

_____

_____

❋ DESPUÉS DE VER ESTE SEGMENTO

1 ▸ **Imagina que eres la participante que no ganó el concurso de belleza. Completa esta entrada en tu diario con las palabras del recuadro.**

corona	elocuente	entrevista	escenario	finalmente	ganadora
merecía	plateado	lloró	tarde	presentador	traje de baño

El concurso empezó puntualmente. Yo llegué temprano, pero Laura Guerrero

llegó _____ . Primero, las participantes salimos al _____ vestidas

con un _____ de color _____ . Luego, el _____ nos hizo

una _____ . Yo fui muy _____ pero Laura solamente _____

frente a todos. _____ , anunciaron el nombre de la _____ .

¡Pero no anunciaron mi nombre! Estoy tan enfadada, yo _____ esa _____

mucho más que Laura.

2 ▸ **¿Por qué crees que Laura gana el concurso de Miss Baja California? Escribe tu teoría.**

_____

_____

_____

3 ▸ **¿Por qué piensas que Laura vuelve a la camioneta con Lino, en lugar de irse, como él le sugiere? Escribe tu teoría.**

_____

_____

_____

PARTE 4

Tiempo	Descripción
01:27:10 01:48:00	Desde que Laura se dirige hacia el hotel en la camioneta, sola, hasta el final de la película.

¡Qué interesante!

La historia que se cuenta en *Miss Bala* está inspirada en hechos reales. En 2008, Laura Zúñiga, una joven mexicana de 23 años, ganó el concurso de belleza de su estado y se convirtió en Miss Sinaloa. Unos meses más tarde, la policía la arrestó por su supuesta relación con narcotraficantes del cartel de Juárez. En el momento de su arresto, Zúñiga conducía una camioneta donde se encontraron armas y más de 50 000 dólares en efectivo. La reina de belleza negó estar involucrada en actividades criminales. La policía no encontró pruebas y en 2009 la puso en libertad.

❋ ANTES DE VER ESTE SEGMENTO

1 En México, muchas niñas sueñan con ser reinas de belleza. La ganadora del concurso nacional participa en Miss Universo, el concurso de belleza internacional más importante. Ximena Navarrete es una modelo y actriz mexicana que fue elegida Miss Universo en 2010. Ella dice: «Mi trabajo es útil porque puedes ayudar a mucha gente». ¿Estás de acuerdo? ¿Por qué?

_____

_____

_____

_____

2 ¿Qué opinas de la película hasta ahora? ¿Qué cosas te gustan y qué podría mejorarse? ¿Qué te gustaría que ocurriera a continuación?

_____

_____

❋ VOCABULARIO

¿Conoces el significado de estas palabras? Busca su significado en el diccionario o consulta su traducción al inglés a partir de la página 220.

Vocabulario nuevo
andar (v.)
desaparecer (v.)
presunto (adj.)
deslindarse (v.)

Cognados
el caos (sust.)
la banda (sust.)

Expresiones
¡chingada!

✳ MIENTRAS VES ESTE SEGMENTO

1 **Marca si las frases son verdaderas (V) o falsas (F).**

1. Laura le dice al guardia que va al hotel a ver a una amiga.   ☐ V   ☐ F

2. El general envía una nota a la mesa de Laura.   ☐ V   ☐ F

3. La asistente felicita a Laura por sonreír a menudo.   ☐ V   ☐ F

4. Lino está en la fiesta en honor de Miss Baja California.   ☐ V   ☐ F

5. Laura está disfrutando su victoria.   ☐ V   ☐ F

6. En el cuarto, Laura dice al general que su vida corre peligro.   ☐ V   ☐ F

7. Laura logra salir de la habitación cuando empieza el tiroteo.   ☐ V   ☐ F

8. Lino entra en la habitación y le pone su ropa a uno de los cuerpos.   ☐ V   ☐ F

9. La policía dice por televisión que Laura es inocente.   ☐ V   ☐ F

10. Luisa, la organizadora del concurso, tiene una buena opinión de Laura.   ☐ V   ☐ F

2 **En el evento celebrado en el hotel, Laura lee una mala noticia en el periódico. ¿Qué dice la noticia? ¿Por qué se pone tan triste Laura?**

_____

_____

_____

✳ DESPUÉS DE VER ESTE SEGMENTO

1 **Observa estos fotogramas. ¿Qué recuerdas de cada escena? Apunta tres cosas junto a cada imagen.**

_____

_____

_____

2 Después de ver la última escena, ¿cómo interpretas el final de la película? ¿Cómo piensas que será la vida de Laura a partir de ahora?

_____

_____

¡El consejo!

Si te ha gustado *Miss Bala*, quizás te interese otra película de este director. Se llama *Voy a explotar* y es la historia de Román y Maru, dos jóvenes que se escapan del colegio en un coche y se lanzan a la aventura.

Mujeres al borde
de un ataque de nervios

de Pedro Almodóvar

85 min.

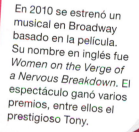

Carmen Maura, Antonio Banderas
y Julieta Serrano

✳ **5** COSAS SOBRE LA PELÍCULA

Es una película española. Está escrita y dirigida por Pedro Almodóvar. Se estrenó en 1988.

La película obtuvo 16 nominaciones a los Premios Goya y ganó cinco de ellos. También fue candidata a los Premios Oscar, BAFTA y Globo de Oro, a la mejor película extranjera.

En 2010 se estrenó un musical en Broadway basado en la película. Su nombre en inglés fue *Women on the Verge of a Nervous Breakdown*. El espectáculo ganó varios premios, entre ellos el prestigioso Tony.

Un «ataque de nervios» es una reacción súbita provocada por un sentimiento extremo.

La película es una representación fiel de la vida en los años 80 en Madrid.

Sinopsis

Pepa e Iván son actores de doblaje y también son pareja. Pero cuando Iván le deja un mensaje a Pepa en su contestador automático para romper su relación, ella entra en una depresión y quiere vender su ático del centro de Madrid y cambiar su vida.

Es entonces cuando varias personas pasan por su piso e influyen en sus asuntos personales.

Carlos, el hijo secreto de Iván, le mostrará su lado más tierno. Lucía, exmujer de Iván, le devolverá las ganas de vivir a través de una curiosa e inesperada confrontación.

Candela, su inocente amiga, la necesitará en su huida de un grupo de islamitas chiitas, y Marisa, la novia de Iván, le mostrará el uso más sensual del gazpacho.

A través de estos encuentros, Pepa aprenderá sobre la soledad, la amistad, las relaciones insospechadas y la locura.

Los personajes

Pepa, antigua amante de Iván. Es actriz y vive sola en un ático del centro de Madrid. Pasa por unos momentos difíciles porque Iván la ha dejado. Se siente muy vulnerable.

Carlos, hijo de Iván. Es un chico muy tímido, con una novia de personalidad fuerte. Su madre, Lucía, también tiene mucho carácter.

Lucía, madre de Carlos y exmujer de Iván. Es una señora que vive en el pasado: se maquilla y viste como en los años 60, con la ropa y pelucas de su madre. Su padre, un señor ya mayor, la mima como si fuera una niña. Lucía vivió en una institución mental durante muchos años.

Marisa, novia de Carlos. Es una chica con mucho temperamento que sabe lo que quiere. Está muy enamorada de Carlos.

Candela, amiga de Pepa. Es una chica muy tímida e inocente. Vive en Madrid, pero es andaluza. Siempre se mete en líos porque no sabe juzgar bien a la gente.

Paulina es abogada. Es la nueva amante de Iván. De hecho, el actor deja a Pepa por ella. Es una mujer de apariencia fuerte, pero con muchas inseguridades.

Pepa

Carlos

Lucía

Marisa

Candela

Ficha cultural · Madrid

La película que vas a ver se desarrolla en Madrid, la capital de España. En esta ciudad, la más poblada del país, viven más de tres millones de habitantes aunque en toda su área metropolitana viven más de seis.

Aquí se encuentran los edificios oficiales más importantes de España como la sede del Gobierno, las Cortes Generales, las embajadas de países extranjeros y la residencia oficial de los Reyes de España.

Madrid es la cuarta capital más rica de Europa detrás de París, Londres y Moscú y acoge a muchas empresas multinacionales. También es una ciudad llena de cultura: los famosos Museo Nacional del Prado, Museo Reina Sofía y Museo Thyssen-Bornemisza ofrecen varias de las colecciones pictóricas más importantes del mundo.

La Fuente de Cibeles, el Parque del Retiro, la Puerta del Sol, los barrios de La Latina y Chueca y el mercadillo callejero de El Rastro, son los lugares más emblemáticos de la ciudad.

También son muy típicos los cafés literarios como el Café Gijón y el Café Comercial donde todavía hoy se reúnen escritores e intelectuales para tomar un café, presentar sus libros o charlar sobre temas diversos.

Una de las meriendas típicas de Madrid es el chocolate con churros. Se trata de una bebida de chocolate amargo muy caliente que a menudo se acompaña de una masa frita de harina, azúcar, agua y sal en forma de cilindros.

Otros elementos de la gastronomía típica madrileña son el bocadillo de calamares, el cocido madrileño, la sopa de ajo y la tortilla de patatas.

El Real Madrid Club de Fútbol, uno de los clubes más famosos del mundo, tiene su sede en esta ciudad y muchos de sus jugadores han nacido o viven en la capital.

¡El consejo!

Si visitas Madrid, puedes probar el chocolate caliente con churros en la Chocolatería San Ginés (Pasadizo de San Ginés, cerca de la Puerta del Sol, en pleno centro de la ciudad).

La Gran Vía, una de las principales avenidas de Madrid.

En la Plaza Mayor se reúnen turistas y madrileños a todas horas.

Chocolate con churros, una merienda muy típica.

Ficha cultural · La «movida madrileña»

Durante la década de los años 80, Madrid vivió unos años muy ricos, culturalmente hablando. España había salido de una larga dictadura y, poco a poco, quería liberarse de miedos pasados y mirar al futuro con esperanza e imaginación. Muchos pintores, diseñadores, fotógrafos, escritores, ilustradores, músicos y directores de cine, entre ellos Pedro Almodóvar, experimentaron un periodo de mucha creatividad. Estos jóvenes artistas formaron un movimiento sociocultural que se llamó la «movida madrileña», o «la movida».

Pedro Almodóvar fue uno de los iconos de este movimiento. Los personajes que creó durante estos años se convirtieron en símbolos trasgresores que mostraban todo lo que el cine franquista había censurado. Así, sus películas hablaban de la homosexualidad y transexualidad, la droga, la prostitución y la noche madrileña. Las escenas estaban rodadas en lugares *underground* y las historias que contaba eran de carácter contracultural, con un lenguaje lleno de expresiones urbanas e incluso palabrotas.

Las películas «almodovarianas» más representativas de estos años son: *Pepi, Luci, Bom y otras chicas del montón* (1980), *Laberinto de pasiones* (1982), *¿Qué he hecho yo para merecer esto?* (1984) y *Matador* (1985). *Mujeres al borde de un ataque de nervios* se empieza a alejar de la «movida madrileña», aunque se alimenta de la misma creatividad de este periodo. Esta película es también la obra que empujó al director al éxito internacional.

Alaska y Los Pegamoides, una de las bandas más influyentes de «la movida madrileña».

«Pedro no es solo el símbolo de «la movida». Pedro es «la movida».
Alaska (excantante de Alaska y Los Pegamoides)

PARTE 1

Tiempo	Descripción
00:00:00 00:29:09	Desde el principio de la película, hasta que Pepa llega al edificio y ve que el limpiador de calles está leyendo la nota que ella escribió a Iván.

¡Qué interesante!

Agustín Almodóvar, productor ejecutivo y hermano de Pedro, a menudo aparece en sus películas con personajes cortos o simplemente como un extra. En *Mujeres al borde de un ataque de nervios*, Agustín tiene el papel de un vendedor de pisos y mantiene una breve conversación con Pepa, la protagonista.

Curiosamente, en *Mujeres al borde de un ataque de nervios*, también aparece la madre de Pedro Almodóvar, Francisca Caballero. Ella es la redactora que lee las noticias en la televisión. Francisca también aparece, de nuevo como extra, en otras películas del director como *¿Qué he hecho yo para merecer esto?* (1984), *Átame* (1990) y *Kika* (1993).

✳ ANTES DE VER ESTE SEGMENTO

1 Observa de nuevo las fotografías de los personajes. ¿Hay alguno que te llame la atención? ¿Por qué?

_____

_____

_____

2 En las primeras escenas de la película, vemos que Pepa e Iván son actores de doblaje, es decir, ponen sus voces a actores extranjeros para traducir el diálogo original al español. En España muchas películas están dobladas. ¿Se doblan las películas en tu país? ¿Por qué crees que se inventó el doblaje? Debate en clase o busca el origen de esta técnica de posproducción en Internet.

_____

_____

_____

✳ VOCABULARIO

¿Conoces el significado de estas palabras? Busca su significado en el diccionario o consulta su traducción al inglés a partir de la página 220.

Vocabulario nuevo
hundirse (v.)
el corral (sust.)
el somnífero (sust.)
la megafonía (sust.)
siquiera (adv.)
engañar (v.)
el desmayo (sust.)
grosero (adj.)
el tesoro (sust.)
librarse de (v.)
el imprevisto (sust.)
el galán (sust.)
el palo (sust.)
el portavoz (sust.)
la vinculación (sust.)

Cognados
la especie (sust.)
aceptar (v.)
controlar (v.)
justificar (v.)
discreto (adj.)
interrumpir (v.)
reprochar (v.)

Expresiones
en cualquier caso...
pillar de paso
¡vale!
tener morro/morrazo
¡pobrecilla!
pegar ojo
estar harto de...
¡qué pesado!

❋ MIENTRAS VES ESTE SEGMENTO

1 **Conecta el personaje con su diálogo.**

1. Pepa
2. Candela
3. Iván
4. Lucía
5. El taxista
6. Marisa

a. «Mi vida, sin ti, no tiene sentido».
b. «Qué bien mientes, papá. Por eso te quiero».
c. «Estoy harta de ser buena».
d. «Es que el mambo es lo que mejor va a este tipo de decoración».
e. «¡Estoy metida en un apuro!».
f. «¡Se me caía la cara de vergüenza por tu madre!».

2 **Cuando Pepa se sienta en un banco enfrente del edificio de la calle Almagro 38, ¿a qué personas ve? Marca las casillas mientras observas esta escena.**

1. A una chica bailando. ☐
2. A un hombre viendo la televisión. ☐
3. A Lucía y Candela, hablando. ☐
4. A dos niños jugando al ping-pong. ☐
5. A un chico llorando, con un pañuelo en la mano. ☐
6. A una chica esperando dentro de un coche. ☐
7. A Lucía y su hijo, discutiendo. ☐
8. A una profesora dando clases particulares a una chica joven. ☐

❋ DESPUÉS DE VER ESTE SEGMENTO

1 **En la película se oyen varias expresiones con el verbo «tener». ¿Conoces los significados de los siguientes ejemplos? Escribe una frase con cada uno, donde quede claro el significado de la expresión.**

1. Tener sed: _____ .

2. Tener miedo de: _____ .

3. Tener la impresión de: _____ .

4. Tener suerte: _____ .

5. Tener prisa: _____ .

6. Tener ganas de: _____ .

7. Tener razón: _____ .

8. Tener hambre: _____ .

9. Tener cuidado: _____ .

10. Tener que: _____ .

2 **Identifica el adjetivo en las frases siguientes y luego encuéntralo en la sopa de letras.**

1. Pepa es una persona nerviosa.

2. Iván es un hombre seductor.

3. Candela es una chica inocente.

4. Carlos es un chico tímido.

5. Lucía es una mujer fogosa.

Y	I	W	O	G	P	K	Y	E	R
H	H	A	M	T	E	C	T	V	O
L	X	L	S	M	W	N	T	V	T
T	U	X	Z	O	E	S	Z	M	C
W	N	P	T	C	I	A	M	O	U
M	I	C	O	H	U	V	W	F	D
Y	A	N	Z	V	L	W	R	U	E
T	I	C	Z	Q	U	I	O	E	S
T	Í	M	I	D	O	G	Z	T	N
F	O	G	O	S	A	A	G	E	N

3 **Ordena las frases cronológicamente.**

1. Candela llama a Pepa, nerviosa.
2. Iván dobla una escena de una película en blanco y negro.
3. Pepa prepara un gazpacho y lo llena de somníferos.
4. Pepa sigue a Lucía hasta un edificio.
5. Pepa se sube a un taxi muy colorido.
6. Carlos baja a la calle y ve a su novia recogiendo unas cosas del suelo.
7. Pepa visita una agencia inmobiliaria para alquilar su piso.
8. Pepa apaga el fuego de la cama.
9. En las noticias hablan de unos militantes chiitas.
10. Pepa llama al estudio de grabación porque se ha dormido y llegará tarde.

10

4 **¿Qué piensas de estos personajes? ¿Por qué?**

Puedes usar las siguientes expresiones:

Pienso que...	Creo que...	En mi opinión...	Parece ser...
Me parece que...	A mi entender...	Tengo la sensación de que...	Es obvio que...

Pepa: _____ .

Iván: _____ .

La recepcionista: _____ .

El taxista: _____ .

Lucía: _____ .

5 En el primer segmento de la película vemos un programa de televisión, protagonizado por Pepa. Se trata de una sátira sobre los anuncios televisivos de productos para la limpieza. Imagina que eres un creativo publicitario y que debes escribir varios anuncios televisivos para los siguientes productos. Puedes usar un estilo satírico, como el anuncio de detergente que aparece en la película.

Pepa, anunciando el producto de limpieza Ecce OMO.

Moda para perros

_____

_____

_____

_____

_____

Producto para el cabello

_____

_____

_____

_____

_____

Un muñeco

_____

_____

_____

_____

_____

PARTE 2

Tiempo	Descripción
00:29:09 00:59:50	Desde que Pepa llega al edificio y ve que el limpiador de calles está leyendo la nota que ella escribió a Iván, hasta que Pepa se deshace de la maleta en el contenedor de la calle.

¡Qué interesante!

En las ciudades españolas, la mayor parte de gente vive en apartamentos que forman parte de un edificio. Estos edificios pueden ser de estilo tradicional o moderno, y contienen varios pisos. Cada piso está dividido en dos, tres o incluso cuatro apartamentos. El ático, normalmente, ocupa la mitad o todo el piso superior del edificio y es, por este motivo, más grande que el resto de apartamentos. Además suele tener una terraza. Por eso a menudo es el apartamento más caro del edificio. Los bajos, entresuelo o sótano, las partes más bajas de un edificio, a menudo están ocupados por tiendas, empresas u oficinas, o, si en ellos viven familias, suelen ser las viviendas más baratas del edificio. Muchos edificios, sobre todo los de más categoría, tienen una persona que vive y/o trabaja en la portería del edificio. Esta persona se llama portero (o portera) o conserje. En la película, Pepa vive en el ático de un típico edificio regio de Madrid con portería.

✳ ANTES DE VER ESTE SEGMENTO

1 **¿Crees que Pepa e Iván retomarán su relación? ¿Qué problema crees que tiene Candela? ¿Cómo crees que es la relación entre Carlos y Marisa? ¿Por qué?**

_____

_____

✳ MIENTRAS VES ESTE SEGMENTO

1 **Marca la opción correcta, ¿es verdadero (V) o falso (F)?**

1. Carlos y su novia están buscando un apartamento.   ☐ V ☐ F

2. Pepa no reconoce a Carlos cuando este entra en su casa con Marisa.   ☐ V ☐ F

3. Por casualidad, Pepa coge el mismo taxi de antes.   ☐ V ☐ F

✳ VOCABULARIO

¿Conoces el significado de estas palabras? Busca su significado en el diccionario o consulta su traducción al inglés a partir de la página 220.

Vocabulario nuevo
la avería (sust.)
el disparate (sust.)
la madrastra (sust.)
el desorden (sust.)
el retrato (sust.)
merecer (v.)
el reproche (sust.)
desahogar (v.)
el calmante (sust.)
ligar (v. coloq.)
secuestrar (v.)
reñir (v.)
el colirio (sust.)
el tartamudeo (sust.)

Cognados
el café (sust.)
la circunstancia (sust.)
urgente (adj.)
atentar (v.)
la revelación (sust.)
el abuso (sust.)
el arma (sust.)
consultar (v.)
dopado (adj.)

Expresiones
¡estoy perdida!
en todo caso...
debe costar un ojo de la cara
ponérsele a uno la carne de gallina

4. La abogada quiere ayudar a Pepa.   ☐ V ☐ F

5. La maleta es del taxista.   ☐ V ☐ F

6. Marisa, exmujer de Iván, está casada con un hombre mucho mayor que ella.   ☐ V ☐ F

7. Pepa y Candela viajan a Estocolmo.   ☐ V ☐ F

8. Candela y Carlos comienzan una relación sentimental.   ☐ V ☐ F

9. La portera del inmueble es testigo de Jehová.   ☐ V ☐ F

10. Iván visita a Pepa, pero no la encuentra.   ☐ V ☐ F

2 **¿Qué crees que significan estas expresiones que se usan en varias escenas de la película? Elige cómo sustituir lo subrayado.**

	situación	confesado	muy bien	ayúdame	me lo creo	tranquila	nerviosa
Candela: 1. «Ponerse atacá». (coloq.) (de «atacada»)							
Candela: 2. «Si han cantado».							
Candela: 3. «Con esta papeleta».							
Pepa: 4. «¡Échame una mano!».							
Pepa: 5. «¡No doy crédito!».							
Pepa: 6. «¡Déjeme en paz!».							
Candela: 7. «Se lo está pasando pipa».							

3 En *Mujeres al borde de un ataque de nervios* se mencionan varios ejemplos de la gastronomía española. ¿Qué platos típicos de este país conoces? Escribe ejemplos en las distintas categorías del queso.

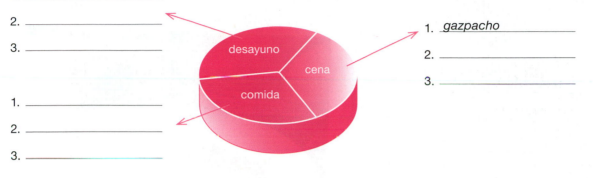

1. _____

2. _____

3. _____

1. _____

2. _____

3. _____

1. *gazpacho*

2. _____

3. _____

✳ DESPUÉS DE VER ESTE SEGMENTO

1 En el filme aparecen muchos detalles que definen la personalidad de los protagonistas. ¿Qué cosas recuerdas?

Como ayuda, puedes responder a las siguientes preguntas:

TAXI
¿Qué cosas cuelgan de su interior?
_____

¿Qué objetos vende el taxista?
_____

¿Cómo son los asientos del coche?
_____

APARTAMENTO
¿Qué colores predominan?
_____

¿Cuántos muebles hay?
_____

¿Cómo es de grande?
_____

¿Qué otras cosas hay, además de muebles?
_____

Ficha cultural · El gazpacho

En la película que has visto, Pepa prepara un gazpacho. El gazpacho es una sopa fría, a base de tomate y hortalizas, muy típica de la gastronomía española.

El gazpacho es un plato muy antiguo. Se menciona por primera vez en unos textos literarios llamados *Tesoros de la lengua castellana* en el año 1611, aunque se cree que la sopa ya se había inventado bastantes años antes. De hecho, muchos investigadores gastronómicos piensan que el gazpacho se creó poco después del descubrimiento de América en el año 1492 ya que el tomate, principal ingrediente de este plato, es una fruta de origen azteca que llegó a España poco después.

El gazpacho, la sopa más popular en España.

Esta sopa se encuentra principalmente en Andalucía, donde es muy popular y se come como entrante, sobre todo en verano porque es muy refrescante.

Aprende a preparar el gazpacho con esta receta:

Ingredientes:

6 tomates grandes y carnosos
2 pimientos verdes
1 pimiento rojo
1 pepino
1 corazón de cebolla
1 diente de ajo
2 rebanadas de pan del día anterior,
sin la corteza
sal, aceite de oliva y vinagre

Preparación:

1. Poner el pan en remojo con agua y sal.
2. Pelar y cortar los tomates, los pimientos, el pepino, la cebolla y el ajo. Mezclar todos los ingredientes en la batidora.
3. Añadir un poco de agua, hasta conseguir una crema.
4. Añadir el pan y un poco de vinagre.
5. Colar y añadir un poco de sal.
6. Servir en platos de sopa con algo de guarnición (trocitos de tomate, pepino, pimiento, huevo duro o picatostes).

PARTE 3

Tiempo	Descripción
00:59:50 01:35:00	Desde que Pepa se deshace de la maleta en el contenedor de la calle, hasta el fin de la película.

❊ ANTES DE VER ESTE SEGMENTO

1 En el segmento que vas a ver, los siguientes personajes van a tomar decisiones importantes que tienen que ver con otros personajes. Especula sobre estas decisiones.

1. La decisión de Pepa sobre su relación con Iván.

Pienso que Pepa _____

_____

_____

2. La decisión de Paulina sobre su relación con Pepa.

Creo que Paulina _____

_____

_____

3. La decisión de Iván sobre su relación con Paulina.

Me parece que Iván _____

_____

_____

2 Uno de estos personajes está a punto de cometer un crimen. ¿Qué personaje y con qué medio supones que será? Comparte tus ideas en clase. Luego, sigue visualizando la película para comprobar las diversas teorías.

Pepa	una pistola
Candela	una maleta
Iván	una jarra de gazpacho
Lucía	un zapato de tacón
Marisa	un coche

❊ VOCABULARIO

¿Conoces el significado de estas palabras? Busca su significado en el diccionario o consulta su traducción al inglés a partir de la página 221.

Vocabulario nuevo
maldito (adj.)
agacharse (v.)
fijarse (v.)
la bofetada (sust.)
arrancar (v.)
cachondearse (v.)
curarse (v.)
apuntar (v.)
fingir (v.)
mosquear (v.)
atreverse (v.)
alcanzar (v.)
descalzo (adj.)
disparar (v.)
resentido (adj.)

Cognados
el modelo (sust.)
el teléfono (sust.)
el/la terrorista (sust.)
la confusión (sust.)
el minuto (sust.)
la curiosidad (sust.)
interrogar (v.)
el caos (sust.)
desairar (v.)
la tortícolis (sust.)
inquisitivo (adj.)

Expresiones
meter un puro
¡qué pico tiene!
dar un mal rollo
estar dormido como un tronco
ir al grano

✳ MIENTRAS VES ESTE SEGMENTO

1 ▸ **Elije la respuesta correcta.**

1. ¿Por qué va la policía a casa de Pepa?
a. Porque ha recibido una llamada telefónica desde el teléfono de su casa.
b. Porque sospecha de Pepa.
c. Porque está buscando a Iván.
d. Porque la portera ha denunciado a los inquilinos.

2. ¿Por qué crees que Pepa ayuda a Candela?
a. Porque no quiere ir a la cárcel con ella.
b. Porque es su amiga.
c. Porque tiene prisa por ver a Iván.
d. Porque se quiere vengar de Lucía.

3. ¿Qué le cuenta Pepa al agente?
a. Que los chiitas están a punto de entrar.
b. Que Iván está a punto de volver a casa.
c. Que ella e Iván han roto.
d. Que Iván y ella están casados.

4. ¿Por qué Carlos y Candela sirven gazpacho a los policías?
a. Para que se crean la historia de los chiitas.
b. Para que se queden un rato.
c. Para que se alimenten.
d. Para que se duerman.

5. ¿Qué le dice Pepa a la policía?
a. Que Iván y Paulina se van a Escocia.
b. Que el aeropuerto está cerrado.
c. Que Iván y Paulina se van a Estocolmo.
d. Que Iván y Paulina son chiitas.

6. ¿Adónde van Pepa, su vecina y el taxista?
a. A la parada de taxis.
b. A la terminal de autobuses.
c. A la estación de trenes.
d. Al aeropuerto.

7. ¿Qué le dice Paulina a Iván en el aeropuerto?
a. Que es un mentiroso.
b. Que es un terrorista.
c. Que es un débil.
d. Que es un loco.

8. ¿Qué quiere hacer Lucía en el aeropuerto?
a. Matar a los terroristas chiitas.
b. Matar a Iván.
c. Matar a Paulina.
d. Matar a Pepa.

9. ¿Qué le dice Iván a Pepa en el aeropuerto?
a. Que le está avergonzando su comportamiento.
b. Que no tiene derecho de estar ahí.
c. Que está avergonzado y que la echa de menos.
d. Que está avergonzado y se ha portado mal.

10. ¿Qué le dice Pepa a Marisa cuando esta se despierta?
a. Que está embarazada.
b. Que se siente como nueva.
c. Que Iván y Candela tienen una relación.
d. Que se ha acabado todo.

✳ DESPUÉS DE VER ESTE SEGMENTO

1 ▸ **¿Qué te ha parecido la película? Imagina que eres un periodista especializado en cine. Ahora debes escribir una crítica de _Mujeres al borde de un ataque de nervios_. Puedes hablar del argumento, los personajes, la interpretación, la banda sonora, la decoración, el vestuario, los aspectos técnicos, etc. Recuerda que una crítica es un análisis subjetivo que tiene el propósito de orientar al público. Tu crítica debería tener unas 200 palabras aproximadamente.**

También la lluvia

de Icíar Bollaín

104 min.

＊**5** COSAS SOBRE LA PELÍCULA

Es una película española. Se estrenó en 2010.

Ganó tres premios Goya, el premio del público en el Festival de Berlín y seis premios en el Círculo de Escritores Cinematográficos.

La filmación fue una aventura. Se usaron más de 70 localizaciones, todas exteriores. El equipo pasó enfermedades, deshidratación y sufrió un robo.

Trabajaron más de 4000 extras, 300 de ellos indígenas.

Los actores protagonistas de esta película, Gael García Bernal (Sebastián) y Luis Tosar (Costa), son famosos en España y Latinoamérica.

Sinopsis

Sebastián y Costa trabajan en el cine. Viajan a Cochabamba, Bolivia, para filmar una película sobre Cristóbal Colón. Quieren contar una versión de la historia que no aparece en todos los libros: la historia de las personas que se enfrentaron al descubridor de América a causa de su codicia y del maltrato a los indios.

Mientras filman la película, el gobierno local privatiza el sistema de agua de la ciudad, que queda a cargo de una gran empresa con capital extranjero.

Esta medida es el inicio de un conflicto muy importante entre el gobierno y los habitantes de la región, quienes salen a la calle para reclamar su derecho de acceso al agua.

Varios extras de la película participan en la protesta contra el gobierno, y esto afecta a la filmación y al equipo de actores y técnicos que trabaja en ella.

Sebastián y Costa viven las protestas de formas muy diferentes, pero los dos deben tomar decisiones que ponen en juego sus principios.

Los personajes

Sebastián es el director de la película. Es un joven idealista. Está muy entusiasmado con la posibilidad de filmar en Bolivia. Cuando la filmación peligra por el conflicto social que estalla en la ciudad de Cochabamba, tiene que tomar decisiones difíciles.

Costa es el productor ejecutivo de la película. Es un hombre dedicado a su trabajo, muy pragmático, que piensa que casi todas las cosas pueden arreglarse con dinero. Durante la filmación en Bolivia, Costa entabla una relación con Daniel y su familia. Esta relación dará a Costa la oportunidad de ser solidario.

Daniel es uno de los protagonistas de la película que Sebastián y Costa están filmando en Bolivia. Se presenta al *casting* de extras por casualidad y obtiene un papel importante, tras impresionar a Sebastián con su carisma. Daniel es un excelente orador y uno de los líderes de su comunidad en Cochabamba. Cuando el conflicto por el agua en esta ciudad empieza, Daniel se convierte en una de las caras de la protesta, y por lo tanto se enfrenta a la policía. Esto pone en peligro su participación en la película y le ocasiona problemas con Sebastián y Costa.

Antón es un actor español. Está en Bolivia para hacer el papel de Cristóbal Colón en la película de Sebastián y Costa. Es un hombre cínico y observador. Lleva una vida solitaria, bebe mucho y a veces ofende a sus compañeros de rodaje, al señalar sus defectos y las contradicciones en su conducta.

Sebastián

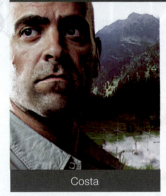

Costa

Daniel

Ficha cultural · Bolivia

Bolivia está en el centro-oeste de América del Sur. Tiene 10,5 millones de habitantes, que viven principalmente de la agricultura y la minería, ya que el territorio boliviano tiene muchos recursos minerales. La capital del país es Sucre, aunque la sede del gobierno está en La Paz.

Es un país con muchos paisajes, que abarcan desde la majestuosa cordillera de los Andes hasta el singular desierto blanco de Uyuni, pasando por zonas pantanosas, mesetas de altura y selvas tropicales. Esta variedad geográfica se traduce en la existencia de miles de especies de plantas y animales, que hacen de Bolivia uno de los países con más biodiversidad del mundo.

Bolivia es, además, una tierra de muchas culturas. Casi el 70% de los bolivianos es indígena, principalmente quechua o aymara. Cada etnia conserva sus costumbres y su lengua: el país tiene 37 idiomas oficiales. Las culturas y las tradiciones prehispánicas todavía existen y en muchos casos estas han integrado elementos europeos. Tal es el caso del Carnaval de Oruro, un evento que se celebra desde hace más de dos mil años.

El presidente de Bolivia es Evo Morales, un político de origen aymara que ganó las elecciones en 2005 y 2009, en ambas ocasiones con más del 50% de los votos. Morales es el primer presidente indígena que tiene este país, y su gobierno es conocido por defender los derechos y los modos de vida de las diferentes etnias bolivianas.

El salar de Uyuni.

Un grupo de llamas, a los pies de los Andes.

Evo Morales.

El Carnaval de Oruro.

Ficha cultural · Colón y los taínos

Cristóbal Colón, un navegante al servicio de los reyes de Castilla y Aragón, partió desde España en busca de una nueva ruta hacia el continente asiático, el 3 de agosto de 1492.

Los motivos del viaje eran, por un lado, abrir caminos para comerciar, y por otro, demostrar la redondez de la Tierra. Colón viajó en tres naves: la Santa María, la Niña y la Pinta, con un grupo de 90 hombres.

Las naves llegaron a la isla de Guahanahi, hoy parte de las islas Bahamas, el 12 de octubre del mismo año. Colón creyó que había llegado a Asia, y por eso llamó al lugar «las Indias».

En esa época, el territorio estaba habitado por el pueblo taíno. Los taínos eran agricultores y cazadores, y vivían en la selva. Hablaban la lengua taína, que era solamente oral, de la que nos han quedado palabras como «barbacoa», «canoa» y «tabaco». Adoraban a varios dioses y espíritus, que dibujaban y tallaban en impresionantes pinturas y esculturas.

Las relaciones entre Colón y los taínos no eran buenas: los indígenas resistieron los intentos de dominación de los españoles. Sin embargo, a pesar de que los taínos conocían bien el terreno, los españoles los derrotaron porque contaban con la ventaja de tener armas de fuego y caballos. Finalmente, la civilización taína desapareció, aniquilada por enfermedades como la viruela, que fueron introducidas por los europeos.

Cristóbal Colón.

Réplica de la Santa María, una de las naves con las que Colón llegó a América.

Escultura taína en Puerto Rico.

Ficha cultural · Gael García Bernal

Gael García Bernal es el actor mexicano con más éxito internacional. Nació en 1978 en Guadalajara, y de niño ya actuaba en el teatro acompañado por sus padres, ambos actores.

A los 11 años obtuvo su primer papel en la telenovela *Teresa*, en la que trabajaba con la actriz Salma Hayek, también mexicana.

Su primera película fue *Amores Perros*, en 2000, del director Alejandro González Iñárritu. En ella hizo el papel de Octavio, un chico enamorado de la mujer de su hermano que, para ayudarla, hace participar a su perro en peleas clandestinas en las que se apuesta mucho dinero. *Amores perros* fue un éxito de público en México y estuvo nominada a un premio Oscar en la categoría de mejor película extranjera.

Al año siguiente actuó en *Y tu mamá también*, una película del director mexicano Alfonso Cuarón. En este film, Gael interpretó a Julio, un chico que, junto a su amigo Tenoch (Diego Luna) y una joven española (Maribel Verdú), vive un triángulo amoroso en una playa de Oaxaca. Gael y Diego Luna se conocen desde niños; han colaborado en muchas películas y juntos tienen una productora de cine.

En 2002, Gael obtuvo el papel principal en la polémica película *El crimen del padre Amaro*. El actor interpretó el rol de un sacerdote que tiene una relación secreta con una joven del pueblo donde vive. Esta película estuvo nominada al Oscar y fue una de las películas más taquilleras del año en México.

En 2004, Gael participó en dos películas importantes internacionalmente: *Diarios de motocicleta*, dirigida por el brasileño Walter Salles, donde captura la formación del revolucionario argentino Ernesto «Che» Guevara, y *La mala educación*, dirigida por el español Pedro Almodóvar, donde interpretó a un travesti.

Recientemente, ha trabajado en las películas *Babel* (2006), *Rudo y cursi* (2008) y *Amor por siempre* (2011).

¡El consejo!

No te pierdas la película *Rudo y Cursi*, en la que Gael canta una versión muy divertida de la canción *Quiero que me quieras* y hace una parodia de los cantantes del género norteño, un tipo de canción con música folclórica muy típico de México.

Gael García Bernal, de etiqueta.

Gael y el director Carlos Cuarón.

Con su amigo, el actor Diego Luna.

PARTE 1

Tiempo	Descripción
00:00:00 00:26:30	Desde el principio de la película, hasta que el equipo técnico cena, tras el primer día de filmación.

❋ ANTES DE VER ESTE SEGMENTO

1 La película que vas a ver transcurre en Bolivia. Después de leer la «Ficha cultural» de la página 167, marca las cosas relacionadas con este país. Después de ver el segmento, vuelve a leer la lista y corrige tus respuestas, si fuera necesario.

1. Cochabamba ☐

2. la cultura quechua ☐

3. la cultura azteca ☐

4. los Andes ☐

5. el clima helado ☐

6. las tradiciones indígenas ☐

7. los Pirineos ☐

8. los tacos ☐

❋ MIENTRAS VES ESTE SEGMENTO

1 Completa las frases.

1. Daniel protesta en la cola del *casting* porque _____

_____

2. Costa dice que si hay muchos indígenas en el *casting,* quiere decir

_____

3. Filmar la película en español significó tener menos _____

_____

4. Durante el ensayo, en vez de una cruz, el personaje de Colón clava

_____

5. Colón le pide a la camarera _____

_____

6. Al ver a Daniel en el vídeo con peinado y maquillaje, Costa dice

_____

7. El personaje de Colón le dice al líder indígena que si no obedecen

_____

❋ VOCABULARIO

¿Conoces el significado de estas palabras? Busca su significado en el diccionario o consulta su traducción al inglés a partir de la página 221.

Vocabulario nuevo
indígena (adj.)
hambriento (adj.)
la «pasta» (sust.)
la grúa (sust.)
desagradable (adj.)
oculto (adj.)
la soberanía (sust.)
la majestad (sust.)
el impuesto (sust.)
el cascabel (sust.)
piadoso (adj.)
corrupto (adj.)
el pozo (sust.)

Cognados
el extra (sust.)
casting (sust.)
el hotel (sust.)
el líder (sust.)
el *catering* (sust.)
el genocidio (sust.)
conservador (adj.)
radical (adj.)

Expresiones
¡carajo!
¿no te jode?
¡cuidado!

2 **Relaciona la frase subrayada con su significado.**

1. Sebastián: «Los vamos a ver a todos, se tarde lo que se tarde». •
2. Costa: «Te vas a arrepentir». •
3. Alberto: «De las Casas utilizó hasta su último aliento para denunciar a los corruptos». •

• a. te preguntarás: ¿Por qué lo hice?
• b. puso mucho tiempo y esfuerzo.
• c. no importa el tiempo que cueste hacerlo.

3 **Completa este blog de rodaje imaginario con el verbo en el tiempo del pasado correcto.**

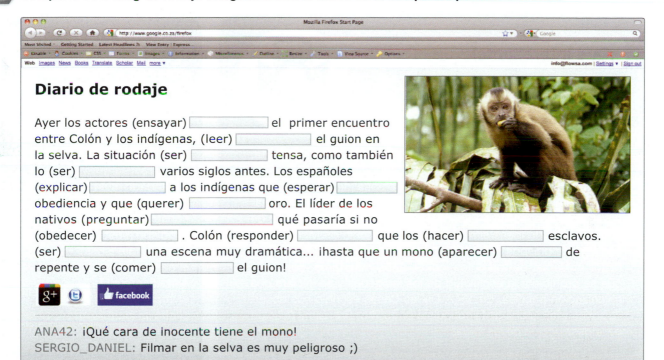

Diario de rodaje

Ayer los actores (ensayar) _____ el primer encuentro entre Colón y los indígenas, (leer) _____ el guion en la selva. La situación (ser) _____ tensa, como también lo (ser) _____ varios siglos antes. Los españoles (explicar) _____ a los indígenas que (esperar) _____ obediencia y que (querer) _____ oro. El líder de los nativos (preguntar) _____ qué pasaría si no (obedecer) _____. Colón (responder) _____ que los (hacer) _____ esclavos. (ser) _____ una escena muy dramática... ¡hasta que un mono (aparecer) _____ de repente y se (comer) _____ el guion!

ANA42: ¡Qué cara de inocente tiene el mono!
SERGIO_DANIEL: Filmar en la selva es muy peligroso ;)

✳ DESPUÉS DE VER ESTE SEGMENTO

1 **¿Cómo crees que va a ser la filmación de la película? ¿Crees que el equipo técnico se llevará bien con los extras? ¿Qué personajes podrían tener problemas entre ellos? Escribe tres predicciones.**

_____

_____

_____

2 **En base a lo que has visto hasta ahora, relaciona al personaje con los adjetivos, escribiéndolos en la columna correspondiente. Cuidado: hay dos adjetivos intrusos.**

justo	organizado	sensible	carismático
bajo	simpático	malhumorado	codicioso
guapo	violento	apasionado	cansada
cínico	orgulloso	calvo	afortunado

PARTE 2

Tiempo	Descripción
00:26:30 00:52:10	Desde que el equipo técnico cena, tras el primer día de filmación, hasta el fin de la visita del equipo de la película a la residencia del alcalde.

¡Qué interesante!

Bartolomé de las Casas fue un religioso de la orden de los dominicos, historiador y cronista. Viajó a América por primera vez en 1502 y allí participó en varias campañas de conquista del territorio. En 1515, renunció a todos los beneficios relacionados con la conquista y comenzó una enérgica campaña de defensa de los indígenas, cansado de ser testigo del maltrato al que los sometían los españoles. Para ello, volvió a España y se entrevistó, acompañado de otro religioso de ideas similares llamado Antonio de Montesinos, con reyes y obispos y, en 1516, fue nombrado Procurador y Protector universal de todos los indios. Años más tarde, consiguió que se prohibiera la esclavitud de los indígenas y se iniciara una colonización pacífica. En 1542, De las Casas escribió sus observaciones y la historia de la conquista en su libro *Brevísima relación de la destrucción de las Indias*.

✳ ANTES DE VER ESTE SEGMENTO

1 **Los actores que interpretan a los sacerdotes Bartolomé de las Casas y Antonio de Montesinos ensayan un discurso sobre el trato de los españoles hacia los indígenas en América. ¿Crees que hablarán de cosas positivas o negativas? ¿Por qué?**

_____

_____

2 **Lee la columna «Expresiones», a la derecha. Luego, completa las frases con la expresión correcta.**

a. Me he caído en un pozo. _____ .

b. Marina siempre _____ . No es sutil haciendo comentarios.

c. La manifestación se ha puesto violenta. Salgamos de aquí antes de que _____ .

✳ VOCABULARIO

¿Conoces el significado de estas palabras? Busca su significado en el diccionario o consulta su traducción al inglés a partir de la página 221.

Vocabulario nuevo
el candado (sust.)
cavar (v.)
construir (v.)
el obispo (sust.)
el sacerdote (sust.)
el demonio (sust.)
el traidor (sust.)
el imperio (sust.)
el chaval (sust.)
ingenuo (adj.)
el alma (sust.)

Cognados
la pausa (sust.)
financiar (v.)
el comercio (sust.)

Expresiones
ir a saco
¡hombre!
¡es la hostia!
¡ayuda!
salirse de madre

d. Me he comprado un coche nuevo. Es genial. _____ .

e. _____ , qué bien que te encuentro. Justamente estaba pensando en ti.

✳ MIENTRAS VES ESTE SEGMENTO

1 ▸ **Relaciona las frases.**

1. Los bolivianos ●	● a. porque ha trabajado dos años en EE. UU.
2. Antón intenta ●	● b. que no intervenga en la protesta.
3. Antón dice que bebe ●	● c. porque cree que solo le importa el dinero.
4. Costa le pide a Daniel ●	● d. simulan buscar oro en el río.
5. Daniel entiende inglés ●	● e. protestan contra la compañía de agua.
6. Los extras ●	● f. para disculparse.
7. Daniel desconfía de Costa ●	● g. porque tiene mucha sed.
8. Costa visita a Daniel ●	● h. comunicarse con su familia por teléfono.

2 ▸ **Completa lo que dice Belén. Cuidado: hay más palabras de las necesarias.**

selva	real	difícil	gustó	acabo	escena	película	interesante

¡Papi! _____ de ver la escena que hicimos en la _____ . Era muy _____ , sí.
Era _____ pero interesante. ¡Me _____ tanto! No es _____ pero es bonita.

3 ▸ **Elige la respuesta correcta.**

1. ¿De qué intenta convencer Sebastián a las madres de los niños?
a. De que calmen a los bebés.
b. De que ahoguen a los bebés.
c. De que bañen a los bebés.

2. ¿Lo consigue finalmente?
a. Sí.
b. No.
c. No se sabe.

3. ¿Por qué la gente de Cochabamba está en contra de la privatización?
a. Porque la nueva empresa limita el acceso de la gente al agua de manantial y de lluvia.
b. Porque la nueva empresa vende agua contaminada.
c. Porque la nueva empresa quiere construir una represa en el río.

❋ DESPUÉS DE VER ESTE SEGMENTO

1 Al final de este segmento, mientras los habitantes de Cochabamba protestan en la plaza, Costa, Antón y Sebastián beben champaña con las autoridades de la ciudad. ¿Qué crees que ha querido mostrar la directora con esta escena de contrastes?

_____

_____

2 En la plaza hay mucha gente protestando. ¿Estás de acuerdo con ellos, o estás de acuerdo con el alcalde? Justifica tu opinión.

_____

_____

3 ¿Crees que la protesta es una forma efectiva de cambiar las cosas? ¿Por qué? Tú, ¿has protestado alguna vez? ¿Por qué?

_____

_____

_____

3 Estos son diferentes tipos de protestas que se usan en el mundo. Describe cada una utilizando las palabras del recuadro.

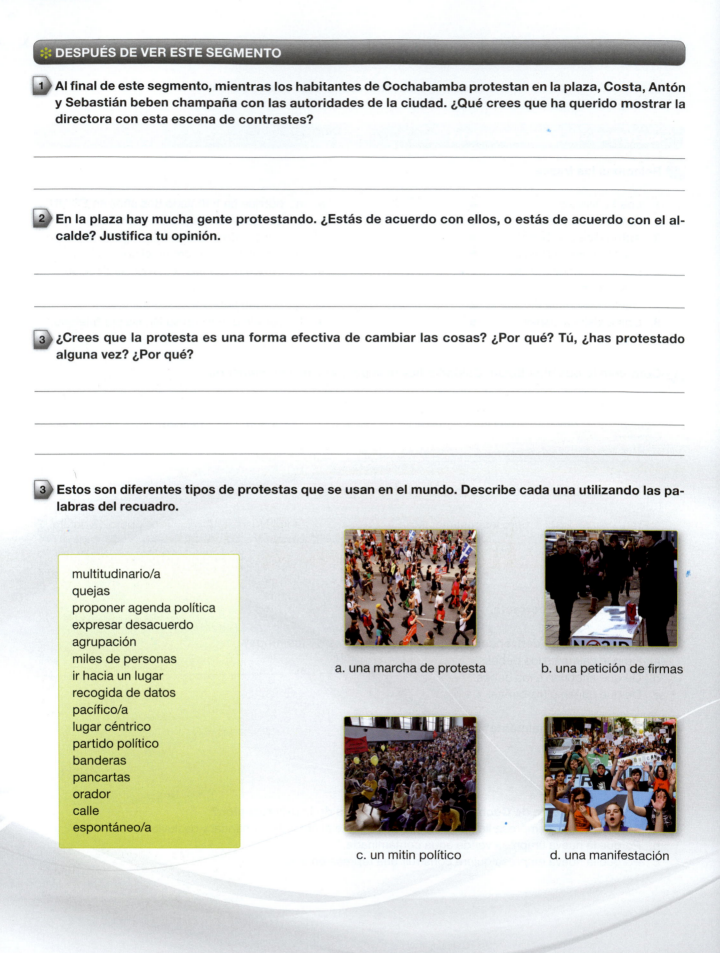

multitudinario/a
quejas
proponer agenda política
expresar desacuerdo
agrupación
miles de personas
ir hacia un lugar
recogida de datos
pacífico/a
lugar céntrico
partido político
banderas
pancartas
orador
calle
espontáneo/a

a. una marcha de protesta

b. una petición de firmas

c. un mitin político

d. una manifestación

PARTE 3

Tiempo	Descripción
00:52:11 01:08:30	Desde el fin de la visita del equipo de la película a la residencia del alcalde, hasta el final de la escena de la cruz.

¡Qué interesante!

En *También la lluvia* se tratan dos historias paralelas. Una es la de la filmación de la película histórica. La otra, la del conflicto real ocurrido en el año 2000 en la ciudad de Cochabamba, conocido como la «guerra del agua».

La «guerra del agua» empezó cuando una empresa multinacional tomó el control del sistema de agua de Cochabamba y aumentó las tarifas, haciendo que muchas personas no pudieran pagarlas.

En Bolivia, alrededor del 77% de la gente tiene acceso a agua potable, pero esa cifra baja a menos del 40% en zonas rurales, donde los habitantes recogen el agua de la lluvia, dependen de los tanques públicos o compran agua a los vecinos que sí consiguen abastecerse. Esta falta de acceso a un recurso básico es un problema importante para el país, y ya se han puesto en marcha varios proyectos para mejorarlo, desde la creación del Ministerio de Medio Ambiente y Agua en 2009.

✳ ANTES DE VER ESTE SEGMENTO

1 Al empezar este segmento, Sebastián y Costa hablan con los inversores europeos que financian la película histórica. ¿Qué crees que dirán los inversores? ¿Qué responderán Sebastián y Costa? Después de ver el segmento, vuelve a leer las preguntas y corrige tus respuestas, si fuera necesario.

✳ VOCABULARIO

¿Conoces el significado de estas palabras? Busca su significado en el diccionario o consulta su traducción al inglés a partir de la página 221.

Vocabulario nuevo
disimular (v.)
la cruz (sust.)
el esfuerzo (sust.)
el rollo (sust.)
pillar (v.)
digno (adj.)
la mitad (sust.)
la manifestación (sust.)
el trato (sust.)
la codicia (sust.)

Cognados
suficiente (adv.)
la oportunidad (sust.)

Expresiones
tener palabra
quedarse al margen

2 En el segmento que vas a ver a continuación, se habla de dinero. En los países de habla hispana existen muchas palabras informales para decir «dinero». Encuentra cuatro de ellas en la barra de abajo. Una ayuda: a menudo son palabras relacionadas con el metal o algún otro tipo de material.

| plata | tarta | cobre | azul | pasta | bolso | lana |

✱ MIENTRAS VES ESTE SEGMENTO

1 Relaciona estas frases.

1. Costa va a ver a Daniel ●
2. El equipo se entera por televisión ●
3. Sebastián y Costa ●
4. La condición para liberar a Daniel ●
5. Sebastián ha pasado ●
6. Costa recuerda ●
7. La escena de la cruz ●
8. Los indígenas dicen ●
9. Cuando Hatuey está en la cruz ●
10. Sebastián está satisfecho ●

● a. la llamada de Sebastián, hace 7 años.
● b. a los españoles que los desprecian.
● c. con el resultado de la escena de la cruz.
● d. los indígenas gritan su nombre.
● e. sobornan al oficial de policía.
● f. es muy dramática y simbólica.
● g. es que lo entreguen a la policía después de la escena.
● h. para pedirle que no participe en la protesta.
● i. de que Daniel está en la comisaría.
● j. toda la noche sin dormir.

2 Marca verdadero (V), falso (F) o sin información (S/I) a estas frases sobre la escena de la cruz.

1. Los españoles atan a varios indígenas a cruces.   V ☐   F ☐   S/I ☐

2. Hatuey le dice a su mujer que no llore.   V ☐   F ☐   S/I ☐

3. Mientras ocurre esta escena, la empresa de agua firma el contrato de privatización.   V ☐   F ☐   S/I ☐

4. El personaje de Colón se arrepiente del maltrato a los indígenas y los libera.   V ☐   F ☐   S/I ☐

5. Hatuey escupe en la cara de un soldado español.   V ☐   F ☐   S/I ☐

✳ DESPUÉS DE VER ESTE SEGMENTO

1 «Sin agua, no hay vida», dice Daniel para justificar su participación en la protesta. ¿Qué crees que pasará si el conflicto no se resuelve? ¿Qué impacto tendrá la falta de agua sobre los habitantes de Cochabamba?

_____

_____

_____

2 En este segmento, Daniel y Costa se enfrentan en varias ocasiones. ¿Qué diferencias de valores hay entre ellos dos? Compara su actitud hacia estas cosas y completa la tabla.

	El dinero	El trabajo	Otras personas
Daniel			
Costa			

3 Si pudieras viajar en el tiempo y conocer a Bartolomé de las Casas, ¿qué le preguntarías? Prepara cinco preguntas e imagina sus respuestas, a partir de la información de la sección «¡Qué interesante!» de la página 172. Haz una investigación en Internet para ampliarla, si fuera necesario.

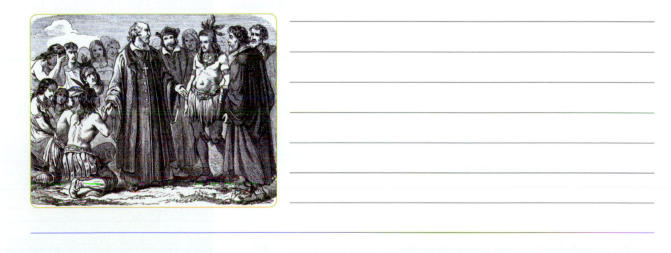

_____

_____

_____

_____

_____

_____

_____

PARTE 4

Tiempo	Descripción
01:08:30 01:38:00	Desde el final de la escena de la cruz, hasta el final de la película.

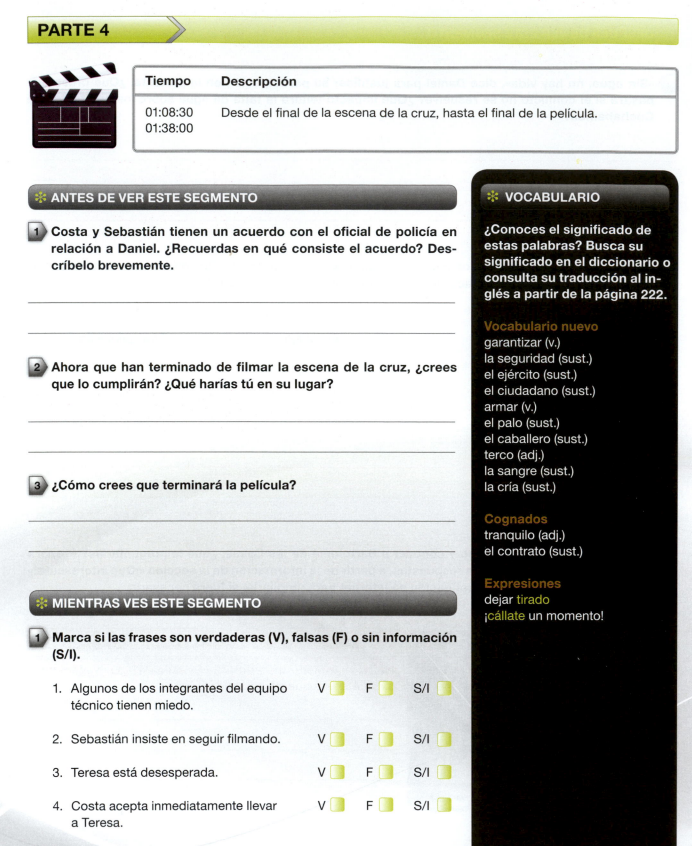

✳ **ANTES DE VER ESTE SEGMENTO**

1 Costa y Sebastián tienen un acuerdo con el oficial de policía en relación a Daniel. ¿Recuerdas en qué consiste el acuerdo? Descríbelo brevemente.

_____

_____

2 Ahora que han terminado de filmar la escena de la cruz, ¿crees que lo cumplirán? ¿Qué harías tú en su lugar?

_____

_____

3 ¿Cómo crees que terminará la película?

_____

_____

✳ **MIENTRAS VES ESTE SEGMENTO**

1 Marca si las frases son verdaderas (V), falsas (F) o sin información (S/I).

1. Algunos de los integrantes del equipo técnico tienen miedo.   V ☐   F ☐   S/I ☐

2. Sebastián insiste en seguir filmando.   V ☐   F ☐   S/I ☐

3. Teresa está desesperada.   V ☐   F ☐   S/I ☐

4. Costa acepta inmediatamente llevar a Teresa.   V ☐   F ☐   S/I ☐

5. Una piedra rompe el techo del coche de Costa.   V ☐   F ☐   S/I ☐

✳ **VOCABULARIO**

¿Conoces el significado de estas palabras? Busca su significado en el diccionario o consulta su traducción al inglés a partir de la página 222.

Vocabulario nuevo
garantizar (v.)
la seguridad (sust.)
el ejército (sust.)
el ciudadano (sust.)
armar (v.)
el palo (sust.)
el caballero (sust.)
terco (adj.)
la sangre (sust.)
la cría (sust.)

Cognados
tranquilo (adj.)
el contrato (sust.)

Expresiones
dejar tirado
¡cállate un momento!

6. Costa está enamorado de Teresa.   V ☐   F ☐   S/I ☐

7. Cuando llegan, Belén está inconsciente.   V ☐   F ☐   S/I ☐

8. El médico dice que Belén va a morir.   V ☐   F ☐   S/I ☐

9. Daniel va a empezar un trabajo nuevo.   V ☐   F ☐   S/I ☐

10. Daniel le regala un perfume a Costa.   V ☐   F ☐   S/I ☐

2 ¿**Quién dice estas frases? Marca en la tabla el nombre correcto.**

	Sebastián	Antón	Teresa	Daniel	Costa
1. «Esto parece un sueño. No lo puedo creer».					
2. «Ir a un sitio seguro. Y acabar nuestro trabajo».					
3. «He venido a pedirte un favor».					
4. «Si le pasa algo a esa cría, no me lo voy a perdonar jamás».					
5. «Sobrevivir, como siempre. Es lo que hacemos mejor».					

❋ DESPUÉS DE VER ESTE SEGMENTO

1 ¿**Cuál de los personajes de** *También la lluvia* **ha cambiado más durante la película? ¿Qué ejemplos puedes dar para justificar tu respuesta? ¿Por qué crees que ha sucedido?**

_____

_____

_____

_____

_____

_____

2 Escribe una crítica de la película. Recuerda que una crítica es un análisis subjetivo que tiene el propósito de orientar al público. Tu crítica debería tener unas 200 palabras aproximadamente. Incluye los siguientes apartados.

> · Un resumen del argumento.
> · Una valoración entre 1 y 10 puntos.
>
> · Una recomendación sobre a quién puede gustarle.
> · Tu opinión sobre las actuaciones y el aspecto técnico.

3 Imagina que, después de varios viajes espaciales a planetas remotos, se descubre un nuevo mundo, habitado por seres humanos. ¿Crees que el encuentro entre culturas sería violento o pacífico? ¿Por qué? ¿Qué cosas de los terrestres crees que llamarían la atención de la civilización recién descubierta? ¿Por qué? Escribe, en un texto breve, tu versión de la llegada al nuevo planeta. Si te parece apropiado, compárala con la llegada de Colón al continente americano en 1492.

Un cuento chino

de Sebastián Borensztein

93 min.

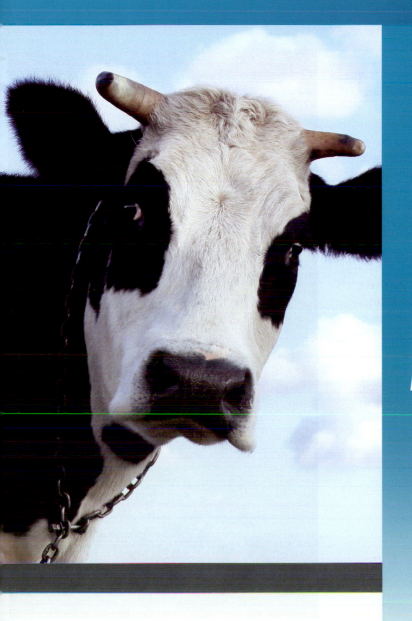

* **5** COSAS SOBRE LA PELÍCULA

Es una película argentina. Se estrenó en 2011.

Ganó el Premio del público Marc'Aurelio d'Oro en el Festival de Roma en 2011, y el Premio Goya a la mejor película extranjera de habla hispana en 2012.

La expresión «un cuento chino», que da título a la película, se usa para hablar de una historia increíble, que normalmente no es verdadera.

Ricardo Darín, el actor que interpreta el papel de Roberto, es muy famoso en España y Latinoamérica.

Más de 300 actores se presentaron a las audiciones para el papel de Jun, uno de los protagonistas de la película. Finalmente, lo consiguió el actor taiwanés Ignacio Huang.

Sinopsis

Jun y su novia, dos jóvenes enamorados, están pasando el día en un bote, en un lago de China. De repente, una vaca cae del cielo y mata a la chica. Desolado, Jun decide que necesita un cambio en su vida, y viaja a Argentina en busca de su tío materno y su familia, que viven allí. Jun no habla español y la llegada al país es difícil. Por casualidad conoce a Roberto, un ferretero solitario y con mal carácter, que decide ayudarlo.

Jun no puede encontrar a sus parientes: los pocos datos de contacto que tiene de ellos ya no son válidos. Está solo y no sabe qué hacer. Roberto, por su parte, no quiere hacerse responsable del joven chino. Sin embargo, tampoco quiere dejarlo en la calle, así que acuerda con Jun alojarlo en su casa por unos días.

Mari, una amiga de Roberto, hace amistad con Jun y encuentra una forma de comunicarse con él, a pesar de la barrera del idioma.

Poco a poco, Roberto y Jun también se comunican y se van contando su historia. A pesar de ver la vida desde perspectivas muy distintas, descubren que tienen algunas cosas en común.

Los personajes

Roberto es un hombre de mediana edad, dueño de una ferretería. Vive solo y lleva una vida tranquila y rutinaria. Su único pasatiempo es coleccionar noticias curiosas: las recorta del periódico y las pega en un cuaderno. Roberto no es una persona muy feliz porque ha tenido una vida difícil: su madre murió en el parto, al tenerlo a él, y su padre, un hombre pacifista, tuvo un paro cardíaco al enterarse de que Roberto estaba combatiendo en una guerra.

Jun es un joven que emigra a Argentina después de vivir una trágica experiencia en China, su tierra natal. No habla español y eso hace que le cueste comunicarse con la gente de su nuevo país. Es tranquilo, educado y tiene mucho talento para pintar y dibujar.

Mari es una chica que vive en el campo. Visita Buenos Aires con frecuencia porque su hermana vive allí. Hace tiempo tuvo una breve relación con Roberto, y todavía le tiene mucho cariño. Es sencilla, generosa y optimista.

Roberto

Jun

Mari

Ficha cultural · La comunidad chino-argentina

En Argentina hay una comunidad china de más de 100 000 personas. La mayoría procede de la región de Fujián, una provincia situada en el sudeste de China.

En las primeras escenas de la película puedes ver el paisaje montañoso y lleno de bosques que caracteriza la zona, ya que Jun, el protagonista, es oriundo de allí.

Los inmigrantes chinos que emigran a Argentina se suelen instalar en la ciudad de Buenos Aires y sus alrededores. Estos inmigrantes generalmente se dedican al comercio y es en la capital donde ven más posibilidades de crecimiento económico.

De hecho, un estudio realizado en 2011 señaló que en esta zona geográfica hay más de 10 000 supermercados chino-argentinos, todos ellos administrados por familias de inmigrantes, muchas de las cuales llegaron al país a partir de 1990.

«Argentina es un país muy generoso, aunque los argentinos a veces no se dan cuenta. Aquí hay oportunidades para todos los que saben aprovecharlas. Nosotros crecemos gracias a nuestra cultura del trabajo y del ahorro», dice Zheng Jicong, un inmigrante chino que llegó a Buenos Aires en 1992.

El impacto de la comunidad china en la ciudad se nota en el surgimiento de una nueva zona comercial en Belgrano, un barrio en el norte de la ciudad de Buenos Aires. Se llama «el barrio chino». Allí hay tiendas especializadas en productos orientales (chinos, japoneses y taiwaneses) y restaurantes de comida asiática. El barrio es también el escenario de celebraciones tradicionales, como el Año Nuevo Chino.

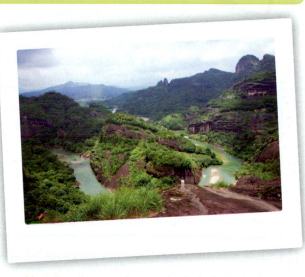

Montañas y bosques forman el paisaje de Fujián, China.

Los «pasteles de luna», tortas rellenas de dulce de poroto, típicas de la gastronomía china.

«El barrio chino» en Belgrano, Buenos Aires.

Ficha cultural · Las Islas Malvinas

Las Malvinas son un archipiélago situado en el océano Atlántico Sur, a 464 kilómetros al este de Santa Cruz, una provincia en el sur de Argentina. Allí viven alrededor de 3000 personas. El clima es inhóspito, con bajas temperaturas (entre 4 y 12 grados centígrados), lluvias muy frecuentes y fuertes vientos.

La economía de las islas está basada en la pesca y la ganadería ovina. Además, en 1993 se descubrieron varias cuencas de petróleo en la zona.

A pesar de ser un territorio remoto, las Malvinas han sido el centro de disputas internacionales en más de una ocasión. En 1764, Francia tomó posesión de las islas, que eran en ese momento un territorio sin soberanía, pero dos años más tarde las cedió a España, que las reclamaba como suyas. Los españoles permanecieron allí hasta 1811, año en que evacuaron las islas. En 1820, una delegación argentina desembarcó en las islas y reafirmó sus derechos sobre el territorio, que había recibido de España.

En 1833, el Reino Unido envió una fragata de guerra y su tripulación reclamó las islas en nombre de la corona británica. Desde entonces, Argentina y el Reino Unido se han disputado la soberanía sobre el archipiélago.

El conflicto derivó en una guerra entre los dos países: el 2 de abril de 1982, tropas argentinas desembarcaron en Puerto Stanley, la capital del archipiélago, y depusieron al gobernador británico. Este fue el principio de un enfrentamiento en el que murieron 649 militares argentinos, 255 británicos y 3 civiles isleños. Finalmente, Gran Bretaña ganó la guerra el 14 de junio de ese mismo año.

Sin embargo, el gobierno argentino no ha abandonado su reclamo sobre la soberanía. «Las Malvinas son argentinas y la posición de Gran Bretaña es colonialista», dijo la presidenta argentina, Cristina Fernández de Kirchner, en 2012. «Los habitantes de las islas quieren ser británicos y hay que respetar su decisión», respondió David Cameron, el primer ministro británico.

En la película que vas a ver, Roberto, el protagonista, participa en la guerra de las Malvinas. Su padre, al ver una foto en el periódico de su hijo luchando en las islas, muere muy triste. Estas dos experiencias, la guerra y la muerte de su padre, convierten a Roberto en una persona infeliz. «La vida es un gran sinsentido. Al volver de la guerra, ya no me importaba nada. Después de que matás a un tipo, a dos, a diez, ves morir a tus compañeros, ¿qué te puede importar?», dice el personaje.

Una casa típica de Puerto Stanley, capital de las Malvinas.

Un paisaje invernal en el archipiélago.

Varios tipos de pingüinos viven en las islas.

PARTE 1

Tiempo	Descripción
00:00:00 00:26:30	Desde el principio de la película, hasta que Jun y Roberto desayunan juntos por primera vez.

¡Qué interesante!

La imagen de la vaca que cae del cielo, con la que empieza la película, puede parecer increíble, pero está inspirada en un hecho real. En 2007, un diario de Moscú, Rusia, publicó la noticia de que un barco ruso había rescatado a un grupo de náufragos japoneses. Los náufragos explicaron que habían sufrido un extraño accidente cuando viajaban en un barco pesquero. Al parecer, una vaca había caído del cielo con tal fuerza que había hundido el barco, dejando a los supervivientes en el medio del océano.

La policía rusa inició una investigación y descubrió que la historia de los náufragos era real: había un grupo de soldados rusos que se dedicaba a robar ganado y a transportarlo en avión. Durante uno de los viajes, las vacas se descontrolaron y los ladrones, para evitar un accidente aéreo, las dejaron caer al vacío, y una de ellas cayó sobre el barco pesquero japonés.

✳ ANTES DE VER ESTE SEGMENTO

1 **Responde a estas preguntas.**

1. La historia de la película transcurre, en su mayor parte, en Buenos Aires. ¿Qué sabes de esta ciudad? Escribe tres cosas.

_____

_____

_____

2. Jun emigra a Argentina después de vivir una experiencia traumática, para empezar una nueva vida. ¿Por qué otras razones emigra la gente a otro país?

_____

_____

_____

✳ VOCABULARIO

¿Conoces el significado de estas palabras? Busca su significado en el diccionario o consulta su traducción al inglés a partir de la página 222.

Vocabulario nuevo
la ferretería (sust.)
el tornillo (sust.)
la cuñada (sust.)
la papa (sust.)
la carta (sust.)
la nobleza (sust.)
el dolor (sust.)
el regalo (sust.)
la sangre (sust.)

Cognados
el gramo (sust.)
el cliente (sust.)
el/la Internet (sust.)
el taxi (sust.)

Expresiones
¿Qué hacés?
¡Chau!
¡Feliz cumpleaños!
¡Es buenísimo!

✳ MIENTRAS VES ESTE SEGMENTO

1 ¿Qué palabras utilizarías para describir el carácter de Roberto? Marca las que te parezcan adecuadas.

feliz ☐   optimista ☐   generoso ☐   solitario ☐

curioso ☐   amargado ☐   egoísta ☐   seguro ☐

nervioso ☐   pesimista ☐   tranquilo ☐   seductor ☐

2 ¿Es Roberto aficionado a la tecnología? ¿Qué información hay en este segmento para justificar tu respuesta?

_____

_____

_____

3 Lee la información y selecciona las respuestas correctas.

1. Roberto le dice a Mari que no ha recibido su carta porque:
a. No está interesado en ella.
b. Tiene miedo a enamorarse.
c. Le gusta hacer bromas.

2. ¿Qué sabes sobre la madre de Roberto?
a. Que era actriz.
b. Que su nombre era Elena.
c. Que coleccionaba objetos.

3. ¿Qué situación acaba de vivir Jun cuando conoce a Roberto?
a. Una discusión con el oficial de aduanas.
b. Una separación amorosa.
c. Un robo.

4. ¿A qué lugares lleva Roberto a Jun para ayudarlo?
a. A una tienda y a una comisaría.
b. A una tienda y a la embajada china.
c. A una comisaría y al hospital.

✳ DESPUÉS DE VER ESTE SEGMENTO

1 Jun acaba de llegar a un país nuevo. No conoce el idioma ni las costumbres. ¿Cómo crees que se siente? ¿Qué consejos le darías para ayudarlo a adaptarse a su nueva vida?

_____

_____

2 Roberto tiene una forma muy particular de tratar a sus proveedores y clientes. ¿Crees que esta actitud es buena para su negocio? ¿Por qué?

_____

_____

_____

PARTE 2

Tiempo	Descripción
00:26:30 00:52:30	Desde que Jun y Roberto desayunan juntos por primera vez, hasta la cena con Mari, previa a la llegada del tío.

¡Qué interesante!

Roberto, Mari y otros personajes de la película utilizan el pronombre personal «vos» para referirse a la segunda persona del singular, en vez de «tú». Este uso se llama «voseo». El origen del voseo es latino; era una forma verbal que indicaba respeto y fue habitual en España hasta el siglo quince. De allí pasó a América, y hoy es habitual en Buenos Aires y Montevideo (la llamada región del Río de la Plata), aunque ya no tiene las connotaciones formales que tenía en España. Para conjugar los verbos con el «vos», se usa la forma correspondiente al pronombre «vosotros», sin la letra «i». Por ejemplo, «vos sos argentino», «vos tenés sueño», «¿querés un helado?».

✳ ANTES DE VER ESTE SEGMENTO

1 Cuando una persona tiene problemas en un país extranjero, puede buscar ayuda en oficinas diplomáticas que representan a su gobierno en el exterior. ¿Cómo se llaman tres de estas oficinas? Marca lo correcto.

embajada ▢   ministerio ▢

gabinete ▢   consulado ▢

delegación permanente ▢   centro cultural ▢

✳ VOCABULARIO

¿Conoces el significado de estas palabras? Busca su significado en el diccionario o consulta su traducción al inglés a partir de la página 222.

Vocabulario nuevo
el muchacho (sust.)
el plazo (sust.)
la bisagra (sust.)
el botiquín (sust.)
el puchero (sust.)
el gesto (sust.)

Cognados
la cuestión (sust.)
común (adj.)
la palpitación (sust.)
la dignidad (sust.)

Expresiones
flaquito
como el culo

2 En el segmento anterior, Roberto hospeda a Jun en su casa por una noche. ¿Qué piensas que va a hacer al día siguiente?

---

3 Ahora que Roberto ha leído la carta de Mari, ¿qué crees que va a pasar entre ellos dos?

✱ MIENTRAS VES ESTE SEGMENTO

1 Marca la opción correcta, ¿es verdadero (V) o falso (F)?

1. El empleado de la embajada china conoce al tío de Jun. ☐ V ☐ F

2. El vendedor de la tienda en el barrio chino habla un dialecto diferente de chino, y no entiende a Jun. ☐ V ☐ F

3. Mari invita a Roberto y a Jun a cenar. ☐ V ☐ F

4. Por la noche, Jun duerme tranquilamente. ☐ V ☐ F

5. Roberto le dice a Jun que puede quedarse dos semanas. ☐ V ☐ F

6. Cuando Mari y Jun van a pasear, Roberto recibe una llamada importante. ☐ V ☐ F

7. Mari sugiere celebrar la llamada del tío de Jun con comida china. ☐ V ☐ F

8. El repartidor de comida se queda a cenar. ☐ V ☐ F

9. Roberto está muy triste porque Jun se va. ☐ V ☐ F

10. Jun está muy agradecido a Roberto y Mari. ☐ V ☐ F

✱ DESPUÉS DE VER ESTE SEGMENTO

1 Mientras Jun se queda en su casa, Roberto le asigna la tarea de limpiar el patio a cambio de quedarse en la casa. Para ti, ¿está bien que Roberto espere que Jun trabaje? ¿Por qué (no)?

---

2 Aunque ninguno de los dos entiende chino mandarín (el idioma de Jun), Mari y Roberto tienen una relación muy diferente con el joven chino. Compáralas con las siguientes categorías y da un ejemplo de algo que ocurra en este segmento de la película que justifique tu elección.

	Es paciente: no se enfada cuando Jun no entiende.	Es generoso/a: ofrece ayuda, comida, etc.	Es amable: hace pequeños favores a Jun.	Es curioso/a: quiere saber más sobre la vida del joven.	Es cariñoso/a: lo trata con afecto, le sonríe, le da ánimo, etc.
Mari					
Roberto					

PARTE 3

Tiempo	Descripción
00:52:30 01:04:00	Desde la cena con Mari, previa a la llegada del tío, hasta que Roberto sube a Jun a un taxi, enfadado.

❋ ANTES DE VER ESTE SEGMENTO

1 ▸ Cuando Roberto y Mari se enteran de que la familia de Jun ha contactado con la embajada china, Mari decide celebrarlo con una cena especial (ver Ficha cultural «La gastronomía argentina» al final de este segmento). En tu cultura, ¿qué momentos importantes se celebran con una comida?

_____

_____

2 ▸ Roberto es el dueño de una ferretería. ¿Qué otras tiendas especializadas conoces? Completa con el nombre de una tienda donde se venden las cosas siguientes.

Hilos, botones, cierres y otros materiales de costura.

_____

_____

Embutidos, salchichas y fiambres.

_____

_____

Gafas de aumento y de sol, y lentes de contacto.

_____

_____

❋ VOCABULARIO

¿Conoces el significado de estas palabras? Busca su significado en el diccionario o consulta su traducción al inglés a partir de la página 223.

Vocabulario nuevo
el anciano (sust.)
milenario (adj.)
la costumbre (sust.)
el quilombo (sust.)

Cognados
desesperado (adj.)

Expresiones
¡caradura!

Alimento para animales, correas, peceras y jaulas.

_____

_____

Gorros, sombreros, boinas y turbantes.

_____

_____

¡El consejo!

Si vas a Buenos Aires y te gustan los sombreros, visita la tienda El cardón, en la avenida Santa Fe 1399. Allí venden sombreros y otros accesorios típicos de los gauchos, los *cowboys* argentinos.

✳ MIENTRAS VES ESTE SEGMENTO

1 **Relaciona estas frases.**

1. La familia de Jun
2. El tío es un hombre
3. Roberto intenta
4. Roberto pega
5. En la embajada china,
6. Roberto pierde
7. Cuando Jun
8. La convivencia
9. Mientras ordena la casa,
10. Finalmente, Roberto sube

a. entre Roberto y Jun se hace más difícil.
b. la paciencia con un cliente de la ferretería.
c. Jun tiene un accidente y rompe unos adornos.
d. ofrece cocinar, Roberto lo ignora.
e. muy mayor, ciego.
f. a Jun a un taxi.
g. llega en una camioneta de color crema.
h. que Jun se vaya con la familia china que lo fue a buscar.
i. tardan mucho tiempo en atender a Roberto.
j. carteles con la imagen de Jun.

2 **Escribe las palabras nuevas a partir de su definición. Después, completa el crucigrama. Puedes consultar con la sección «Vocabulario nuevo».**

1. Tradición, acción habitual:

2. Lío, desorden:

3. Persona de mucha edad:

4. Que ha durado uno o varios milenios:

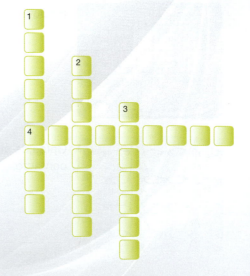

❋ DESPUÉS DE VER ESTE SEGMENTO

1 **¿Cómo te sentirías si estuvieras en la situación de Jun?**

_____

_____

_____

2 **¿Qué harías a continuación si estuvieras en la situación de Roberto?**

_____

_____

_____

3 **Lee esta frase de Sebastián Borensztein, director de la película. ¿Estás de acuerdo con él? ¿Por qué?**

«Es absurdo que Argentina haya estado en guerra con el Reino Unido, es absurdo que una vaca caiga del cielo y hunda un barco. Ahora, lo que no es absurdo es que dos personas que vivan en las antípodas del planeta, geográfica y culturalmente hablando, tengan la posibilidad de ser el uno la llave que le abre la puerta para resolver su vida al otro».

Sebastián Borensztein, director de la película.

_____

_____

_____

4 **¿Qué situaciones absurdas has visto en este segmento? Describe una de ellas.**

_____

_____

_____

Ficha cultural · **La gastronomía argentina**

Los personajes de *Un cuento chino* preparan comida en casa, o la piden a domicilio, cuando hay motivos para celebrar.

Al final de la primera parte, Ricardo cocina carne para la cena y le enseña a Jun los nombres de las achuras, que son las vísceras comestibles. También prepara morcilla (embutido a base de sangre de vaca), criadilla (testículos de toro, asados), chorizo criollo (embutido fresco que se hace a la parrilla) y asado.

La carne argentina es reconocida en todo el mundo porque es muy tierna y sabrosa. El asado, o parrillada tradicional, suele prepararse en ocasiones especiales y es habitual compartirlo con la familia y los amigos.

Otro plato típico que suele prepararse a base de carne son las empanadas, unos pasteles de masa con relleno. Las empanadas se comen como entrada o plato principal. Además de carne, pueden estar rellenas de queso y cebolla, calabaza o humita, un relleno a base de choclo (maíz). Para identificar el relleno, cada empanada se cierra con un «repulgue», o borde, diferente.

En la segunda parte, Mari invita a cenar a Roberto y a Jun, y prepara puchero, un guiso de origen español a base de carne, verduras y mucho caldo.

Cuando finalmente Jun recibe noticias sobre su familia, Roberto pide comida china a domicilio. En la ciudad de Buenos Aires, los pedidos de comida a domicilio no se limitan a la cena: es posible pedir ensaladas, bebidas, helado e incluso dulces, como la medialuna (una versión argentina del cruasán), para el desayuno.

Una parrillada tradicional.

Las empanadas son uno de los platos más pedidos a domicilio.

En Argentina, el puchero incluye habitualmente zapallo, batata y choclo.

PARTE 4

Tiempo	Descripción
01:04:00 01:33:00	Desde que Roberto sube a Jun a un taxi, enfadado, hasta el final de la película.

❋ ANTES DE VER ESTE SEGMENTO

1 ¿Cómo ha evolucionado la relación entre Roberto y Jun, desde el principio de la película hasta ahora? ¿Qué te gustaría que pasara entre estos dos personajes a continuación? Escribe dos ideas.

_____

_____

_____

2 ¿Cómo crees que terminará esta historia? Escribe un párrafo breve imaginando el final.

_____

_____

_____

❋ MIENTRAS VES ESTE SEGMENTO

1 Ordena las frases cronológicamente.

1. El policía ataca a Roberto.
2. El verdadero tío de Jun llama por teléfono.
3. Jun golpea al policía en la cabeza.
4. Mari le dice a Roberto que Jun tiene suerte de haberlo conocido.
5. Roberto pide comida china por teléfono.
6. Roberto se arrepiente de haber puesto a Jun en el taxi y va a buscarlo.
7. Roberto va a la ferretería y cuenta clavos.
8. El policía reconoce a Roberto desde el coche.
9. Roberto va al campo a visitar a Mari.
10. Roberto, el repartidor de comida y Jun cenan juntos.

❋ VOCABULARIO

¿Conoces el significado de estas palabras? Busca su significado en el diccionario o consulta su traducción al inglés a partir de la página 224.

Vocabulario nuevo
apenas (adv.)
el ermitaño (sust.)
la mirada (sust.)
valiente (adj.)
aclarar (v.)
la fábrica (sust.)
el juguete (sust.)
gruñón (adj.)
la guerra (sust.)

Cognados
la familia (sust.)
el problema (sust.)
increíble (adj.)
absurdo (adj.)
el/la inmigrante (sust.)
escapar (v.)
el grupo (sust.)

Expresiones
(estar) sin un peso
antes que nada
mi viejo
en el acto
no puede ser

2 Relaciona las palabras de la sección «Vocabulario nuevo» con su opuesto.

1. gruñón   ●   ● a. complicar
2. ermitaño   ●   ● b. paz
3. valiente   ●   ● c. extrovertido
4. aclarar   ●   ● d. afable
5. guerra   ●   ● e. cobarde

❋ DESPUÉS DE VER ESTE SEGMENTO

1 «La vida es un gran sinsentido, un absurdo», dice Roberto. «Todo tiene un sentido», afirma Jun. ¿Con quién estás de acuerdo, y por qué?

_____

_____

_____

2 ¿Por qué colecciona Roberto noticias curiosas?

_____

_____

_____

3 Lee estos titulares. Todos pertenecen a noticias reales aparecidas en diarios de todo el mundo. Elige uno y desarrolla la noticia en siete líneas.

Encuentran alce borracho bajo un árbol de manzanas cerca de Gothenburg

Despiden por correo electrónico a 1300 trabajadores, por error

Se traga un imán y se queda pegado a una jaula

Recibe una propina de 12 000 dólares

_____

_____

_____

_____

_____

_____

Volver

de Pedro Almodóvar

110 min.

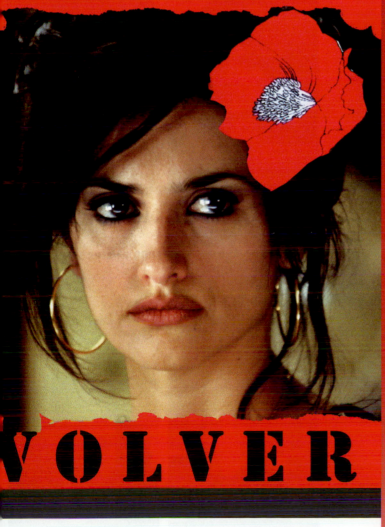

EL DESEO PRESENTA
FILM DE ALMODÓVAR

VOLVER

✳ **5** COSAS SOBRE LA PELÍCULA

Es una película española. Se estrenó en 2006.

El guionista y director es Pedro Almodóvar, uno de los directores de cine español más importantes.

Ganó más de 40 premios nacionales e internacionales. Entre ellos, cinco Premios Goya y cuatro Premios del cine europeo. Penélope Cruz obtuvo una nominación a la mejor actriz principal en los Premios Oscar.

La película está protagonizada por mujeres: Penélope Cruz (Raimunda), Carmen Maura (Irene), Lola Dueñas (Sole), Blanca Portillo (Agustina), Chus Lampreave (la tía Paula) y Johana Cobo (Paula).

El director dijo en una entrevista: «Lo único falso de la película es el trasero de la protagonista. En esta región de España las mujeres suelen tener curvas y Penélope es muy delgada».

Sinopsis

Raimunda vive en un barrio obrero de las afueras de Madrid con su marido en paro y su hija adolescente. Es una mujer fuerte y trabajadora, pero emocionalmente frágil. Guarda un terrible secreto que nadie conoce.

Su hermana Sole se gana la vida como peluquera. Sole es muy distinta a Raimunda, por eso las hermanas a menudo tienen reacciones y opiniones opuestas. La madre de las hermanas, Irene, muerta en un incendio junto a su marido, se aparece de repente, primero a su hermana, la tía Paula, una mujer muy mayor, luego a Sole y poco a poco, al resto de familiares y vecinos.

Este evento provocará reacciones diversas y hará que salgan a la luz secretos de familia y cuestiones sin resolver.

Almodóvar presenta una historia costumbrista que mezcla las tradiciones de la España más profunda con la supervivencia, la superstición, el humor, la locura... y el viento de Castilla.

Los personajes

Raimunda nació en Alcanfor de las Infantas, un pueblo de La Mancha, pero ahora vive en un barrio de clase trabajadora, en las afueras de Madrid. Tiene una hija adolescente y está casada con un obrero que se queda sin trabajo. Raimunda es una mujer fuerte, valiente y con carácter. Tiene una hermana, Sole.

Sole tiene una peluquería informal (sin local) en casa donde peina a mujeres de su barrio. Su comedor siempre está lleno de clientas que hablan de las revistas del corazón y los programas de prensa rosa. Sole es sencilla, algo tímida y muy buena persona.

Irene es la madre de Raimunda y Sole. Irene murió en un incendio junto a su marido y se aparece a su hermana Paula y luego a Sole, Raimunda y Agustina, para resolver asuntos pendientes. Irene es una mujer con una vida difícil y llena de secretos.

Agustina es una vecina del pueblo. Vive sola enfrente de la casa de la tía Paula. Agustina se preocupa por su madre, que desapareció hace tres años, pero no quiere llamar a la policía ni a la televisión para encontrarla, a pesar de que su hermana trabaja en un programa especializado en encontrar gente.

La tía Paula es la hermana de Irene. Vive en el pueblo y sus sobrinas, Raimunda y Sole, la visitan a menudo. La tía Paula es una mujer muy mayor y despistada, pero todavía puede preparar platos típicos de La Mancha para sus sobrinas.

Paula es la hija adolescente de Raimunda. Es una buena chica pero comete un crimen en defensa propia. Pronto descubre la verdad sobre su padre.

Raimunda

Sole

Irene

Agustina

La tía Paula

Paula

Ficha cultural · Castilla-La Mancha

Parte de la película se desarrolla en un pequeño pueblo de La Mancha, una región de la comunidad autónoma de Castilla-La Mancha.

En esta zona son muy importantes los molinos de viento, tanto los tradicionales como los más modernos. Las aventuras del libro de Miguel de Cervantes, *Don Quijote de La Mancha*, tienen lugar aquí.

En La Mancha hace mucho frío en invierno y mucho calor en verano, con temperaturas muy extremas. Llueve muy poco, por eso, La Mancha está incluida en la llamada «España seca».

Los pueblos de esta zona tienen fama de albergar comunidades pequeñas, herméticas, con vecinos leales a sus costumbres, comidas y tradiciones culturales.

Los edificios de los pueblos suelen ser regios y blancos, de piedra, con puertas de madera sólida, azulejos en las paredes y los suelos, y pequeñas ventanas. Muchos tienen patios internos que los propietarios utilizan para pasar tiempo al fresco, sin estar expuestos al fuerte viento. Estos patios se usan para tender la ropa, comer al aire libre y charlar con la familia o los vecinos.

Un detalle de las casas blancas de la región.

Azulejos manchegos como este aparecen en los patios y calles de Alcanfor de las Infantas.

Paisaje y molinos de viento, típicos de La Mancha.

Ficha cultural · El director y su musa

Pedro Almodóvar nació en el año 1949 en Calzada de Calatrava, un pueblo de Castilla-La Mancha.

El guionista, director y productor creció en una familia de mujeres y esto tuvo mucha influencia en su cine. Muchas de sus películas cuentan historias de mujeres. *Volver* es un ejemplo.

Almodóvar se mudó a Madrid cuando tenía 31 años para estudiar cine y filmar sus propias producciones, entonces de bajo presupuesto.

Enseguida encontró un puesto en Telefónica, la empresa de telefonía más grande de España. Allí permaneció durante casi doce años. Durante ese tiempo, el manchego formó parte de la noche madrileña y un movimiento contracultural muy importante que se formó en los años 80 en Madrid: la «movida madrileña».

El director confiesa haber tenido dos musas. La primera fue Carmen Maura, una actriz a la que Almodóvar hizo muy famosa en la primera etapa de su carrera. La segunda, y quizás más importante, es Penélope Cruz, protagonista de la película que vas a ver.

«Penélope tiene mucho talento pero sobre todo es una chica muy trabajadora: nunca tira la toalla», dice el director, «ella y yo nos entendemos muy bien y siempre le ofrezco papeles que sé que le van a empujar un poco más. El papel de Raimunda es el más complicado y difícil que ha hecho nunca. Siempre supe que haría un buen trabajo».

El director y la actriz han trabajado juntos en cuatro películas: *Carne trémula* (1997), *Todo sobre mi madre* (1999), *Volver* (2006) y *Los Abrazos rotos* (2009).

Pedro Almodóvar y Penélope Cruz, en la presentación de *Volver* en el Festival de Cine de Cannes (2006).

«Me encanta trabajar con Pedro. Es un genio».
Penélope Cruz

PARTE 1

Tiempo	Descripción
00:00:00 00:28:27	Desde el principio de la película, hasta que el ayudante de producción del equipo de cine entra en el restaurante y sorprende a Raimunda.

¡Qué interesante!

En el lenguaje rústico de los pueblos de La Mancha es común llamar a la gente con un artículo delante del nombre. De este modo, a las personas con el nombre de Raimunda, Paula o Irene, se les llama popularmente «la Raimunda», «la Paula» o «la Irene». También es común usar diminutivos que acaban en «ico» o «ica» o en «illo» o «illa». Por ejemplo, el diminutivo de «pájaro» sería «pajarico» y el de «moza» (joven), sería «mociquilla». Además, mucha gente usa aumentativos de forma habitual: en lugar de decir «aire» dice « airazo». Estas costumbres son solamente de uso coloquial o familiar, muy típicas de la zona.

❋ ANTES DE VER ESTE SEGMENTO

1 Después de leer la sinopsis, ¿esperas un drama, una comedia o una película de terror? ¿Cuáles crees que serán los temas centrales? ¿Crees que tendrá un final feliz? ¿Por qué?

_____

_____

_____

2 La película que vas a ver tiene lugar en Madrid y en un pueblo de Castilla-La Mancha. ¿Cuáles de estas palabras te imaginas que están relacionadas con la vida en un pueblo en España? ¿Por qué? Justifica tus elecciones.

- ☐ tranquilidad
- ☐ anonimato
- ☐ secretos
- ☐ superstición
- ☐ modernidad
- ☐ estrés
- ☐ tradición
- ☐ contaminación
- ☐ solidaridad

_____

_____

❋ VOCABULARIO

¿Conoces el significado de estas palabras? Busca su significado en el diccionario o consulta su traducción al inglés a partir de la página 223.

Vocabulario nuevo
arrastrar (v.)
el matorral (sust.)
la lápida (sust.)
fregotear (v. coloq.)
atender (v.)
arreglarse (v.)
apañarse (v.)
torpe (adj.)
solano (adj.)
librar (v.)
despedir (de un trabajo) (v.)
hacer caso (v.)
amortajar (v.)
el ataúd (sust.)

Cognados
triunfar (v.)
pasar (algo a alguien) (v.)
el ansiolítico (sust.)

Expresiones
flipar/fliparlo
tener cara de sota
¡ay, hija mía!
ser una pasada
¡qué remedio!
¿te estás quedando conmigo?
estar de cachondeo
currar
¡menuda campaná! (campanada)

3 Mucha gente opina que la película que vas a ver representa el realismo mágico español. ¿Sabes qué es el realismo mágico? ¿Conoces ejemplos de este género? ¿Existe algún escritor, pintor o director de cine en tu país, típico de este género? Puedes consultar en Internet. Luego, debate en clase.

✻ MIENTRAS VES ESTE SEGMENTO

1 Elige la respuesta correcta.

1. ¿Qué hacen las mujeres en el cementerio?
a. Están en un entierro.
b. Rezan.
c. Limpian las tumbas de familiares.
d. Ponen flores en las tumbas.

2. ¿Cómo es la casa donde vive la tía Paula?
a. Grande y rústica.
b. Moderna y urbana.
c. Pequeña y antigua.
d. Espaciosa y moderna.

3. ¿Cómo se saludan las mujeres?
a. Se dan un apretón de manos.
b. Se dan varios besos.
c. Se tocan la espalda, cariñosamente.
d. Sin contacto físico.

4. ¿Qué dice la tía Paula sobre la madre de sus sobrinas?
a. Que le hace la comida.
b. Que le limpia la casa.
c. Que le hace compañía.
d. Que le cose la ropa.

5. Las mujeres están sorprendidas porque la tía Paula...
a. puede vivir sola y cocinar.
b. puede ver la televisión.
c. puede hacer ejercicio en la bicicleta.
d. puede moverse sin esfuerzo.

6. ¿Qué ha pasado con Paco?
a. Ha vuelto de Madrid.
b. Ha conseguido un trabajo nuevo.
c. Ha perdido el trabajo.
d. Ha celebrado una fiesta en casa.

7. ¿Por qué está Paula esperando a su madre en la calle y bajo la lluvia?
a. Porque tiene buenas noticias.
b. Porque la tía Paula se ha muerto.
c. Porque está nerviosa y preocupada.
d. Porque Agustina ha desaparecido.

8. ¿Qué le dice Raimunda a Paula?
a. Que van a esconder el cadáver.
b. Que Paula debe confesar a la policía.
c. Que, si la policía pregunta, ella fue quien lo mató.
d. Que deben confesar el crimen, juntas.

9. ¿Quién es Emilio?
a. Un amigo de Paco.
b. El portero del edificio.
c. Un cliente del restaurante de abajo.
d. El propietario del restaurante de abajo.

10. ¿Qué le dice Sole a Raimunda por teléfono?
a. Que la tía Paula las necesita.
b. Que la tía Paula está muy mal.
c. Que la tía Paula tiene un problema de vesícula.
d. Que la tía Paula ha muerto.

2 Completa el árbol de las relaciones entre los personajes, escribiendo los nombres en los espacios.

```
                              ┌──────────────┐
                              │              │
                              └──────────────┘
                                          tía
┌──────────────┐                                    ┌──────────────┐
│              │··· marido y mujer ···Raimunda··· hermanas ···│              │
└──────────────┘                                    └──────────────┘
              hija
        ┌──────────────┐
        │              │
        └──────────────┘
```

✳ DESPUÉS DE VER ESTE SEGMENTO

1 En el segmento de *Volver* que has visto, se usan muchos subjuntivos. ¿Conoces el uso de este tiempo verbal? Lee el comienzo de las frases y elige la opción correcta.

1. No creo que...
a. haya
b. hay

2. No le importa que...
a. (yo) quito
b. (yo) quite

3. Ojalá...
a. (ellos/ellas) hacen
b. (ellos/ellas) hagan

4. No cree que...
a. (él/ella) hace
b. (él/ella) haga

5. Lo importante es que...
a. (tú) vuelvas
b. (tú) vuelve

6. Es necesario que...
a. (ellos/ellas) coman
b. (ellos/ellas) comen

7. No importa que no...
a. (él/ella) viene
b. (él/ella) venga

8. Lo prudente es que...
a. (yo) ayude a mi hermana
b. (yo) ayudo a mi hermana

9. Es imperativo que...
a. (ustedes) saben
b. (ustedes) sepan

10. Es justo que...
a. (nosotros/as) esperemos
b. (nosotros/as) esperamos

2 ¿Qué crees que quieren decir estas frases? Une las expresiones con sus significados.

1. Estar hecha una moza.
2. Echarse la noche encima.
3. Dar a luz.
4. No ver ni gota.
5. Estar hecho una sopa.
6. No parar en casa.
7. Echar una mano.
8. Estar hecho una pena.

a. Ayudar.
b. Estar mojado/empapado.
c. Tener mal aspecto.
d. Oscurecer pronto.
e. Tener el aspecto de una mujer joven.
f. Ver mal.
g. Estar siempre fuera.
h. Tener un bebé.

3 ¿Crees que la policía va a descubrir el crimen? ¿Por qué? Escribe tu opinión en cinco líneas.

¡Qué interesante! Los dulces manchegos

La gastronomía típica de La Mancha cuenta con muchos dulces. Los más típicos son los barquillos, las rosquillas y los mantecados.

4 ¿Qué dos dulces se ven en la película?

1. Los barquillos   2. Las rosquillas   3. Los mantecados

¡El consejo!

Si visitas Madrid, puedes probar estos dulces típicos en la confitería La Mallorquina (Calle Mayor, 2).

5 La siguiente imagen pertenece a una escena del segmento de la película que acabas de ver.

1. Obsérvala detenidamente. ¿Hay algo que te llame la atención? ¿Qué? ¿Por qué?

2. ¿Recuerdas la conversación entre Raimunda, Sole, Paula y la tía Paula? Resúmela en tus palabras.

PARTE 2

Tiempo	Descripción
00:28:27 00:56:30	Desde que el ayudante de producción del equipo de cine entra en el restaurante y sorprende a Raimunda, hasta que Raimunda se va de casa de Sole, pensando que esta ha robado las joyas.

✻ ANTES DE VER ESTE SEGMENTO

1 El ayudante de producción sorprende a Raimunda en la cocina del restaurante. ¿Crees que este va a descubrir lo que esconde Raimunda? ¿Por qué crees que este personaje entra en el restaurante? ¿Piensas que sospecha algo? Debate en clase y anota tus conclusiones.

_____

_____

_____

_____

✻ MIENTRAS VES ESTE SEGMENTO

1 Marca la opción correcta, ¿es verdadero (V) o falso (F)?

1. Raimunda prepara comida para un equipo de rodaje. ☐ V ☐ F

2. A Sole se le aparece su madre durante el funeral de la tía Paula. ☐ V ☐ F

3. Agustina no cree en apariciones. ☐ V ☐ F

4. El espíritu de Irene viaja en el maletero del coche de su hija Sole. ☐ V ☐ F

5. El equipo de rodaje decide cancelar la reserva en el restaurante. ☐ V ☐ F

6. Las vecinas quieren ayudar a Raimunda. ☐ V ☐ F

7. Sole les dice a sus clientas que Irene es su madre, de visita en Madrid. ☐ V ☐ F

8. Raimunda visita a Sole y adivina que su madre vive allí. ☐ V ☐ F

✻ VOCABULARIO

¿Conoces el significado de estas palabras? Busca su significado en el diccionario o consulta su traducción al inglés a partir de la página 223.

Vocabulario nuevo
prestar (v.)
la morcilla (sust.)
venir (bien) (v.)
atracarse (v.)
velar (v.)
el duelo (sust.)
la habladuría (sust.)
hurgar (v.)
teñir (v.)
apoltronar (v.)
la cobertura (sust.)
estar harto (v. adj.)
ensañar (v.)
colocar (v.)
la repostería (sust.)

Cognados
tranquilo (adj.)
animar (v.)
referir (v.)
inconveniente (adj.)
adorar (v.)

Expresiones
enrollarse
dar igual
¡qué cosas se te ocurren!
¡estoy molida!
caerse de culo
tener mala leche
poner cuernos
tener la boca cerrada
ser una ardilla
¡qué fuerte!

9. A Raimunda, Sole y Paula les parece oler a Irene.   ☐ V   ☐ F

10. Raimunda cree que Sole ha robado las joyas de la tía Paula.   ☐ V   ☐ F

✳ DESPUÉS DE VER ESTE SEGMENTO

1 **Algunas de las siguientes expresiones comunes en español tienen significados afirmativos como «adelante», «de acuerdo» o «estupendo». Marca tres con un círculo.**

| venga | dime | vale | tengo | hace |

2 **En la película se usan varias expresiones con el verbo «echar». ¿Conoces los significados de los siguientes ejemplos? Traduce las siguientes expresiones a tu idioma.**

1. Echar un vistazo:

2. Echar de menos:

3. Echarse atrás:

4. Echarse a dormir:

5. Echar chispas:

6. Echar en cara:

7. Echar a perder:

8. Echar una bronca:

3 **Raimunda abre el restaurante y prepara varias comidas para un equipo de cine. En este segmento hay vocabulario relacionado con el cine. Completa las siguientes palabras y luego encuéntralas en la sopa de letras.**

1. ACCIÓ_

2. ACT_R

3. AYUD_NTE

4. CÁ_ARA

5. D_RECTOR

6. FI_MAR

7. LU_

8. ROD_R

A	B	W	E	C	K	Z	V	R	R
C	I	S	T	J	Á	D	U	O	C
C	C	J	N	X	R	M	D	L	R
I	Q	A	A	L	Q	A	A	O	H
Ó	O	G	D	F	R	X	T	R	A
N	G	L	U	W	L	C	I	K	A
M	G	V	Y	I	E	Z	O	O	B
A	D	B	A	R	G	V	P	D	T
J	F	W	I	F	I	L	M	A	R
Y	R	D	R	O	T	C	A	Y	F

4 **¿Cómo son estos personajes? Marca en la tabla el adjetivo adecuado.**

	asustadiza	tímida	guapa	triste	inocente	trabajadora	soñadora	vieja
Raimunda								
Sole	✓							
Irene								
Agustina								

Ficha cultural · El barrio de Vallecas

La mayor parte de la película se desarrolla en Madrid, la capital de España.

Raimunda y su hija Paula viven en las afueras de la ciudad, en el barrio de Vallecas. Esta zona de la ciudad es de carácter obrero y sus habitantes, los vallecanos, están muy orgullosos de su origen.

Muchos de los jóvenes que viven allí escriben el nombre de su barrio con la letra «k»: *Vallekas*. Algunos también lo llaman *Valle del Kas*. Escribir el sonido «qu» o «c» con la letra «k» representa una actitud antiortográfica que se ha convertido en sinónimo de rebeldía entre los jóvenes.

Los orígenes del barrio son bastante antiguos pero fue en los años sesenta cuando la población aumentó considerablemente y se llenó de emigrantes de otras regiones de España, de clase trabajadora.

Ahora, el uso de la letra «k» es habitual en los mensajes de texto de los teléfonos móviles. Las expresiones más usadas son «k tl?» («¿qué tal?») y «tk» («te quiero»).

Imagen del centro de Madrid, la capital de España.

PARTE 3

Tiempo	Descripción
00:56:30 00:84:37	Desde que Raimunda se va de casa de Sole, pensando que esta ha robado las joyas, hasta que Agustina se va del restaurante donde trabaja Raimunda.

✳ ANTES DE VER ESTE SEGMENTO

1 **Responde a estas preguntas.**

1. ¿Cómo crees que es la relación entre las hermanas Raimunda y Sole?

_____

2. ¿Cómo te imaginas que era el padre de las hermanas?

_____

3. ¿Qué piensas que va a ocurrir en la vida de Raimunda?

_____

✳ MIENTRAS VES ESTE SEGMENTO

1 **Elige la respuesta correcta.**

1. **¿Qué secreto le dice Raimunda a su hija sobre su padre?**
   a. Que su padre quiso darla en adopción.
   b. Que su padre nunca se quiso casar con ella.
   c. Que el padre con el que creció, no era su padre biológico.
   d. Que su padre está en el restaurante de abajo.

2. **¿Por qué Raimunda celebra una fiesta en el restaurante?**
   a. Porque quiere celebrar su cumpleaños.
   b. Porque quiere celebrar el cumpleaños de Paula.
   c. Porque es el fin del rodaje.
   d. Porque quiere agradecer la ayuda de sus vecinas.

3. **¿Qué le entrega Sole a Raimunda?**
   a. La ropa.
   b. Las joyas.
   c. La maleta.
   d. El dinero.

✳ VOCABULARIO

¿Conoces el significado de estas palabras? Busca su significado en el diccionario o consulta su traducción al inglés a partir de la página 224.

Vocabulario nuevo
el disparate (sust.)
desembarazarse (v.)
dar abasto (loc. verb.)
agacharse (v.)
la furgoneta (sust.)
la tapadera (sust. coloq.)
vocear (v.)
asomarse (v.)
molestarse (v.)
rehuir (v.)
embalar (v.)
el pico (sust.)
la pala (sust.)
el estercolero (sust.)
la zanja (sust.)

Cognados
la estrategia (sust.)
el descuento (sust.)
el cáncer (sust.)

Expresiones
¡qué rico!
armar una...
dispararse
¡qué cosas tienes!
tener una pelotera
agarrarse a un clavo ardiendo
tener por seguro

4. ¿Qué le dice Raimunda al propietario del restaurante?
a. Que a nadie le interesa comprarlo.
b. Que se ha incendiado.
c. Que se lo ha quedado ella.
d. Que se lo ha alquilado a un vecino.

5. ¿Qué quiere saber Agustina de su madre?
a. Si vive en Madrid.
b. Si está viva o muerta.
c. Si vive en el pueblo.
d. Por qué la abandonó.

6. ¿Dónde trabaja la hermana de Agustina?
a. En el mercado.
b. En la peluquería.
c. En el hospital.
d. En la televisión.

7. ¿En qué se parecen Irene y Raimunda?
a. En que las dos son fuertes.
b. En que las dos son rubias.
c. En que las dos tienen dos hijas.
d. En que las dos son alegres.

8. ¿Cuándo empezaron a llevarse mal Irene y Raimunda?
a. Siempre se llevaron mal.
b. Cuando Raimunda era adolescente.
c. Cuando Irene se separó.
d. Cuando Irene dejó a sus hijas.

9. ¿Dónde entierra Raimunda el frigorífico?
a. En el pueblo.
b. En el río Júcar.
c. En la montaña.
d. A las afueras de Madrid.

10. ¿Qué secreto comparte Agustina con Raimunda?
a. Que su madre la abandonó.
b. Que su madre y el padre de Raimunda tenían una relación.
c. Que su madre ha aparecido.
d. Que el padre de Raimunda no murió en el incendio.

✳ DESPUÉS DE VER ESTE SEGMENTO

1 **Agustina decide visitar a Raimunda en el restaurante y hablar de ciertos secretos. Se trata de una decisión espontánea. ¿Has tomado alguna decisión espontánea alguna vez? ¿Cuáles fueron sus consecuencias?**

PARTE 4

Tiempo	Descripción
00:84:37 01:10:00	Desde que Agustina se va del restaurante donde trabaja Raimunda, hasta el fin de la película.

❋ ANTES DE VER ESTE SEGMENTO

1 Observa esta imagen de Raimunda y su madre. ¿Dónde crees que están estos personajes? ¿De qué crees que están hablando? ¿Te parece una escena positiva o negativa? ¿Por qué?

_____

_____

_____

_____

❋ MIENTRAS VES ESTE SEGMENTO

1 Marca la opción correcta, ¿es verdadero (V) o falso (F)?

1. Cuando Raimunda entra en su casa,
   Sole grita porque no oye bien.   V ☐   F ☐

2. Agustina va a un programa de televisión.   V ☐   F ☐

❋ VOCABULARIO

¿Conoces el significado de estas palabras? Busca su significado en el diccionario o consulta su traducción al inglés a partir de la página 224.

Vocabulario nuevo
albergar (v.)
arramblar (v.)
rechazar (v.)
semejante (adj.)
la vergüenza (sust.)
la ceniza (sust.)
la papeleta (sust. coloq.)
liar (v.)

Cognados
ordinario (adj.)
diagnosticar (v.)
el aplauso (sust.)
abusar (v.)
distanciar (v.)
devorar (v.)
el purgatorio (sust.)

Expresiones
estar sordo como una tapia
¡menuda ayuda!
mogollón
echar pestes
darse cuenta

3. En Alcanfor de las Infantas hay un índice muy alto de locura.   V ☐ F ☐

4. Sole le confiesa a Raimunda que su madre se le ha aparecido.   V ☐ F ☐

5. Raimunda no cree a Sole y se va, enfadada.   V ☐ F ☐

6. Paula le dice a su madre que vuelvan a casa de Sole.   V ☐ F ☐

7. Irene le dice a su hija que no es una aparición.   V ☐ F ☐

8. Irene sabe quién es el padre de Paula, la hija de Raimunda.   V ☐ F ☐

9. Raimunda le hace saber a su hija que Paco está enterrado en el río.   V ☐ F ☐

10. Irene cuida a Agustina.   V ☐ F ☐

❄ DESPUÉS DE VER ESTE SEGMENTO

1 ▸ **Ahora que has visto la película, ¿qué piensas de estos personajes? ¿Por qué?**

Puedes usar las siguientes expresiones:

Pienso que...	En mi opinión...	A mi entender...	Tengo la sensación de que...
Creo que...	Me parece que...	Parece ser...	Estoy convencido/a de que...

Raimunda: _____

Sole: _____

Agustina: _____

Irene: _____

2 ▸ **Pedro Almodóvar utiliza muchos colores y elementos de la cultura popular para crear el ambiente de la película. ¿Qué cosas te han llamado más la atención del decorado?**

_____

_____

_____

_____

_____

3 En *Volver* se habla de temas como la solidaridad entre mujeres, los secretos de familia y las tradiciones y ritos en torno a la muerte. ¿Cuál de estos temas te ha interesado más? ¿Por qué? ¿Cómo se tratan estos temas en tu cultura?

_____

_____

_____

_____

4 La canción que da nombre a la película, *Volver*, es una versión flamenca de una canción popular latinoamericana. Realiza una investigación en Internet y responde: ¿de qué país se trata? ¿A qué género de música pertenece?

_____

_____

_____

_____

_____

_____

_____

_____

_____

_____

_____

_____

ESPAÑOL	INGLÉS	VULGAR	LOCAL	INFORMAL
CHICO Y RITA				
PARTE 1				
Vocabulario nuevo				
celos m.	jealousy			
compadre m.	buddy			●
disfrutar	to enjoy			
agarrarse	to hold on		●	
lindo/-a	pretty			
tono m.	tone			
arrancar	to leave/to get going		●	
arañar	to scratch			
Cognados				
cabaret m.	cabaret			
pianista	pianist			
orquesta f.	orchestra			
yanqui	Yankee			●
Expresiones				
¿llegó el pollo?	how's it going?		●	●
¿qué hay?	what's up?			●
¡qué rico!	scrumptious!		●	
no hay moros en la costa	the coast is clear			●
dejar en paz	to leave someone alone			●
¡hermano!	brother!		●	●
¡dale!	ok!		●	●
PARTE 2				
Vocabulario nuevo				
concurso m.	contest			
arreglos m.	(musical) arrangements			
pésimo/-a	terrible		●	●
manejar	to drive		●	
ganador/a	winner			
abrazar	to hug			
muchacho/-a	boy/girl			
Cognados				
mulato/-a	mulato			
aficionado/-a	aficionado/enthusiast			
suite f.	suite			
Expresiones				
como si nada	as if nothing had happened			
¿y a ti, qué se te perdió?	what's your problem?		●	●
no se le escapa nada	he/she doesn't miss a thing			
pasar la noche en vela	not to sleep a wink			

ESPAÑOL	INGLÉS	VULGAR	LOCAL	INFORMAL
dormir la mona	to sleep it off		●	●
estamos en paz	we're even			
como quieras	(do) as you like			
PARTE 3				
Vocabulario nuevo				
descansar	to rest			
frijol m.	bean		●	
jaula f.	cage			
murmurar	to murmur			
inversionista	investor			
Cognados				
música f.	music			
mambo m.	mambo			
conga f.	conga			
orégano m.	oregano			
respeto m.	respect			
rumba f.	rumba			
memoria f.	memory			
sorpresa f.	surprise			
Expresiones				
¡a gozar!	let's enjoy!		●	●
ir(le) bien las cosas (a uno)	to do well			
dar miedo	to be scared of			
lo mismo de siempre	the same as usual			
las vacas flacas	a bad time			●
¡no lo aguanto!	I can't stand him/it!			●
PARTE 4				
Vocabulario nuevo				
lamer	to lick			
esperanza f.	hope			
estropear	to damage			
Cognados				
carrera f.	career			
futuro m.	future			
expresión f.	expression			
pasaporte m.	passport			
show m.	show			
imperialista	imperialist			
enemigo/-a	enemy			
revolución f.	revolution			
maestro/-a	maestro			

ESPAÑOL	INGLÉS	VULGAR	LOCAL	INFORMAL
Expresiones				
hasta nueva orden	until further notice			
hacerse la luz	to get through			
a los cuatro vientos	left and right			●

EL HIJO DE LA NOVIA

PARTE 1

Vocabulario nuevo

ESPAÑOL	INGLÉS	VULGAR	LOCAL	INFORMAL
anteojos m.	glasses		●	
boludo/-a	idiot	●	●	●
empleado/-a	employee			
mami/papi	mom/dad		●	●
mercadería f.	product			
parrilla f.	grill			
petiso/-a	short		●	●
pícaro/-a	naughty			
quilombo m.	mess	●	●	●
denuncia f.	report			
despelote m.	mess	●	●	
laburo m.	work		●	
pibe/-a	guy/girl		●	●
plata f.	money		●	●
Cognados				
actor m.	actor			
cheque m.	check			
cliente/-a	client			
profesional	professional			
recesión f.	recession			
Expresiones				
¿qué hacés?	what's up?		●	●
mal que mal	in spite of		●	
no hay caso	there's nothing you can do			
darse manija	to obsess		●	●
darse cuenta de	to realize			
darse los gustos	to spoil oneself			
hacer caso (a alguien)	to pay attention (to someone)			
no quedar más remedio que	not to have a choice but to			

PARTE 2

Vocabulario nuevo

ESPAÑOL	INGLÉS	VULGAR	LOCAL	INFORMAL
abogacía f.	law			
asco m.	disgust			
borrachera f.	drunkenness			

ESPAÑOL	INGLÉS	VULGAR	LOCAL	INFORMAL
bancar	to support		●	
chupar	to drink alcohol	●	●	●
cuadra f.	109.36 yards		●	
expectativas f.	expectations			
largar	to release			
lindo/-a	pretty/cute		●	
marearse	to get dizzy			
prócer m.	national hero		●	
susto m.	fright			
terapia intensiva f.	intensive therapy			
Cognados				
ángel m.	angel			
problema m.	problem			
eficiente	efficient			
especialidad f.	specialty			
pánico m.	panic			
Expresiones				
no entender un carajo	to be in the dark	●	●	●
irse al carajo	to say something inappropriate	●	●	●

PARTE 3

Vocabulario nuevo

ESPAÑOL	INGLÉS	VULGAR	LOCAL	INFORMAL
cosecha f.	harvest			
derretir	to melt			
empanada f.	pie-like snack			
descalzo/-a	barefoot			
muerte f.	death			
acomodar	to place			
chiste m.	joke			
pendejo/-a	young man	●	●	●
edulcorante m.	sweetener			
trámite m.	errand			
confiar	to trust			
traicionar	to betray			
pesadilla f.	nightmare			
Cognados				
álbum m.	album			
chocolate m.	chocolate			
manual m.	manual			
restaurante m.	restaurant			
error m.	mistake			
terapia f.	therapy			
autorización f.	authorization			

ESPAÑOL	INGLÉS	VULGAR	LOCAL	INFORMAL
Expresiones				
en serio	really			
estar en pedo	to be mad	●		●
poner a alguien a prueba	to test someone			
cambiar de aire	to have change of scene			
valer la pena	to be worth it			

PARTE 4

Vocabulario nuevo

ESPAÑOL	INGLÉS	VULGAR	LOCAL	INFORMAL
permiso m.	authorization			
matrimonio m.	marriage			
discernimiento m.	discernment			
esfuerzo m.	effort			
pelea f.	fight			
orgulloso/-a	proud			
pensamiento m.	thought			
luna de miel f.	honeymoon			
pesado/-a	boring			●
Cognados				
contrato m.	contract			
facultad f.	college			
sincero/-a	sincere			
Expresiones				
ser alguien	to be someone			
por los siglos de los siglos	for ever and ever			

EL ORFANATO

PARTE 1

Vocabulario nuevo

ESPAÑOL	INGLÉS	VULGAR	LOCAL	INFORMAL
hogar m.	home			
pillar	to catch			
tocar (a alguien)	to touch (someone)			
faro m.	lighthouse			
tesoro m.	treasure			
localizar	to find/to locate			
criarse	to be brought up			
remitir	to send			
enfermedad f.	sickness			
machacar	to crush/to drum		●	●
crecer	to grow up			
pista f.	clue			
valioso/-a	valuable			
diente de leche m.	baby tooth			

ESPAÑOL	INGLÉS	VULGAR	LOCAL	INFORMAL
costurero m.	sewing basket			
Cognados				
invisible	invisible			
residencia f.	residence			
pirata	pirate			
imposible	impossible			
complicado/-a	complicated			
reforma f.	reform			
programa m.	program			
experimental	experimental			
adoptar	to adopt			
Expresiones				
echar de menos	to miss			
tener morro	to have nerve	●	●	
pegar un ojo	to sleep			●
contar (con alguien)	to count (on someone)			
¡anda!	well I never/don't say!	●	●	
a este paso…	at this rate…			
en balde	in vain			

PARTE 2

Vocabulario nuevo

ESPAÑOL	INGLÉS	VULGAR	LOCAL	INFORMAL
cierto/-a	true			
descubrir	to discover			
obligar	to force			
descartar	to rule out			
rapto m.	kidnapping			
amuleto m.	charm			
préstamo m.	borrowing			
empapelar	to wallpaper/to wrap			
malformación f.	malformation			
saco m.	bag			
ahogarse	to drown oneself			
acusar	to accuse			
convencido/-a	convinced			
Cognados				
medicación f.	medication			
imposible	impossible			
Expresiones				
¡no me da la gana!	I don't feel like it!			●
estar a salvo	to be safe			
hacer falta	there is (no) need			
echar un vistazo	to have a quick look			●

ESPAÑOL	INGLÉS	VULGAR	LOCAL	INFORMAL
PARTE 3				
Vocabulario nuevo				
propósito m.	purpose			
fiarse	to trust			
inconveniente m.	inconvenient			
muñeco/-a	doll			
invocación f.	invocation			
sobreponer	to superimpose			
desvanecerse	to vanish			
oscuridad f.	darkness			
llorar	to cry			
envenenar	to poison			
fantasma m.	ghost			
pellizco m.	pinch			
truco m.	trick			
indicio m.	sign			
montaje m.	(the) staging (of)			
Cognados				
heraldo m.	herald			
pasaporte m.	passport			
exorcista	exorcist			
médium	medium			
percepción f.	perception			
receptivo/-a	receptive			
farsa f.	farse			
invitar	to invite			
Expresiones				
molar	to like		●	●
PARTE 4				
Vocabulario nuevo				
pista f.	clue			
maleta f.	suitcase		●	
trato m.	treat			
malsueño m.	nightmare			●
Cognados				
mamá f.	mom			
papá m.	dad			
fantasía f.	fantasy			
atención f.	attention			
Expresiones				
hacer caso a alguien	to pay attention to someone			

EL SECRETO DE SUS OJOS

ESPAÑOL	INGLÉS	VULGAR	LOCAL	INFORMAL
PARTE 1				
Vocabulario nuevo				
vejez f.	old age			
sapo m.	toad			
garabato m.	doodle			
jubilación f.	retirement			
cuaderno m.	notebook			
albañil	builder			
laburo m.	work		●	
rostro m.	face			
mediodía m.	noon			
costumbre f.	habit			
pasmado/-a	shocked			
impuesto m.	tax			
violar	to rape			
mirada f.	look			
jubilarse	to retire			
Cognados				
excusa f.	excuse			
imagen f.	image			
historia f.	history			
inspector/-a	inspector			
morgue f.	morgue			
negación f.	denial			
delirio m.	delirium			
dilema m.	dilemma			
Expresiones				
me colgué	I was distracted			●
tener que ver	to be related			
causar gracia	to amuse			
PARTE 2				
Vocabulario nuevo				
mear	to pee	●		
almacén m.	grocery store			
basura f.	garbage			
desaparecer	to disappear			
tipo/-a	guy/woman		●	
turro/-a	a bad person	●	●	●
asaltar	to assault			
averiguar	to find out			
aclarar	to clarify			

ESPAÑOL	INGLÉS	VULGAR	LOCAL	INFORMAL
mocasín m.	loafer/moccasin			
jefe/-a	boss			
asunto m.	matter			
curda f.	drunkenness	●	●	●
solemne	serious			
agarrar	to take		●	
Cognados				
rabia f.	rage			
colega	colleague			
subordinado/-a	subordinate			
irresistible	irresistible			
iniciativa f.	iniciative			
incompetente	incompetent			
abandonar	to abandon			
Expresiones				
quedarse de campana	watchman			
tomar del pico	to take a swig			
salir de la vista (de alguien)	to get out of someone's sight			
y, acá estoy	and here I am		●	

PARTE 3

Vocabulario nuevo

ESPAÑOL	INGLÉS	VULGAR	LOCAL	INFORMAL
quebrar	to break			
rogar	to beg			
imputado/-a	defendant			
pensión f.	pension			
infancia f.	childhood			
muchacho/-a	boy/girl, young man/woman			
cornudo/-a	a person who's been cheated on	●		●
hueso m.	bone			
modisto/-a	fashion designer			
sorpresa f.	surprise			
perito mercantil	certified in accounting and business			
intocable	untouchable			
Cognados				
taxi m.	taxi			
preferible	preferable			
conveniente	convenient			
autopsia f.	autopsy			
agresor/a	agressor, attacker			
imbécil	idiot			
subversivo/-a	subversive			

ESPAÑOL	INGLÉS	VULGAR	LOCAL	INFORMAL
(cadena) perpetua f.	life sentence			
feudal	feudal			
Expresiones				
costar un ojo de la cara	to cost an arm and a leg			
que sean felices y que coman perdices	let them live happily ever after			

PARTE 4

Vocabulario nuevo

ESPAÑOL	INGLÉS	VULGAR	LOCAL	INFORMAL
creíble	credible			
vía f.	(train) track			
novelista	author			
locura f.	madness			
suelto/-a	loose			
adivinar	to guess			
vergüenza f.	shame			
casualidad f.	coincidence			
recuerdo m.	memory			
Cognados				
ministerio m.	ministry			
Expresiones				
bajar la persiana	to lose interest		●	
llevárselo de arriba	to get out of a situation with no damage		●	
vivito y coleando	alive and kicking			
darle vueltas a algo	to worry about something			
valer la pena	to be worth it			

LOS COLORES DE LA MONTAÑA

PARTE 1

Vocabulario nuevo

ESPAÑOL	INGLÉS	VULGAR	LOCAL	INFORMAL
correrse	to move		●	
apurarse	to rush/to worry		●	
sacrificar	to sacrifice			
esconderse	to hide			
faltar	to be missing			
fila f.	line			
picarito/-a	naughty		●	●
orar	to talk		●	
chiquito/-a	small		●	●
vereda f.	small village		●	
terco/-a	stubborn			
comprometerse	to commit			
cobardía f.	cowardice			

ESPAÑOL	INGLÉS	VULGAR	LOCAL	INFORMAL
Cognados				
albino/-a	albino			
criticar	to criticize			
Expresiones				
llevársela bien (llevar)	to get along with		●	●
de una vez por todas	once and for all			
ser una chanda	to be of poor quality		●	●
PARTE 2				
Vocabulario nuevo				
comadre f.	friend/neighbor			●
zozobra f.	anxiety		●	
coroto m.	thing		●	●
colcha f.	blanket			
marrano/-a	pig		●	
bomba f.	bomb			
cancha f.	field		●	
terco/-a	stubborn			
pegar	to hit			
mina f.	mine			
bravo/-a	fierce			
soldado m.	soldier			
bala f.	bullet			
chillón/a	screamer			
rescatar	to rescue			
regañar	to reprimand			
torneo m.	tournament			
paja f.	straw			
Cognados				
abandonar	to abandon			
alertar	to alert			
revólver m.	revolver			
pistola f.	pistol/gun			
helicóptero m.	helicopter			
bicicleta f.	bicycle			
Expresiones				
meterse en la cabeza	to get into one's head			●
quedar claro	to be clear			
a la fuerza	to have no option			
hacerse el dormido	to pretend to be asleep			

ESPAÑOL	INGLÉS	VULGAR	LOCAL	INFORMAL
PARTE 3				
Vocabulario nuevo				
perderse	to get lost			
descarado/-a	brazen			
alcanzar	to reach			
cita f.	date/appointment			
esconderse	to hide			
finca f.	farm			
desaparecer	to disappear			
cuerda f.	rope			
pudrir	to rot			
plata f.	money		●	
faltar	to miss			
amenazar	to threaten			
brocha f.	brush			
prestar	to lend			
merecer	to deserve			
Cognados				
idéntico/-a	identical			
región f.	region			
comunidad f.	community			
dialogar	to talk			
mural m.	mural			
color m.	color			
favor m.	favor			
clase f.	class			
Expresiones				
tener la culpa	to be responsible for			
¡uy, qué hueso!	that's so bland!		●	●
¿qué hubo?	what's up?		●	●
PARTE 4				
Vocabulario nuevo				
empacar	to pack		●	
bestia f.	beast			
rescatar	to rescue			
estorbar	to obstruct			
maldito/-a	damn			
pegar	to hit			
castigar	to punish			
tomar	to take/to drink			
Cognados				
mamá f.	mom			

ESPAÑOL	INGLÉS	VULGAR	LOCAL	INFORMAL
papá m.	dad			
Expresiones				
ahorita	right now		●	●
¡vamos, pues!	c'mon!		●	●

MACHUCA

PARTE 1

Vocabulario nuevo

ESPAÑOL	INGLÉS	VULGAR	LOCAL	INFORMAL
boletín m.	report card			
cuadra f.	109.36 yards			
asiento m.	seat			
ánimo m.	mood			
cura m.	priest			
demorar	to delay			
novedad f.	news			
diligencia f.	errand			
acaparar	to hoard			
despensa f.	pantry			
buen/a mozo/-a	handsome			
malhumor m.	bad mood			
cobarde	coward			
susto m.	fright			
atrasado/-a	delayed			
pituco/-a	posh/fancy		●	●
Cognados				
favor m.	favor			
futuro m.	future			
Expresiones				
¡huevón!	idiot	●	●	

PARTE 2

Vocabulario nuevo

ESPAÑOL	INGLÉS	VULGAR	LOCAL	INFORMAL
inquieto/-a	lively			
pésimo/-a	very bad			
manejar	to drive		●	
callado/-a	quiet			
hipo m.	hiccup			
molestar	to bother			
vigilar	to watch			
sobrenombre m.	nickname			
Cognados				
absurdo/-a	absurd			
casino m.	casino			

Expresiones

ESPAÑOL	INGLÉS	VULGAR	LOCAL	INFORMAL
valer la pena	to be worth it			
en sus marcas	ready, set…			

PARTE 3

Vocabulario nuevo

ESPAÑOL	INGLÉS	VULGAR	LOCAL	INFORMAL
trago m.	swig			
leche condensada f.	condensed milk			
bruto/-a	brute			
decepcionar	to dissapoint			
bestia	beast			
puño m.	fist			
golpear	to hit			
cuello m.	neck			
aliento m.	breath			
guagua f.	baby		●	
chupete m.	pacifier			
misa f.	mass			
granja f.	farm			
chancho/-a	pig		●	
víveres m.	food			
Cognados				
ordinario/-a	ordinary			
arrogancia f.	arrogance			
respetar	to respect			
indio/-a	indigenous, native			
déficit m.	deficit			
Expresiones				
estar bueno	to be handsome		●	●
m'hijito	my dear		●	●

PARTE 4

Vocabulario nuevo

ESPAÑOL	INGLÉS	VULGAR	LOCAL	INFORMAL
desgraciado/-a	unfortunate guy			
asqueroso/-a	disgusting			
colgar	to hang			
sagrado/-a	sacred			
camión m.	truck			
Cognados				
rumor m.	rumor			
curso m.	course			
Expresiones				
¡salga de acá!	get out!		●	

ESPAÑOL	INGLÉS	VULGAR	LOCAL	INFORMAL
MAR ADENTRO				
PARTE 1				
Vocabulario nuevo				
desplegar	to spread/to display			
madrugar	to wake up early			
digno/-a	dignified			
escandalizarse	to be shocked			
incapacidad f.	disability			
quimera f.	illusion/wishful thinking			
farsante	fraud/fake			
vacilar	to hesitate			
espabilado/-a	bright/smart		●	
conservador/a	conservative			
grabar	to record			
manta f.	blanket			
resaca f.	hangover			●
distraerse	to get distracted			
poza f.	puddle		●	
Cognados				
concentrarse	to concentrate			
color m.	color			
temperatura f.	temperature			
tranquilo/-a	relaxed/tranquil			
infinito/-a	infinite			
nervioso/-a	nervous			
debate m.	debate			
suicidio m.	suicide			
Expresiones				
manejar el cotarro	to be the boss or the leader		●	●
írsele a uno la olla	to loose it		●	●
no enterarse de nada	not to realize/not to get it		●	●
tragársele a uno la tierra	to vanish/to wish the earth to open and to swallow someone up		●	●
valer la pena	to be worth it			
tirar los tejos	to make a pass at someone		●	●
llevarse bien	to get along with someone			
PARTE 2				
Vocabulario nuevo				
paseo m.	promenade/walk			
publicable	publishable			
infarto m.	heart attack			
miedo m.	fear			

ESPAÑOL	INGLÉS	VULGAR	LOCAL	INFORMAL
apoyar	to support			
disfrutar	to enjoy			
reino m.	reign			
abnegación f.	self-denial			
inercia f.	out of habit			
agradecimiento m.	gratitude			
razón f.	reason			
valiente	courageous			
Cognados				
cuestionar	to question			
optimista	optimist			
diagnosticar	to diagnose			
líder	lider			
fortuna f.	fortune			
importante	important			
Expresiones				
ir(se) volando	to rush		●	●
quitarse de en medio	to get out of the way			
¡faltaría más!	(but) of course!		●	●
echar una mano	to give someone a hand			●
poner más atención	to pay (more) attention			
a raíz de	as a result of			
hacerse el	to pretend (to be)			●
PARTE 3				
Vocabulario nuevo				
majadería f.	nonsense		●	
afeitarse	to shave oneself			
apetecer	to feel like		●	
olfato m.	smell			
ensoñación f.	fantasy		●	
marearse	to get dizzy			
picar	to nibble			
colgar (el teléfono)	to hang (the phone)			
pesadilla f.	nightmare			
juez/a	judge			
trastero m.	attic		●	
arreglo m.	arrangement			
bisagra f.	hinge			
almohada f.	pillow			
facultad (mental) f.	(mental) faculty			
Cognados				
cuestión f.	question			
común	common			

ESPAÑOL	INGLÉS	VULGAR	LOCAL	INFORMAL
palpitación f.	palpitation			
cabezota	stubborn		●	●
dignidad f.	dignity			
Expresiones				
tener en cuenta	to take into account			
dejar en paz a uno	to leave someone alone			
tener la boca grande	to have a big mouth			●
tener las manos atadas	to have one's hands tied		●	●
¡vaya!	well I never!		●	●
plantar cara	to face someone/something		●	●

PARTE 4

Vocabulario nuevo

ESPAÑOL	INGLÉS	VULGAR	LOCAL	INFORMAL
tranquilizante m.	tranquilizer			
esclavo/-a	slave			
huerta f.	vegetable garden			
regalar	to give			
rencor m.	resentment			
añadir	to add			
raro/-a	odd			
cianuro m.	cyanide			
desentenderse	to wash one's hands			●
presionar	to put pressure on			
chaval/a	kid		●	●
señal f.	sign			
corazonada f.	hunch			
presentimiento m.	premonition			
desidia f.	lax attitude			
Cognados				
hospital m.	hospital			
marca f.	mark			
dedicar	to dedicate			
impaciente	impatient			
espíritu m.	spirit			
aliado/-a	allied			
Expresiones				
salirse con la suya	to get away with something			●
¡hala!	get out of here!/oh, my God!		●	●
quedarse frito	to fall asleep		●	●
¡claro que sí!	absolutely!		●	●

MISS BALA

PARTE 1

Vocabulario nuevo

ESPAÑOL	INGLÉS	VULGAR	LOCAL	INFORMAL
ganar	to win			
concurso m.	the competition			
sirviente/-a	maid			
ensayar	to rehearse			
suelo m.	floor			
papa f.	potato		●	
patrón/a	boss			
bronca f.	fight		●	
equivocarse	to make a mistake			
jalar	to pull		●	●
Cognados				
chance f.	chance, opportunity		●	
plástico m.	plastic			
reporte m.	report			
Expresiones				
m'hija	my dear		●	
ponerse las pilas	to get one's act together		●	●
ganar el billete	to earn a living		●	

PARTE 2

Vocabulario nuevo

ESPAÑOL	INGLÉS	VULGAR	LOCAL	INFORMAL
a pedido	by request			
enano/-a	dwarf			
trapo m.	rag, cloth			
gabacho/-a	foreigner		●	
mandado m.	errand		●	
bata f.	robe			
Cognados				
perdón m.	forgiveness			
base f.	base			
taxi m.	taxi			
Expresiones				
echar aguas	beware of danger		●	
hacer un mandado	to run an errand		●	
estar limpio	to be clean, to have a clean record			

PARTE 3

Vocabulario nuevo

ESPAÑOL	INGLÉS	VULGAR	LOCAL	INFORMAL
presencia f.	presence			
iluminar	to light, to illuminate			

ESPAÑOL	INGLÉS	VULGAR	LOCAL	INFORMAL
suplente	substitute			
prensa f.	press			
fierro m.	firearm			●
Cognados				
miss f.	beauty contestant			
hotel m.	hotel			
general /-a	general			
Expresiones				
darle entrada a alguien	to flirt with someone		●	●
PARTE 4				
Vocabulario nuevo				
andar	to go			●
desaparecer	to disappear			
presunto/-a	alleged			
deslindarse	to disconnect from			
Cognados				
caos m.	chaos			
banda m.	band			
Expresiones				
¡chingada!	damn!	●	●	●

MUJERES AL BORDE DE UN ATAQUE DE NERVIOS

PARTE 1

Vocabulario nuevo

ESPAÑOL	INGLÉS	VULGAR	LOCAL	INFORMAL
hundirse	to sink			
corral m.	farmyard			
somnífero m.	sleeping pill			
megafonía f.	PA system			
siquiera	at least			
engañar	to cheat			
desmayo m.	faint			
grosero/-a	rude			
tesoro m.	treasure			
librarse de	to get rid of			
imprevisto m.	unexpected			
galán m.	heartthrob			
palo m.	stick			
portavoz	spokesman/woman			
vinculación f.	connections			
Cognados				
especie f.	species			
aceptar	to accept			

ESPAÑOL	INGLÉS	VULGAR	LOCAL	INFORMAL
controlar	to control			
justificar	to justify			
discreto/-a	discreet			
interrumpir	to interrupt			
reprochar	to reproach			
Expresiones				
en cualquier caso...	in any event…			
pillar de paso	to be on someone's way		●	●
¡vale!	deal!		●	●
tener morro/morrazo	to have nerve		●	●
¡pobrecillo/-a!	poor thing!		●	●
pegar ojo	(not) to sleep a wink		●	●
estar harto de...	to be fed up		●	
¡qué pesado!	what a pain!		●	●

PARTE 2

Vocabulario nuevo

ESPAÑOL	INGLÉS	VULGAR	LOCAL	INFORMAL
avería f.	breakdown			
disparate m.	nonsense			
madrastra f.	stepmother			
desorden m.	mess			
retrato m.	portrait			
merecer	to deserve			
reproche m.	reproach			
desahogar	to vent			
calmante m.	tranquilizer			
ligar	to hook up with		●	●
secuestrar	to kidnap			
reñir	to argue			
colirio m.	eye drops			
tartamudeo m.	stuttering			
Cognados				
café m.	coffee			
circunstancia f.	circumstance			
urgente	urgent			
atentar	to attempt			
revelación f.	revelation			
abuso m.	abuse			
arma f.	arm/weapon			
consultar	to consult			
dopado/-a	doped			●
Expresiones				
¡estoy perdido/-a!	I'm lost!/I'm confused!		●	●

ESPAÑOL	INGLÉS	VULGAR	LOCAL	INFORMAL
en todo caso...	in any event…			
debe costar un ojo de la cara	it must be very expensive		●	●
ponérsele a uno la carne (o piel) de gallina	to get goosepimples (or goosebumps)		●	●

PARTE 3

Vocabulario nuevo

ESPAÑOL	INGLÉS	VULGAR	LOCAL	INFORMAL
maldito/-a	damn			
agacharse	to duck			
fijarse	to notice			
bofetada f.	slap			
arrancar	to pull out			
cachondearse	to make fun of something/someone		●	●
curarse	to cure oneself/ to get better			
apuntar	to note down			
fingir	to pretend			
mosquear	to annoy		●	●
atreverse	to dare			
alcanzar	to reach			
descalzo/-a	barefoot			
disparar	to shoot			
resentido/-a	resentful			

Cognados

ESPAÑOL	INGLÉS	VULGAR	LOCAL	INFORMAL
modelo	model			
teléfono m.	phone			
terrorista	terrorist			
confusión f.	confusion			
minuto m.	minute			
curiosidad f.	curiosity			
interrogar	to interrogate			
caos m.	chaos			
desairar	to snub		●	
tortícolis f.	torticollis			
inquisitivo/-a	inquisitive			

Expresiones

ESPAÑOL	INGLÉS	VULGAR	LOCAL	INFORMAL
meter un puro	to run into problems with the police, law, someone…		●	●
¡qué pico tiene!	she can talk!		●	●
dar un mal rollo	to give a bad feeling		●	●
estar dormido como un tronco	to be sleeping like a log		●	●
ir al grano	to get to the point		●	

TAMBIÉN LA LLUVIA

PARTE 1

Vocabulario nuevo

ESPAÑOL	INGLÉS	VULGAR	LOCAL	INFORMAL
indígena	indigenous, native			
hambriento/-a	hungry			
pasta f.	money		●	●
grúa f.	crane			
desagradable	unpleasant			
oculto/-a	hidden			
soberanía f.	sovereignty			
majestad f.	majesty			
impuesto m.	tax			
cascabel m.	bell			
piadoso/-a	devout			
corrupto/-a	corrupt			
pozo m.	well, hole			

Cognados

ESPAÑOL	INGLÉS	VULGAR	LOCAL	INFORMAL
extra	extra			
casting m.	audition			
hotel m.	hotel			
líder	leader			
catering m.	catering			
genocidio m.	genocide			
conservador/a	conservative			
radical	radical			

Expresiones

ESPAÑOL	INGLÉS	VULGAR	LOCAL	INFORMAL
¡carajo!	damn!	●		●
¿no te jode?	are you kidding me?	●	●	●
¡cuidado!	look out!			

PARTE 2

Vocabulario nuevo

ESPAÑOL	INGLÉS	VULGAR	LOCAL	INFORMAL
candado m.	padlock			
cavar	to dig			
construir	to build			
obispo m.	bishop			
sacerdote m.	priest			
demonio m.	demon			
traidor/-a	traitor			
imperio m.	empire			
chaval/a	guy/girl		●	●
ingenuo/-a	naive			
alma m.	soul			

ESPAÑOL	INGLÉS	VULGAR	LOCAL	INFORMAL
Cognados				
pausa f.	pause			
financiar	to finance			
comercio m.	commerce			
Expresiones				
ir a saco	(to) go for it	•	•	
¡hombre!	man!			•
¡es la hostia!	that's too much!	•	•	
¡ayuda!	help!			
salirse de madre	to get out of hand	•	•	
PARTE 3				
Vocabulario nuevo				
disimular	to pretend			
cruz f.	cross			
esfuerzo m.	effort			
rollo m.	matter	•	•	
pillar	to get	•	•	
digno/-a	dignified			
mitad f.	half			
manifestación f.	demonstration			
trato m.	manners			
codicia f.	greed			
Cognados				
suficiente	sufficient			
oportunidad f.	opportunity			
Expresiones				
tener palabra	to keep one's word			
quedarse al margen	to stay on the sidelines			
PARTE 4				
Vocabulario nuevo				
garantizar	to guarantee			
seguridad f.	security			
ejército m.	army			
ciudadano/-a	citizen			
armar	to put together			
palo m.	stick			
caballero m.	gentleman			
terco/-a	stubborn			
sangre f.	blood			
cría f.	offspring			
Cognados				
tranquilo/-a	calm			

ESPAÑOL	INGLÉS	VULGAR	LOCAL	INFORMAL
contrato m.	contract			
Expresiones				
dejar tirado	to abandon			•
¡cállate un momento!	shut up already!			•

UN CUENTO CHINO

ESPAÑOL	INGLÉS	VULGAR	LOCAL	INFORMAL
PARTE 1				
Vocabulario nuevo				
ferretería f.	hardware store			
tornillo m.	screw			
cuñado/-a	brother/sister-in-law			
papa f.	potato		•	
carta f.	letter			
nobleza f.	nobility			
dolor m.	pain			
regalo m.	gift			
sangre f.	blood			
Cognados				
gramo m.	gram			
cliente/-a	client			
Internet	internet			
taxi m.	taxi			
Expresiones				
¿qué hacés?	what's up?		•	
¡chau!	bye!		•	•
¡feliz cumpleaños!	happy birthday!			
¡es buenísimo!	that's great!			
PARTE 2				
Vocabulario nuevo				
muchacho/-a	guy/girl			
plazo m.	deadline			
bisagra f.	hinge			
botiquín m.	medicine cabinet			
puchero m.	stew			
gesto m.	gesture			
Cognados				
cuestión f.	question			
común	common			
palpitación f.	palpitation			
dignidad f.	dignity			
Expresiones				
flaquito/-a	dude		•	
como el culo	awfully	•	•	•

ESPAÑOL	INGLÉS	VULGAR	LOCAL	INFORMAL
PARTE 3				
Vocabulario nuevo				
anciano/-a	old man			
milenario/-a	thousand-year-old			
costumbre f.	habit			
quilombo m.	mess	●	●	
Cognados				
desesperado/-a	desperate			
Expresiones				
¡caradura!	(to have) nerve!		●	●
PARTE 4				
Vocabulario nuevo				
apenas	hardly			
ermitaño/-a	hermit			
mirada f.	look			
valiente	brave			
aclarar	to clarify			
fábrica f.	factory			
juguete m.	toy			
gruñón/a	grumpy			
guerra f.	war			
Cognados				
familia f.	family			
problema m.	problem			
increíble	incredible			
absurdo/-a	absurd			
inmigrante	immigrant			
escapar	to escape			
grupo m.	group			
Expresiones				
(estar) sin un peso	to be broke		●	
antes que nada	first things first			
mi viejo/-a	my old man		●	●
en el acto	instantly			
no puede ser	that's impossible			

VOLVER

ESPAÑOL	INGLÉS	VULGAR	LOCAL	INFORMAL
PARTE 1				
Vocabulario nuevo				
arrastrar	to drag			
matorral m.	bushes			
lápida f.	tombstone			
fregotear	to scrub badly and in a rush		●	●
atender	to attend to/to pay attention to			
arreglarse	to get ready/to manage			
apañarse	to manage		●	●
torpe	clumsy			
solano/-a	hot		●	
librar	to have a day off		●	
despedir (de un trabajo)	to fire someone		●	
hacer caso	to pay attention			
amortajar	to shroud			
ataúd m.	coffin			
Cognados				
triunfar	to suceed			
pasar (algo a alguien)	to pass/to hand over			
ansiolítico m.	anxiolytic/antidepressant			
Expresiones				
flipar/fliparlo	to love/to be crazy about/to be perplexed		●	●
tener cara de sota	to look dull/to have a dull face		●	●
¡ay, hijo mío/-a!	oh, my dear!		●	
ser una pasada	to be amazing		●	●
¡qué remedio!	what can I do!		●	
¿te estás quedando conmigo?	are you joking?		●	●
estar de cachondeo	to be joking		●	●
currar	to work		●	●
¡menuda *campaná*! (campanada)	what a shock!/ what a scandal!		●	●
PARTE 2				
Vocabulario nuevo				
prestar	to lend			
la morcilla f.	blood sausage		●	
venir (bien)	to be convenient			
atracarse	to stuff oneself		●	●
velar	to hold a wake			
duelo m.	mourning			
habladuría f.	gossip		●	
hurgar	to rummage		●	
teñir	to dye			
apoltronar	to sit comfortably / to lounge		●	●
cobertura f.	coverage		●	
estar harto	to be fed up with			

ESPAÑOL	INGLÉS	VULGAR	LOCAL	INFORMAL
ensañar	to take it out on someone		●	
colocar	to place			
repostería f.	confectionery			
Cognados				
tranquilo/-a	relaxed			
animar	to encourage			
referir	to refer to			
inconveniente	inconvenient			
adorar	to adore			
Expresiones				
enrollarse	to go on and on		●	●
dar igual	not to mind/not to care		●	
¡qué cosas se te ocurren!	what a thing to say!			
¡estoy molida!	I'm beat!		●	●
caerse de culo	to be shocked/surprised	●	●	●
tener mala leche	to have a bad temper		●	●
poner cuernos	to cheat on someone	●	●	●
tener la boca cerrada	to keep one's mouth shut			
ser una ardilla	to be smart/clever		●	●
¡qué fuerte!	that's messed up!/ that's amazing!		●	●

PARTE 3

Vocabulario nuevo

ESPAÑOL	INGLÉS	VULGAR	LOCAL	INFORMAL
disparate m.	nonsense			
desembarazarse	to get rid of			
dar abasto	to cope			
agacharse	to duck/to bend over			
furgoneta f.	van			
tapadera f.	cover		●	●
vocear	to shout out		●	
asomarse	to lean out			
molestarse	to bother			
rehuir	to shy away from			
embalar	to pack			
pico m.	pick			
pala f.	spade			
estercolero m.	a pile of manure			
zanja f.	trench			
Cognados				
estrategia f.	strategy			
descuento f.	disccount			
cáncer m.	cancer			

Expresiones

ESPAÑOL	INGLÉS	VULGAR	LOCAL	INFORMAL
¡qué rico!	scrumptious!		●	●
armar una...	to cause a scene		●	●
dispararse	not to (be able to) stop oneself		●	●
¡qué cosas tienes!	you are too much!		●	
tener una pelotera	to have an argument	●	●	●
agarrarse a un clavo ardiendo	to do anything to save oneself		●	●
tener por seguro	to be sure of something		●	

PARTE 4

Vocabulario nuevo

ESPAÑOL	INGLÉS	VULGAR	LOCAL	INFORMAL
albergar	to harbor			
arramblar	to make off with something		●	
rechazar	to reject			
semejante	such		●	
vergüenza f.	embarrassement			
ceniza f.	ashes			
papeleta f.	tricky situation		●	●
liar	to make a mess		●	
Cognados				
ordinario/-a	ordinary			
diagnosticar	to diagnose			
aplauso m.	applause/clapping			
abusar	to abuse			
distanciar	to distance oneself			
devorar	to devour			
purgatorio m.	purgatory			
Expresiones				
estar sordo como una tapia	to be completely deaf		●	●
¡menuda ayuda!	do you call that help?		●	
mogollón	a ton		●	●
echar pestes	to bad-mouth somebody		●	●
darse cuenta	to realize			

CHICO Y RITA **PARTE 1** ANTES DE VER ESTE SEGMENTO **1:** Respuesta propia del alumno. **2:** Respuesta propia del alumno. **3:** Respuesta propia del alumno. **MIENTRAS VES ESTE SEGMENTO 1:** 1. b. 2. a. 3. b. 4. b. 5. b. 6. c. 7. c. 8. c. 9. a. 10. b. **2:** 1. Julia, Rita. 2. Compañera de baile. 3. Rita. 4. Compañera de baile. 5. Julia, Rita. 6. Compañera de baile. 7. Julia, Rita. 8. Compañera de baile. **DESPUÉS DE VER ESTE SEGMENTO 1:** Respuesta propia del alumno. **2:** 1. c. 2. a. 3. b. 4. e. 5. d. **3:** Respuesta propia del alumno. **4:** Respuesta propia del alumno. **PARTE 2** ANTES DE VER ESTE SEGMENTO **1:** Respuesta propia del alumno. **2:** Respuesta propia del alumno. **MIENTRAS VES ESTE SEGMENTO 1:** 1. F. 2. E. 3. D. 4. B. 5. A. 6. C. 7. G. **DESPUÉS DE VER ESTE SEGMENTO 1:** Respuesta propia del alumno. Sugerencia: nostalgia, tristeza, melancolía, etc. **2:** Respuesta propia del alumno. **3:** 1. c. 2. d. 3. e. 4. a. 5. b. **4:** Respuesta propia del alumno. **5:** 1. Manejar. 2. Los arreglos. 3. El ganador. 4. Pésima. 5. Abrazar. 6. La muchacha. **6:** Respuesta propia del alumno. **PARTE 3** ANTES DE VER ESTE SEGMENTO **1:** Respuesta propia del alumno. **2:** Respuesta propia del alumno. Sugerencia: Interés, dinero, familiaridad, etc. **MIENTRAS VES ESTE SEGMENTO 1:** 1. F. 2. V. 3. V. 4. F. 5. V. 6. F. 7. V. 8. V. 9. V. 10. V. **2:** Porque es famosa por su carrera en la música y el cine. **DESPUÉS DE VER ESTE SEGMENTO 1:** Respuesta propia del alumno. Sugerencia: Esta expresión significa que, aunque la situación de una persona pueda parecer muy mala, la vida sigue y pueden pasar cosas buenas en el futuro. **2:** Se refiere a las leyes de la época en EE. UU. Según estas leyes, la gente blanca y la gente de otras razas debía usar distintos baños y zonas en edificios, transportes públicos, etc. **3:** Los intrusos son: 3 y 5. **PARTE 4** ANTES DE VER ESTE SEGMENTO **1:** Respuesta propia del alumno. **2:** Respuesta propia del alumno. **MIENTRAS VES ESTE SEGMENTO 1:** 1. a. 2. c. 3. c. 4. b. 5. b. 6. a. 7. a. 8. a. 9. a. 10. c. **2:** Respuesta propia del alumno. Sugerencia: Enternecedor, romántico, sorprendente, etc. **DESPUÉS DE VER ESTE SEGMENTO 1:** Respuesta propia del alumno. **2:** Respuesta propia del alumno. **3:** 1. Estrella nació en Granada. 2. Tiene 31 años. 3. Su padre es cantaor y su madre, bailaora. 4. Canta música flamenca. 5. Vive en España. 6. Estrella ha ganado, entre otros, el premio Onda y dos nominaciones a los premios Amigos. También ha conseguido una nominación a un Grammy.

EL HIJO DE LA NOVIA **PARTE 1** ANTES DE VER ESTE SEGMENTO **1:** 1. Médico, enfermera, hospital, clínica. Cualidades a cargo del alumno. Sugerencia: Responsable, precisa. 2. Actor, director, set de filmación, teatro, televisión. Cualidades a cargo del alumno. Sugerencia: Imaginativo, expresivo. 3. Cocinera, chef, restaurante. Cualidades a cargo del alumno. Sugerencia: Organizada, creativa. 4. Policía, comisaría. Cualidades a cargo del alumno. Sugerencia: Valiente, prudente. 5. Psicólogo, psiquiatra, consultorio. Cualidades a cargo del alumno. Sugerencia: Paciente, empático. 6. Sacerdote, iglesia, parroquia. Cualidades a cargo del alumno. Sugerencia: Comprensivo, creyente. **2:** Respuesta propia del alumno. **MIENTRAS VES ESTE SEGMENTO 1:** 1. c. 2. c. 3. d. 4. b. 5. d. 6. c. 7. b. 8. a. 9. c. 10. b. **2:** Respuesta propia del alumno. Sugerencia: Nino: Tradicional y sorprendente, Norma: Solitaria y desconcertada, Nati: Feliz y moderna. **DESPUÉS DE VER ESTE SEGMENTO 1:** 1. 2. 4. 5. Los ejemplos, a cargo del alumno. **2:** Respuesta propia del alumno. Sugerencia: 1. Te recomiendo que bebas menos vino. 2. Te aconsejo que no te estreses tanto. 3. No es bueno que discutas tanto con tus familiares. **PARTE 2** ANTES DE VER ESTE SEGMENTO **1:** Respuesta propia del alumno. **2:** Horizontal: 3. Borrachera. 5. Terapia intensiva. 6. Prócer. 7. Asco. Vertical: 1. Susto. 2. Problema. 4. Cuadra. **MIENTRAS VES ESTE SEGMENTO 1:** 1. c. 2. c. 3. a. 4. c. 5. c. 6. c. 7. d. 8. c. 9. a. 10. d. **2:** En orden: Casáramos, loco, conmigo, novio. **DESPUÉS DE VER ESTE SEGMENTO 1:** Respuesta propia del alumno. **2:** Respuesta propia del alumno. Sugerencia: A Rafael le gustaría tener una buena relación con su madre. A Vicky le gustaría que su padre le prestara más atención. A Nati le gustaría sentirse querida y formar una familia. A Juan Carlos le gustaría enamorarse otra vez. A Norma le gustaría casarse con Nino. **3:** Respuesta propia del alumno. Sugerencia: Representa la femineidad, el lado sensible de los personajes. **PARTE 3** ANTES DE VER ESTE SEGMENTO **1:** Respuesta propia del alumno. Sugerencia: Rafael dice que su madre pensaba que era un fracasado por haber abandonado sus estudios de abogacía y quiere que la relación cambie, quiere llevarse mejor con Norma. **2:** 1. ¿Estás en pedo? 2. En serio. 3. Cambiar de aire. 4. Valía la pena. 5. Han puesto a prueba. **MIENTRAS VES ESTE SEGMENTO 1:** 1. f. 2. d. 3. j. 4. a. 5. b. 6. h. 7. i. 8. e. 9. c. 10. g. **2:** En orden: Piojos, peine, desgracias, río, gracia, separados, quiero, divierto, tiempo, ayudan, nena, cuidar, vida, años, abuelo. **DESPUÉS DE VER ESTE SEGMENTO 1:** Respuesta propia del alumno. Sugerencia: Se siente triste porque se da cuenta de que Vicky está creciendo y él está siempre ocupado con otras cosas. **2:** Respuesta propia del alumno. **PARTE 4** ANTES DE VER ESTE SEGMENTO **1:** Respuesta propia del

alumno. Las frases que no son apropiadas para la ocasión son: La presente tiene como finalidad recomendar...; tenemos el honor de invitarlo a usted y a su familia, al bautizo de nuestro hijo...; y me dirijo a Ud. para presentar mi renuncia... **2:** 1. c. 2. f. 3. b. 4. d. 5. e. 6. a. El orden cronológico es 6, 5, 4, 2, 3, 1. **3:** Respuesta propia del alumno. **MIENTRAS VES ESTE SEGMENTO 1:** 1. V. 2. F. 3. F. 4. V. 5. F. 6. V. 7. F. 8. V. 9. F. 10. V. **DESPUÉS DE VER ESTE SEGMENTO 1:** Respuesta propia del alumno. **2:** Respuesta propia del alumno.

EL ORFANATO **PARTE 1** ANTES DE VER ESTE SEGMENTO **1:** Respuesta propia del alumno. **2:** Respuesta propia del alumno. **MIENTRAS VES ESTE SEGMENTO 1:** 1. b. 2. b. 3. b. 4. d. 5. c. 6. c. 7. d. 8. b. 9. a. 10. d. **2:** Son, pedir, puedo, deja, son, tendrías, sido, digas, miento, eres, dice, decir, eres, sacado, dicho, es, soy, tengo, voy, eres. **DESPUÉS DE VER ESTE SEGMENTO 1:** 1. d. 2. e. 3. f. 4. h. 5. g. 6. c. 7. b. 8. a. **PARTE 2** ANTES DE VER ESTE SEGMENTO **1:** Respuesta propia del alumno. **2:** Respuesta propia del alumno. **MIENTRAS VES ESTE SEGMENTO 1:** 1. C. 2. I. 3. I. 4. I. 5. C. 6. C. **DESPUÉS DE VER ESTE SEGMENTO 1:** Respuesta propia del alumno. **2:** Respuesta propia del alumno. **3:** 1. c. 2. b. 3. c. 4. c. 5. a. 6. b. 7. b. 8. c. 9. c. 10. c. **4:** 7. 10. 5. 9. 4. 6. 8. 1. 2. 3. **PARTE 3** ANTES DE VER ESTE SEGMENTO **1:** Respuesta propia del alumno. **MIENTRAS VES ESTE SEGMENTO 1:** 1. V. 2. F. 3. V. 4. F. 5. V. 6. F. 7. V. 8. V. 9. F. 10. V. **DESPUÉS DE VER ESTE SEGMENTO 1:** Respuesta propia del alumno. **2:** Respuesta propia del alumno. Sugerencia: Grande, palaciega, tenebrosa, antigua, etc. **PARTE 4** ANTES DE VER ESTE SEGMENTO **1:** Respuesta propia del alumno. Sugerencia: Pienso que Laura es una buena madre. Creo que Carlos es un buen marido, etc. **MIENTRAS VES ESTE SEGMENTO 1:** 1. c. 2. b. 3. a o c. 4. c. 5. b. 6. a. 7. b. 8. c. **DESPUÉS DE VER ESTE SEGMENTO 1:** Respuesta propia del alumno. **2:** Respuesta propia del alumno. **3:** Respuesta propia del alumno.

EL SECRETO DE SUS OJOS **PARTE 1** ANTES DE VER ESTE SEGMENTO **1:** a. Comedia. b. De terror. c. Del lejano oeste. d. Drama. e. De ciencia ficción. **2:** 1. d. 2. g. 3. e. 4. c. 5. a. 6. b. 7. f. **MIENTRAS VES ESTE SEGMENTO 1:** 1. Benjamín Espósito escribe un libro sobre el crimen de Liliana Colotto y la causa de Morales. 2. Benjamín e Irene han sido compañeros de trabajo en el juzgado. 3. El responsable del crimen nunca fue apresado. 4. La chica asesinada trabajaba como maestra de escuela. 5. Su marido volvía a casa todos los mediodías para comer con Liliana. 6. El programa de televisión favorito de Liliana era Los tres chiflados. 7. Benjamín ha empezado a investigar otra vez la causa porque ha pensado en ella durante muchos años. 8. Ricardo Morales llama a la madre de Gómez y le pide la dirección de su hijo en Buenos Aires. 9. La madre dice que Gómez y Liliana eran novios. 10. Al recibir la llamada de su madre, Gómez huye de la pensión donde vive. **DESPUÉS DE VER ESTE SEGMENTO 1:** Respuesta propia del alumno. **2:** Respuesta propia del alumno. **3:** Respuesta propia del alumno. **PARTE 2** ANTES DE VER ESTE SEGMENTO **1:** Respuesta propia del alumno. **2:** 1. La foto ilustra la frase c, que se completa con: Toma del pico. 2. La foto ilustra la frase b, que se completa con: «Se quedará de campana». 3. La foto ilustra la frase a, que se completa con: «Y, acá estoy». 4. La foto ilustra la frase d, que se completa con: «¡Sal de mi vista!». **3:** Respuesta propia del alumno. **MIENTRAS VES ESTE SEGMENTO 1:** 1. F. 2. V. 3. F. 4. V. 5. V. 6. V. 7. V. 8. V. 9. V. 10. F. **2:** La pasión de Gómez es el fútbol, más específicamente el club Racing. El código de las cartas consiste en mencionar los nombres de antiguos y actuales futbolistas de ese club para comunicar información. **DESPUÉS DE VER ESTE SEGMENTO 1:** Respuesta propia del alumno. **2:** Respuesta propia del alumno. **PARTE 3** ANTES DE VER ESTE SEGMENTO **1:** En orden: 1. El modisto. 2. Quebrar. 3. La autopsia. 4. El hueso. 5. La sorpresa. **2:** Respuesta propia del alumno. **MIENTRAS VES ESTE SEGMENTO 1:** Nombre y apellido: Isidoro Néstor Gómez. DNI (Documento Nacional de Identidad): 10140925. Dirección: Mocoretá 2428, Isidro Casanova. Acusado de: Homicidio calificado. El día: 21 de junio de 1974. **2:** En orden: Abogada, perito mercantil, joven, viejo, rico, pobre, Espósito, intocable. **DESPUÉS DE VER ESTE SEGMENTO 1:** Respuesta propia del alumno. **2:** Respuesta propia del alumno. Sugerencia: Porque pertenecen a clases diferentes, porque ella está casada, etc. **PARTE 4** ANTES DE VER ESTE SEGMENTO **1:** Respuesta propia del alumno. **2:** 1. c. 2. d. 3. e. 4. a. 5. b. **MIENTRAS VES ESTE SEGMENTO 1:** 1. 3. 5. 7. 8. 10. **2:** Reacciona con asombro pero tranquilamente (otras interpretaciones posibles). Va al cementerio y lleva flores a la tumba de su amigo Pablo Sandoval. **DESPUÉS DE VER ESTE SEGMENTO 1:** Respuesta propia del alumno. Sugerencia: Lo justifica diciendo que prefiere verlo encerrado de por vida que muerto, porque así se dará cuenta de que su vida está llena de nada. **2:** Respuesta propia del alumno.

LOS COLORES DE LA MONTAÑA **PARTE 1** ANTES DE VER

ESTE SEGMENTO 1: Respuesta propia del alumno. **2:** Respuesta propia del alumno. **3:** Respuesta propia del alumno. **MIENTRAS VES ESTE SEGMENTO 1:** 1. a. 2. b. 3. a. 4. b. 5. b. 6. d. 7. b. 8. c. 9. b. 10. a. **DESPUÉS DE VER ESTE SEGMENTO 1:** Características del padre: Positivo, cariñoso, bueno, serio, trabajador. Características de la madre: Negativa, cariñosa, buena, seria, trabajadora, miedosa. Características de la profesora: Positiva, buena, simpática, trabajadora. **2:** Respuesta propia del alumno. **3:** Respuesta propia del alumno. **4:** Respuesta propia del alumno. **PARTE 2 ANTES DE VER ESTE SEGMENTO 1:** Respuesta propia del alumno. **MIENTRAS VES ESTE SEGMENTO 1:** Respuesta propia del alumno. Sugerencia para respuesta: La familia de María Cecilia se fue para huir de la zona de conflicto hacia un lugar con más libertad para los habitantes. **2:** Mataron, se da cuenta, insistir, es, sabe, me voy, venga. **3:** Respuesta propia del alumno. Sugerencia para respuesta: El cerdo pisó una mina que plantaron los militares o las guerrillas. **DESPUÉS DE VER ESTE SEGMENTO 1:** Respuesta propia del alumno. **2:** Respuesta propia del alumno. Sugerencia para respuesta: En el momento en que el cerdo explota porque ahí se observa la reacción de los niños, pero también la normalidad con que viven esta experiencia. **3:** 1. Arquero. 2. Cancha. 3. Esquive. 4. Arco. 5. Remate. **PARTE 3 ANTES DE VER ESTE SEGMENTO 1:** Respuesta propia del alumno. **2:** Respuesta propia del alumno. Sugerencia: Rústico porque la decoración y los elementos de la casa son sencillos. **MIENTRAS VES ESTE SEGMENTO 1:** 1. V. 2. F. 3. V. 4. F. 5. V. 6. V. 7. V. 8. F. **2:** Entre los padres de Manuel hay tensión porque la mujer opina que su marido debe reunirse con los hombres, mostrar su apoyo y no estar en su contra. Piensa que así podrán vivir en paz. La mujer opina que la actitud pacífica de su marido les puede traer problemas. **DESPUÉS DE VER ESTE SEGMENTO 1:** Respuesta propia del alumno. Sugerencia: Para mostrar que no tiene miedo y que los niños tampoco deben tenerlo. El mensaje que quiere compartir es el de no dejarse vencer por sus circunstancias. **2:** Respuesta propia del alumno. **PARTE 4 ANTES DE VER ESTE SEGMENTO 1:** Respuesta propia del alumno. **2:** Respuesta propia del alumno. **MIENTRAS VES ESTE SEGMENTO 1:** 1. b. 2. a. 3. b. 4. a. 5. b. 6. a. 7. d. 8. b. 9. c. 10. c. **DESPUÉS DE VER ESTE SEGMENTO 1:** Coser, cocinar, atender a su bebé, atender a los animales, preparar ingredientes para la comida. **2:** Respuesta propia del alumno. **3:** Respuesta propia del alumno. **4:** Respuesta propia del alumno.

MACHUCA PARTE 1 ANTES DE VER ESTE SEGMENTO 1: 1 y 4. **2:** Respuesta propia del alumno. Sugerencia: Buena disciplina, educación bilingüe, profesores con mucha autoridad. **MIENTRAS VES ESTE SEGMENTO 1:** 1. a. 2. b. 3. b. 4. c. 5. a. 6. c. 7. b. 8. b. 9. c. 10. b. **2:** Alumnos antiguos: 2. 3. 5. 7. y 9. Alumnos nuevos: 1. 4. 6. 8. y 10. **DESPUÉS DE VER ESTE SEGMENTO 1:** Respuesta propia del alumno. **2:** Respuesta propia del alumno. **PARTE 2 ANTES DE VER ESTE SEGMENTO 1:** 1. Absurdo. 2. Inquieta. 3. Callado. 4. Pésima. **MIENTRAS VES ESTE SEGMENTO 1:** 1. e. 2. d. 3. i. 4. j. 5. a. 6. h. 7. c. 8. g. 9. f. 10. b. **2:** 1. Silvana. 2. Gonzalo. 3. Machuca. **DESPUÉS DE VER ESTE SEGMENTO 1:** Respuesta propia del alumno. **PARTE 3 ANTES DE VER ESTE SEGMENTO 1:** El entorno de Gonzalo: 3. 4. 5. 8. 9. 12. El entorno de Machuca: 1. 2. 6. 7. 10. 11. **2:** 1. Salta. 2. Salid (vosotros) o salgan (ustedes). 3. Prestad atención (vosotros) o presten atención (ustedes). 4. Nada. **MIENTRAS VES ESTE SEGMENTO 1:** 2. 1. 9. 5. 4. 10. 7. 8. 3. 6. **2:** Respuesta propia del alumno. Sugerencia: 1. Cordial, de conveniencia. 2. Cariñosa, cómplice. 3. Tensa, superficial. 4. Honesta, amistosa. **3:** 5. 8. y 9. **DESPUÉS DE VER ESTE SEGMENTO 1:** Respuesta propia del alumno. **2:** Respuesta propia del alumno. **3:** Respuesta propia del alumno. **PARTE 4 ANTES DE VER ESTE SEGMENTO 1:** Muchos padres de los alumnos adinerados piensan que el padre McEnroe y sus medidas no son apropiadas. Los padres de los alumnos pobres piensan que sus hijos deben tener la oportunidad de ir a clases en el colegio St Patrick's. El resto del ejercicio es en base a respuesta propia del alumno. **2:** Horizontal: 5. Sagrado. Vertical: 1. Asqueroso. 2. Colgar. 3. Desgraciado. 4. Camión. **MIENTRAS VES ESTE SEGMENTO 1:** 1. De un partido conservador, de ultraderecha. 2. Al novio de su hermana. 3. Cacerolas. 4. Silvana. 5. Peleas entre la policía y los manifestantes. 6. A los cerdos muertos. 7. Hacer la maleta. 8. Fumar un cigarrillo. 9. La bicicleta. 10. Allende ha muerto. **2:** 1. 2. 4. y 6. **DESPUÉS DE VER ESTE SEGMENTO 1:** Machuca se pone de pie para despedir al padre McEnroe. El resto del ejercicio es en base a respuesta propia del alumno. **2:** Los militares arrestan o matan a los habitantes. Gonzalo le dice al militar que mire cómo va vestido, ya que su ropa es una indicación de que no pertenece a ese barrio. **3:** Respuesta propia del alumno. **4:** Respuesta propia del alumno en base a un trabajo de investigación.

MAR ADENTRO PARTE 1 ANTES DE VER ESTE SEGMENTO 1: Respuesta propia del alumno. **2:** Respuesta propia del alumno. **MIENTRAS VES ESTE SEGMENTO 1:** 1. Rural. 2. Abogada. 3. Digna. 4. Cuñada. 5. Cuarto. 6. Llamadas. 7. Juicio. 8. Viajó. 9. Vida. 10. Fotografías. **2:** 1. Gené. 2. Ramón. 3. Gené. 4. Joaquín. 5. Rosa. 6. Julia. 7. Ramón. 8. Ramón. **DESPUÉS DE VER ESTE SEGMENTO 1:** 1. Javi. 2. Ramón. 3. Julia. 4. Rosa. 5. Manuela. 6. Joaquín. **2:** Sugerencia: 1. A la enfermedad degenerativa de ella. 2. Que sus ideas y decisiones están meditadas. 3. Porque ahora solo le interesan su presente y su futuro. 4. Sí, porque se dará cuenta de lo independiente y autosuficiente que era Ramón, antes del accidente. 5. Mucha gente en España piensa que la gente de Galicia desconfía, a priori. **3:** Respuesta propia del alumno. **PARTE 2 ANTES DE VER ESTE SEGMENTO 1:** Respuesta propia del alumno. **2:** 1. Dar por bien empleado el trabajo o esfuerzo que cuesta algo. 2. Que inspira tristeza. 3. ¡Qué lástima! 4. Sentir tristeza por algo o alguien. 5. Pasar calamidades o pasarlo mal. 6. Tener muy mal aspecto o estar pasándolo muy mal. 7. Apenas. Se usa para indicar que se está haciendo algo con dificultad. 8. Es una vida triste o extremadamente difícil, que inspira tristeza. **3:** 1. e. 2. f. 3. d. 4. a. 5. b. 6. c. **MIENTRAS VES ESTE SEGMENTO 1:** Me dijo, se había ofrecido, hubo, pesaba, sufría, iba a, compartir, sé, vivir, haber compartido, hacerles, hablando, corrigiendo, vuelvas, me eches. **2:** Respuesta propia del alumno. **DESPUÉS DE VER ESTE SEGMENTO 1:** Respuesta propia del alumno. **2:** 1. Me vaya. 2. Sea. 3. Te eches. 4 (vertical). Se quede. 4 (horizontal). Sepa. **3:** 1. ¿Qué quieres que te diga? 2. ¡Qué aproveche!. 3. ¡Pero qué imaginación! 4. A estas horas, ya no creo que venga... 5. ¿Qué miras? 6. No es lo mismo que era. 7. ¿Qué haces aquí? 8. ¿Pero qué demonios haces tú aquí? 9. No hay de qué. 10. Me he fijado en que te gusta el mar. **4:** 1. Fue (Pretérito perfecto simple, compuesto). 2. Era (Pretérito imperfecto). 3. Ha hablado (Pretérito perfecto simple, compuesto). 4. Escribió (Pretérito perfecto simple, compuesto). 5. Llovió (Pretérito perfecto simple, compuesto). 6. Se conocían (Pretérito imperfecto). 7. Trabajaba (Pretérito imperfecto). 8. Tomó (Pretérito perfecto simple, compuesto). **PARTE 3 ANTES DE VER ESTE SEGMENTO 1:** Respuesta propia del alumno. **MIENTRAS VES ESTE SEGMENTO 1:** 1. d. 2. d. 3. c. 4. b. 5. d. 6. c. 7. a. 8. d. 9. a. 10. b. **2:** 1. El bolardo. 2. La alcantarilla. 3. El semáforo. 4. La farola. 5. La marquesina. **DESPUÉS DE VER ESTE SEGMENTO 1:** Respuesta propia del alumno. **2:** Respuesta propia del alumno. **PARTE 4 ANTES DE VER ESTE SEGMENTO 1:** Respuesta propia del alumno. Sugerencia: Julia. Provocándole sentimientos románticos que hacía mucho que no sentía, preparando su caso, preparando su libro, etc. Rosa. Haciéndole compañía, ofreciéndole su amistad, etc. Manuela. Preparándole comida, haciéndole la cama, cambiándole la ropa, etc. Gené. Ayudando con el caso, ofreciéndole consejos, protegiéndole de la prensa, etc. Javi. Ayudándole con la máquina, haciéndole reír, etc. **2:** Respuesta propia del alumno. **MIENTRAS VES ESTE SEGMENTO 1:** 1. V. 2. F. 3. F. 4. V. 5. V. 6. V. 7. V. 8. F. 9. V. 10. F. **DESPUÉS DE VER ESTE SEGMENTO 1:** Respuesta propia del alumno. **2:** Respuesta propia del alumno.

MISS BALA PARTE 1 ANTES DE VER ESTE SEGMENTO 1: Respuesta propia del alumno. Sugerencia: Pertenece al género de acción y aventura porque en el fotograma se ve una persecución, concretamente se ve a una chica huyendo de un policía. **2:** 1 Rubio. 2. Tipo (América latina) o tío (España). 3. Vamos o venga. 4. Chica. **MIENTRAS VES ESTE SEGMENTO 1:** 1. V. 2. F. 3. F. 4. V. 5. F. 6. V. 7. V. 8. V. 9. F. 10. V. **2:** 1. Ilusión. 2. Duda. 3. Preocupación. 4. Alivio. 5. Miedo. **DESPUÉS DE VER ESTE SEGMENTO 1:** Respuesta propia del alumno. **2:** 1. Bájese. 2. Déjeme. 3. Escóndete. 4. Váyase. 5. Cómprate. 6. Vamos. 7. Habla. 8. Dejen. 9. Espere. 10. Llama. **PARTE 2 ANTES DE VER ESTE SEGMENTO 1:** Respuesta propia del alumno. Sugerencia: Laura no puede negarse porque Lino es un hombre peligroso. **2:** 1. b. 2. a. 3. c. 4. b. 5. b. 6. b. 7. a. 8. c. 9. b. 10. b. **2:** Kike está en Tijuana. Está con el nombre Orlando Gómez. Es mejor para Lino mantenerse alejado de Kike porque este trabaja con la policía norteamericana. **DESPUÉS DE VER ESTE SEGMENTO 1:** 4. 6. 5. 1. 3. 2. **2:** Respuesta propia del alumno. Sugerencia: Te aconsejo que te mudes a otra ciudad y empieces una nueva vida allí. **PARTE 3 ANTES DE VER ESTE SEGMENTO 1:** Horizontal: 1. Miss. 5. General. Vertical: 2. Iluminar. 3. Hotel. 4. Prensa. **2:** Respuesta propia del alumno. **MIENTRAS VES ESTE SEGMENTO 1:** 1. e. 2. g. 3. d. 4. f. 5. c. 6. a. 7. b. **2:** Respuesta propia del alumno. **DESPUÉS DE VER ESTE SEGMENTO 1:** En orden: Tarde, escenario, traje de baño, plateado, presentador, entrevista, elocuente, lloró, finalmente, ganadora, merecía, corona. **2:** Respuesta propia del alumno. **3:** Respuesta propia del alumno. **PARTE 4 ANTES DE VER ESTE SEGMENTO 1:** Respuesta propia del alumno. **2:** Respuesta propia del alumno. **MIENTRAS VES ESTE SEGMENTO 1:** 1. F. 2. V. 3. F. 4. F. 5. F.

6. V. 7. F. 8. V. 9. F. 10. F. **2:** La noticia dice que la policía ha encontrado el cuerpo de Suzu, la amiga de Laura. **DESPUÉS DE VER ESTE SEGMENTO 1:** Respuesta propia del alumno. **2:** Respuesta propia del alumno.

MUJERES AL BORDE DE UN ATAQUE DE NERVIOS PARTE 1 ANTES DE VER ESTE SEGMENTO 1: Respuesta propia del alumno. **2:** Respuesta propia del alumno. **MIENTRAS VES ESTE SEGMENTO 1:** 1. c. 2. e. 3. a. 4. b. 5. d. 6. f. **2:** 1. 5. 7. **DESPUÉS DE VER ESTE SEGMENTO 1:** Respuesta propia del alumno. **2:** 1. Nerviosa. 2. Seductor. 3. Inocente. 4. Tímido. 5. Fogosa. **3:** 2. 10. 7. 3. 8. 5. 4. 9. 1. 6. **4:** Respuesta propia del alumno. **5:** Respuesta propia del alumno. **PARTE 2 ANTES DE VER ESTE SEGMENTO 1:** Respuesta propia del alumno. **MIENTRAS VES ESTE SEGMENTO 1:** 1. V. 2. F. 3. V. 4. F. 5. F. 6. F. 7. F. 8. F. 9. V. 10. F. **2:** 1. Nerviosa. 2. Confesado. 3. Situación. 4. Ayúdame. 5. Me lo creo. 6. Tranquila. 7. Muy bien. **3:** Respuesta propia del alumno. Sugerencia: Desayuno: bollo y café, cereales, tostadas con mantequilla. Comida: pasta, pescado, paella. Cena: sopa, verduras salteadas, tortilla de patata. **DESPUÉS DE VER ESTE SEGMENTO 1:** Respuesta propia del alumno. Sugerencia: Taxi: objetos: Imágenes religiosas, pósteres, fotografías, llaveros. Cosas en venta: revistas, tabaco, periódicos. Asientos: tapizados de piel de leopardo falsa. Colores: Fuertes, rojos, azules, etc. Apartamento: Varios muebles, por ejemplo, sillas, sofás, mesas etc. Grande: muy amplio. Otras cosas: pósteres, cuadros, un avión en miniatura, etc. **PARTE 3 ANTES DE VER ESTE SEGMENTO 1:** Respuesta propia del alumno. **2:** Respuesta propia de los alumnos. **MIENTRAS VES ESTE SEGMENTO 1:** 1. a. 2. b. 3. c. 4. d. 5. c. 6. d. 7. c. 8. b. 9. d. 10. a. **DESPUÉS DE VER ESTE SEGMENTO 1:** Respuesta propia del alumno.

TAMBIÉN LA LLUVIA PARTE 1 ANTES DE VER ESTE SEGMENTO 1: 1. √. 2. √. 3. X. 4. √. 5. X. 6. √. 7. X. 8. X. **MIENTRAS VES ESTE SEGMENTO 1:** 1. Daniel protesta en la cola del *casting* porque Costa acaba de decir que se podrá hacer entrevistas a todos los aspirantes, aunque los actores lleven horas esperando. 2. Costa dice que si hay muchos indígenas en el *casting*, quiere decir que habrá muchos extras y no hará falta añadir efectos especiales. 3. Filmar la película en español significó tener menos presupuesto y, luego, menos público. 4. Durante el ensayo, en vez de una cruz, el personaje de Colón clava una sombrilla. 5. Colón le pide a la camarera que le entregue sus pendientes de oro. 6. Al ver a Daniel en el vídeo con peinado y maquillaje, Costa dice que Daniel huele a problemas y que no ha actuado en su vida. 7. El personaje de Colón le dice al líder indígena que si no obedecen, los españoles los harán esclavos. **2:** 1. c. 2. a. 3. b. **3:** En orden: ensayaron, leyeron, era, había sido, explicaron, esperaban, querían, preguntó, obedecían, respondió, harían, fue, apareció, comió. **DESPUÉS DE VER ESTE SEGMENTO 1:** Respuesta propia del alumno. **2:** Respuesta propia del alumno. Sugerencia: Sebastián es guapo, simpático, sensible, apasionado; Costa es cínico, organizado, malhumorado, calvo; Hatuey es bajo, violento, orgulloso, carismático. Los dos intrusos son: afortunado y justo. **PARTE 2 ANTES DE VER ESTE SEGMENTO 1:** Respuesta propia del alumno. **2:** a. ¡Ayuda! b. Va a saco. c. Se salga de madre. d. ¡Es la hostia! e. ¡Hombre! **MIENTRAS VES ESTE SEGMENTO 1:** 1. e. 2. h. 3. g. 4. b. 5. a. 6. d. 7. c. 8. f. **2:** En orden: acabo, selva, interesante, difícil, gustó, real. **3:** 1. b. 2. b. 3. a. **DESPUÉS DE VER ESTE SEGMENTO 1:** Respuesta propia del alumno. **2:** Respuesta propia del alumno. **3:** Respuesta propia del alumno. **4:** Respuesta propia del alumno. Sugerencia: Una marcha de protesta consiste en ir hacia un lugar para expresar desacuerdo o quejas. Normalmente es multitudinaria. La gente lleva a menudo banderas y pancartas. **PARTE 3 ANTES DE VER ESTE SEGMENTO 1:** Los inversores dicen que detengan la filmación y se vayan de Bolivia. Sebastián y Costa no dicen mucho, pero están muy frustrados y enfadados porque no quieren irse. **2:** Plata, cobre, pasta, lana. **MIENTRAS VES ESTE SEGMENTO 1:** 1. h. 2. i. 3. e. 4. g. 5. j. 6. a. 7. f. 8. b. 9. d. 10. c. **2:** 1. V. 2. F. 3. S/I. 4. F. 5. V. **DESPUÉS DE VER ESTE SEGMENTO 1:** Respuesta propia del alumno. **2:** Respuesta propia del alumno. Sugerencia: Daniel entiende que necesita el dinero para sobrevivir, pero no es su motivación personal. En cambio, Costa habla mucho sobre el dinero y lo utiliza para conseguir lo que quiere, a veces incluso a costa de hacer algo incorrecto. **3:** Respuesta propia del alumno. **PARTE 4 ANTES DE VER ESTE SEGMENTO 1:** Sebastián y Costa acordaron con el oficial de policía que este podría arrestar a Daniel después de filmar la escena de la cruz. **2:** Respuesta propia del alumno. **3:** Respuesta propia del alumno. **MIENTRAS VES ESTE SEGMENTO 1:** 1. V. 2. V. 3. V. 4. F. 5. F. 6. S/I. 7. F. 8. F. 9. S/I. 10. F. **2:** 1. Sebastián. 2. Antón. 3. Teresa. 4. Costa. 5. Daniel. **DESPUÉS DE VER ESTE SEGMENTO 1:** Respuesta propia del alumno. **2:** Respuesta propia del alumno. **3:** Respuesta propia del alumno.

UN CUENTO CHINO PARTE 1 ANTES DE VER ESTE SEGMENTO 1: Respuesta propia del alumno. **2:** Respuesta propia del alumno. Sugerencia: Por razones políticas, económicas, por motivos personales, etc. **MIENTRAS VES ESTE SEGMENTO 1:** Respuesta propia del alumno. Sugerencia: nervioso, amargado, pesimista, solitario. **2:** No es aficionado a la tecnología: suele hacer las cuentas a mano o con una vieja calculadora. Cuando su vecino sugiere que se compre una computadora (un ordenador), Roberto dice que no la (lo) necesita. **3:** 1. b. 2. c. 3. c. 4. b. **DESPUÉS DE VER ESTE SEGMENTO 1:** Respuesta propia del alumno. Sugerencia: Le diría que aprendiera el idioma, que se familiarizara con las costumbres, etc. **2:** Respuesta propia del alumno. **PARTE 2 ANTES DE VER ESTE SEGMENTO 1:** Embajada, delegación permanente y consulado. **2:** Respuesta propia del alumno. **3:** Respuesta propia del alumno. **MIENTRAS VES ESTE SEGMENTO 1:** 1. F. 2. V. 3. V. 4. F. 5. F. 6. V. 7. V. 8. V. 9. F. 10. V. **DESPUÉS DE VER ESTE SEGMENTO 1:** Respuesta propia del alumno. **2:** Respuesta propia del alumno. Sugerencia: Mari es paciente porque no se enfada cuando Jun no entiende y siempre intenta encontrar una forma de comunicarse con él. Roberto, en cambio, enseguida pierde la paciencia. **PARTE 3 ANTES DE VER ESTE SEGMENTO 1:** Respuesta propia del alumno. **2:** En orden: la mercería, la fiambrería o charcutería, la óptica, la tienda de mascotas, la sombrerería. **MIENTRAS VES ESTE SEGMENTO 1:** 1. g. 2. e. 3. h. 4. j. 5. i. 6. b. 7. d. 8. a. 9. c. 10. f. **2:** 1. Costumbre. 2. Quilombo. 3. Anciano. 4. Milenario. **DESPUÉS DE VER ESTE SEGMENTO 1:** Respuesta propia del alumno. **2:** Respuesta propia del alumno. **3:** Respuesta propia del alumno. **4:** Respuesta propia del alumno. **PARTE 4 ANTES DE VER ESTE SEGMENTO 1:** Respuesta propia del alumno. Sugerencia: La relación entre ellos ha evolucionado porque ahora Roberto se preocupa por el bienestar de Jun y quiere comunicarse, como demuestra llamando al traductor para saber más sobre el joven inmigrante. **2:** Respuesta propia del alumno. **MIENTRAS VES ESTE SEGMENTO 1:** 4, 6, 8, 1, 3, 5, 10, 7, 2, 9. **2:** 1. d. 2. c. 3. e. 4. a. 5. b. **DESPUÉS DE VER ESTE SEGMENTO 1:** Respuesta propia del alumno. **2:** Respuesta propia del alumno. Sugerencia: Porque cree que la vida es absurda, etc. **3:** Respuesta propia del alumno.

VOLVER PARTE 1 ANTES DE VER ESTE SEGMENTO 1: Respuesta propia del alumno. **2:** Sugerencia: Tranquilidad, secretos, superstición, tradición, solidaridad. **3:** Respuesta propia del alumno. **MIENTRAS VES ESTE SEGMENTO 1:** 1. c. 2. a. 3. b. 4. a. 5. a. 6. c. 7. c. 8. c. 9. d. 10. d. **2:** Raimunda y Paco son marido y mujer. Paula es su hija. Raimunda y Sole son hermanas. Paula es su tía. **DESPUÉS DE VER ESTE SEGMENTO 1:** 1. a. 2. b. 3. b. 4. b. 5. a. 6. a. 7. b. 8. a. 9. b. 10. a. **2:** 1. e. 2. d. 3. h. 4. f. 5. b. 6. g. 7. a. 8. c. **3:** Respuesta propia del alumno. **4:** 1 y 2. **5:** 1. Respuesta propia del alumno. 2. Sugerencia: Las mujeres hablan de la madre de Sole y Raimunda, de comida, de la tía Paula viviendo en la casa, sola. **PARTE 2 ANTES DE VER ESTE SEGMENTO 1:** Respuesta propia del alumno. **MIENTRAS VES ESTE SEGMENTO 1:** 1. V. 2. F. 3. V. 4. V. 5. F. 6. V. 7. F. 8. F. 9. V. 10. V. **DESPUÉS DE VER ESTE SEGMENTO 1:** Venga, vale y hace. **2:** 1. Mirar algo a la ligera o rápidamente. 2. Extrañar a alguien. 3. Arrepentirse o desdecirse. 4. Tumbarse a dormir o dormir un poco. 5. Enfadarse. 6. Hacer ver a alguien su error o responsabilidad. 7. Arruinar algo. 8. Regañar a alguien. **3:** 1. Acción. 2. Actor. 3. Ayudante. 4. Cámara. 5. Director. 6. Filmar. 7. Luz. 8. Rodar. **4:** Sugerencia: Raimunda: guapa, triste, trabajadora. Sole: asustadiza, tímida, inocente, soñadora. Irene: triste, vieja. Agustina: triste. **PARTE 3 ANTES DE VER ESTE SEGMENTO 1:** Respuestas propia del alumno. **MIENTRAS VES ESTE SEGMENTO 1:** 1. c. 2. c. 3. b. 4. c. 5. b. 6. d. 7. a. 8. b. 9. b. 10. b. **DESPUÉS DE VER ESTE SEGMENTO 1:** Respuesta propia del alumno. **PARTE 4 ANTES DE VER ESTE SEGMENTO 1:** Respuesta propia del alumno. Sugerencia: En una ciudad. De problemas familiares, de su relación, de otras personas, etc. Positiva, porque se están abrazando, etc. **MIENTRAS VES ESTE SEGMENTO 1:** 1. F. 2. V. 3. V. 4. V. 5. V. 6. V. 7. V. 8. V. 9. F. 10. V. **DESPUÉS DE VER ESTE SEGMENTO 1:** Respuesta propia del alumno. Sugerencia: Pienso que Raimunda es una mujer fuerte. Creo que Sole es muy buena hermana. En mi opinión, Agustina necesita compañía. Estoy convencido de que Irene es una buena madre. **2:** Respuesta propia del alumno. **3:** Respuesta propia del alumno. **4:** Se trata de Argentina y pertenece al tango, un género popular de este país. Datos suplementarios, encontrados por el alumno.

Expresar opiniones

Mientras trabajas con las películas, muchas de las actividades te invitarán a expresar tu opinión sobre cierta escena o temática. Estas son algunas estructuras útiles para hacerlo.

GENERALES

Creo que...

Desde mi punto de vista...

En mi opinión...

Es curioso que...

Es extraño que (+ subjuntivo)...

Está claro que...

No creo que (+ subjuntivo)...

No hay duda (de) que...

Para mí...

Pienso que...

Supongo que...

ACUERDO PARCIAL

Bueno, en parte sí, pero...

Puede que tengas razón, pero...

Sí, puede ser, pero...

Yo estoy de acuerdo. Sin embargo...

ACUERDO TOTAL

Desde luego.

Sí, claro.

Sí, es probable.

Sí, eso es verdad.

Sí, estoy de acuerdo con eso.

Sin duda.

DESACUERDO

A mí eso me parece una tontería.

De ninguna manera.

No coincido contigo.

No, en absoluto.

No, que va.

Pues yo no creo que eso sea verdad.

Yo no lo creo.

Guía para el análisis cinematográfico

Hay muchas formas de abordar el análisis de una película. A continuación, te presentamos algunos aspectos a tener en cuenta.

EL ANÁLISIS ARGUMENTAL

1. Lee la síntesis de la película que se presenta en el inicio de cada capítulo e identifica los temas principales y secundarios. Puedes hacerlo con una lista, una ilustración o un mapa conceptual. Después de ver la película, revisa y modifica tu trabajo, si fuera necesario.

2. Relaciona los temas de la película con una obra literaria, plástica o musical que trate temas similares. Señala similitudes y diferencias y haz un comentario sobre los aspectos que impacten en el tratamiento de los temas, como la ubicación geográfica o el momento histórico.

EL ANÁLISIS TÉCNICO

1. Investiga y prepara una ficha técnica de la película utilizando estas categorías como guía.

- Título/título original.
- País.
- Duración.
- Dirección.
- Protagonistas.
- Producción.
- Guion/versión, de qué obra.
- Música.
- Sonido.
- Fotografía.
- Montaje.
- Otra información de interés.

2. Presta atención a la cinematografía y comenta cómo y con qué fin el director utiliza los recursos de esta lista.

- La puesta en escena: la decoración, la iluminación, la utilización del espacio, el vestuario, la interpretación de los actores.

- La cinematografía: los tipos de plano y encuadre.

- El montaje: la edición y el ritmo de la película.

LA VALORACIÓN

1. Después de ver la película y comentar los temas y el aspecto técnico, valora la película utilizando estas preguntas como guía.

- ¿Está la historia contada de manera efectiva?

- ¿Logra conectar intelectual y emocionalmente con el espectador?

- ¿Te ha gustado? ¿Por qué?

- ¿Cómo la comparas con otras películas del mismo género que traten temas similares?

- ¿Cuáles son los aspectos positivos?

- ¿Qué aspectos podrían mejorarse? ¿Cómo?

Trabajo en bloque

En esta sección, proponemos ideas para trabajar con dos o más películas a la vez, en torno a ejes temáticos.

Películas con esta temática: *Los colores de la montaña* (pág. 83), *Machuca* (pág. 101) y *Miss Bala* (pág. 135).

Presentación: los protagonistas de estas películas viven en zonas en las que existen enfrentamientos violentos. El golpe de estado contra Salvador Allende en Chile, el conflicto armado de la guerrilla en Colombia y la guerra entre los carteles del narcotráfico y el gobierno de México, son situaciones límite que afectan las vidas de los niños y jóvenes de la región.

1. Después de ver estas tres películas, debate en grupo a partir de las siguientes preguntas.

- ¿Es posible llevar una vida normal en una zona de conflicto? Justifica tu respuesta con un ejemplo de las películas.

- ¿Cómo afectan los problemas entre grupos armados a la vida de los personajes de estas películas? Da un ejemplo.

- Compara la actitud de Pedro Machuca con la de Laura Guerrero. ¿Con cuál te identificas más y por qué?

- ¿Cómo se comportan los adultos del entorno de los protagonistas?

2. Warchild es un conjunto de organizaciones internacionales, que asiste a niños y jóvenes en zonas de conflicto. Visita su página en Internet (www.warchild.org) y elabora un resumen de sus actividades.

Películas con esta temática: *Mar Adentro* (pág. 119) y *Un cuento chino* (pág. 181).

Presentación: Roberto y Jun, los protagonistas de la película argentina, y Ramón Sampedro, protagonista de la película española, viven situaciones límite en sus vidas. Estos tres personajes tienen opiniones diferentes sobre el destino. Roberto piensa que las cosas simplemente suceden y que todo es absurdo. Jun, en cambio, dice que todo tiene sentido e implica que cada persona tiene un destino que cumplir. En la película española, Ramón Sampedro pelea por el derecho a decidir su destino.

1. Después de ver estas dos películas, debate en grupo a partir de las siguientes preguntas.

- En tu opinión, ¿los hechos en la vida de una persona ocurren por una razón? ¿Por qué lo piensas?

- ¿Crees que las diferentes posturas frente a la idea del destino llevan a los personajes a sentir optimismo, pesimismo o aceptación de las situaciones que les toca vivir? Justifica tu respuesta con un ejemplo de las películas.

- ¿Tiene una persona el derecho a elegir su destino, o debe aceptar las circunstancias que la vida le presente? ¿Por qué?

2. Imagina y escribe un diálogo entre Roberto y Ramón Sampedro, en el que se cuentan brevemente sus vidas y comparten sus ideas sobre el destino.

TEMA: EL LUGAR DE LA MUJER

Películas con esta temática: *Miss Bala* (pág. 135), *Mujeres al borde de un ataque de nervios* (pág. 151) y *Volver* (pág. 195).

Presentación: Pepa Marcos, protagonista de *Mujeres al borde de un ataque de nervios*, Laura Guerrero, personaje principal de *Miss Bala* y Raimunda, protagonista de *Volver* tienen algo en común: son mujeres que luchan contra la adversidad de un modo u otro. Las tres mujeres se encuentran en situaciones límite. Pepa, abandonada por su pareja, se siente humillada y debe tomar una serie de decisiones que la llevarán a darse cuenta de que ella es lo suficientemente fuerte, como para no tener que depender de un hombre. Raimunda es una mujer acostumbrada a sobrevivir y a sobreponerse a las dificultades de la vida, reaccionando ante distintos problemas rápidamente. Laura se da cuenta de que la belleza puede convertirse en un arma de doble filo, en un ambiente lleno de peligros.

1. Después de ver estas tres películas, debate en grupo a partir de las siguientes preguntas.

- En tu opinión, ¿qué rol tienen estas mujeres frente a los hombres que comparten o han compartido sus vidas?

- Las familias o amigos de Pepa, Raimunda y Laura son importantes en sus vidas. ¿Piensas que el entorno social de estas mujeres les ayuda a afrontar sus problemas? ¿O crees que las protagonistas protegen a sus familias/amigos aislándoles de sus propias situaciones? Justifica tu respuesta con un ejemplo de cada película.

- ¿Crees que el aspecto físico de estas mujeres influye en su situación? ¿Por qué?

2. Imagina la vida de Pepa, Raimunda y Laura dentro de cinco años. Escribe una breve crónica de sus vidas y de las personas que las rodean.

TEMA: ENCUENTROS ENTRE PERSONAS Y CULTURAS

Películas con esta temática: *Machuca* (pág. 101), *También la lluvia* (pág. 165) y *Un cuento chino* (pág. 181).

Presentación: en cada una de estas películas se produce un encuentro entre personas con características diferentes. En *Machuca*, Gonzalo y Pedro pertenecen a clases sociales diferentes. En *También la lluvia*, hay dos tipos de encuentros: el actual, entre los habitantes de Cochabamba y el equipo extranjero de cineastas, y el histórico, entre Cristóbal Colón y su gente, y los taínos. Finalmente en *Un cuento chino*, Roberto y Jun tienen nacionalidades y culturas muy distintas.

1. Después de ver estas tres películas, debate en grupo a partir de las siguientes preguntas.

- ¿Qué aspectos de la apariencia y comportamiento de los personajes representan las diferencias entre ellos? Justifica tu respuesta con un ejemplo de las películas.

- ¿Cómo negocian los personajes sobre las cosas que los diferencian? Da al menos un ejemplo de cada film.

- ¿Crees que los niños y jóvenes son más abiertos y tolerantes con otras personas o culturas que los adultos? Justifica tu respuesta.

2. «¿Cómo debemos comportarnos con el Otro? ¿Cuál debería ser nuestra actitud hacia él? Esta podría desembocar en un duelo, un conflicto o una guerra». Explica, con tus palabras, el significado de esta frase del autor polaco Ryszard Kapuscinski. ¿Quién es el «Otro»? ¿Estás de acuerdo con que hay tres tipos de actitud posible? Justifica tu respuesta.

TEMA: HISTORIAS DE AMOR

Películas con esta temática: *Chico y Rita* (pág. 17), *El hijo de la novia* (pág. 33), *Mar Adentro* (pág. 119) y *Un cuento chino* (pág. 181).

Presentación: cada una de estas películas trata el amor de una forma distinta. En *Chico y Rita* es el elemento principal. Esta historia habla de cómo el amor puede durar toda una vida, aun cuando sus protagonistas viven separados por diversas circunstancias. *El hijo de la novia* relata el amor desde dos perspectivas distintas, una, desde los ojos ancianos de un hombre y una mujer que han compartido toda una vida; otra, desde los ojos más jóvenes de alguien perdido en los entresijos de los tiempos modernos. En *Mar adentro*, el amor crece entre dos personajes que comparten la cercanía de la muerte. En *Un cuento chino*, Roberto se siente atraído por Mari pero, por varios motivos, no se atreve a decírselo.

1. Después de ver estas cuatro películas, debate en grupo a partir de las siguientes preguntas.

- Compara los mensajes y valores de las historias de amor que las protagonizan, con particular referencia al final de las películas.

- ¿Qué igualan y diferencian a los distintos protagonistas en cuanto a sus sentimientos?

- ¿Comparten estas historias una máxima similar? ¿De qué manera? Justifica tu respuesta.

2. El poeta chileno Pablo Neruda (1904 – 1973) dijo: «¿Sufre más aquel que espera siempre que aquel que nunca esperó a nadie?». ¿Cuál de los protagonistas se identificaría mejor con esta cita? ¿Con cuál piensas que no se identificaría? Justifica tu respuesta.

TEMA: LA IMPORTANCIA DE LA FAMILIA

Películas con esta temática: *El hijo de la novia* (pág. 33) y *Volver* (pág. 195).

Presentación: la familia tiene un rol muy importante en *El hijo de la novia* y en *Volver*. Rafael Belvedere, protagonista de la primera película, ha creado una gran familia junto a su mujer, Norma. También ha logrado fundar y mantener un negocio que ahora hereda su hijo. Rafael y Norma han tenido una unión tradicional, mientras que Nino ejemplariza un modelo de familia más contemporáneo. Raimunda es el centro de su propia familia, un grupo social formado principalmente por mujeres acostumbradas a compartir, pero también a guardar secretos.

1. Después de ver estas dos películas, debate en grupo a partir de las siguientes preguntas.

- ¿Encuentras similitudes entre Norma, Rafael e Irene, los mayores de ambas familias? Piensa en la actitud frente a sus hijos, así como en su legado.

- Pese a encontrarse en situaciones económicas y sociales distintas, ¿tienen Raimunda y Nino algún rol similar en sus respectivas familias? ¿Cómo? Justifica tu respuesta.

- ¿De qué modo ofrecen las dos familias un soporte social a los protagonistas?

2. Imagina que Raimunda y Nino se conocen y hablan de sus familias. ¿Qué cualidades y defectos piensas que elegirían destacar?

TEMA: LA CIUDAD Y SUS HABITANTES

Películas con esta temática: *El hijo de la novia* (pág. 33), *Mujeres al borde de un ataque de nervios* (pág. 151) y *Machuca* (pág. 101).

Presentación: en estas tres películas, la ciudad se convierte en un protagonista más. En *El hijo de la novia*, el entorno urbano ayuda al espectador a entender el contexto histórico de una familia de emigrantes italianos, en una ciudad influida enormemente por distintos movimientos migratorios. A la vez, sirve para adentrarse en el rol social que desempeña la familia protagonista como dueña de un negocio que trasciende generaciones. El director de *Mujeres al borde de un ataque de nervios* utiliza el decorado del apartamento de la

protagonista para «crear una especie de hiperrealismo que de tan cercano a la fotografía, es casi irreal». (Pedro Almodóvar). Este decorado confirma y abraza las distintas personalidades que conviven en él. *Machuca* ofrece una visión muy realista y detallada del Santiago de Chile de 1973. A través de esta visión, el público logra entender la relación de eventos históricos y la situación política de un país en transición.

1. Después de ver estas tres películas, debate en grupo a partir de las siguientes preguntas.

- Estas tres películas ofrecen una visión de la ciudad como reflejo de sus habitantes. ¿Cómo lo hacen? Justifica tu respuesta.

- Habla de las similitudes y diferencias entre las versiones de Buenos Aires, Santiago de Chile y Madrid en estas tres películas. No olvides mencionar sus respectivos contextos históricos.

- ¿Qué importancia tiene el rol de la ciudad en estas películas? ¿Piensas que añaden información, o que distraen al espectador?

- ¿Cómo imaginas que sería tu vida en el Santiago de Chile de los años 70, el Madrid de los años 80 y el Buenos Aires de principios de los años 2000?

2. Piensa en el argumento de una película que quisieras rodar. Luego, imagina su decorado. ¿Se rodaría en un medio rural o urbano? ¿Qué elementos o detalles visuales usarías para apoyar tu historia?

TEMA: LA NARRACIÓN EN *FLASHBACK*

Películas con esta temática: *El orfanato* (pág. 51) y *El secreto de sus ojos* (pág. 67).

Presentación: en estas dos películas, gran parte de la historia se cuenta con el recurso de los *flashbacks*, o escenas retrospectivas, ya que han ocurrido antes del momento de la narración.

1. Después de ver estas tres películas, debate en grupo a partir de las siguientes preguntas.

- ¿A quién pertenecen los recuerdos en cada una de las películas? ¿Crees que todo lo que recuerdan sucedió realmente, o está interpretado bajo su punto de vista? Justifica tu respuesta con un ejemplo de las películas.

- ¿Qué similitudes y diferencias encuentras entre las estructuras narrativas de estos filmes?

- ¿Por qué crees que se ha elegido contar la historia con escenas retrospectivas?

2. El director mexicano-español Luis Buñuel fue uno de los grandes directores que usaron el *flashback* como técnica cinemática recurrente en sus producciones. ¿Conoces ejemplos de esta técnica en alguna de tus películas favoritas? ¿Te parece que es un modo útil de contar una historia? ¿Por qué?

TEMA: LA VIDA DESPUÉS DE UN CRIMEN

Películas con esta temática: *El secreto de sus ojos* (pág. 67), *Miss Bala* (pág. 135) y *Volver* (pág. 195).

Presentación: en estas tres películas se comete un asesinato: el de Liliana Colotto en *El secreto de sus ojos*, el de Suzú en *Miss Bala* y el del marido de Raimunda en *Volver.* Estos crímenes afectan las vidas de los personajes y avanzan la trama, a veces dando un giro a la historia.

1. Después de ver estas tres películas, debate en grupo a partir de las siguientes preguntas.

- ¿Cuál es el móvil de cada crimen?

- ¿Cómo presenta la película al asesino en las diferentes películas?

- ¿Cómo reaccionan la familia o amigos de cada víctima al enterarse del crimen? ¿Qué dice esa reacción sobre el entorno, la cultura y la situación política de cada lugar?

2. Elige uno de los crímenes y trabaja, en grupo, imaginando que sois el equipo de abogados defensores del acusado. Prepara una presentación de los hechos y los argumentos de la defensa. Otro grupo de la clase hará lo mismo, en representación de los fiscales. Un tercer grupo puede actuar como juez y jurado, para representar el juicio en clase.

TEMA: LOS HÉROES DE LA INFANCIA

Películas con esta temática: *El hijo de la novia* (pág. 33) y *Machuca* (pág. 101).

Presentación: Juan Carlos, el amigo de Rafael en *El hijo de la novia*, le recuerda al protagonista los juegos que compartieron en la infancia, en los que interpretaban a su héroe, el Zorro. Los dos amigos atesoran esa época de sus vidas con mucho cariño. En *Machuca*, Gonzalo Infante es un ávido lector de las historietas de

El Llanero Solitario, que un amigo de su madre le trae desde Buenos Aires. En el inicio de su amistad con Pedro Machuca, descubre que comparte con él la afición por el héroe enmascarado y le presta uno de los libros de historietas.

1. Después de ver estas dos películas, debate en grupo a partir de las siguientes preguntas.

- ¿Qué relación tienen los protagonistas con el héroe de su infancia? ¿En qué contexto aparece mencionado o representado el héroe?

- ¿Qué valores de *El Zorro* y *El Llanero Solitario* admiran Juan Carlos y Rafael, por un lado, y Gonzalo y Pedro, por el otro? ¿Por qué?

2. La escritora chilena Isabel Allende imaginó la juventud de El Zorro en su novela *El Zorro: comienza la leyenda*. Según Allende, el héroe de ficción sigue vigente porque conecta con la realidad. «Un personaje que defiende la justicia, que defiende a los que están más abajo en la escala social, en este caso los indios, siempre tiene vigencia», dijo en una entrevista que concedió al periódico argentino Clarín. «Vivo en California, donde hay una tremenda inmigración hispana y donde los indígenas que vienen de México y de Centroamérica son lo más bajo de la escala, los que hacen los trabajos más duros por el mínimo de dinero y no tienen ningún derecho. Entonces el Zorro, que habla su lengua, que es un hidalgo, tiene vigencia». Piensa en una conexión similar para explicar la vigencia de *El Llanero Solitario* y de otros héroes populares, actualmente a través del cine, como *Superman* y *Batman*.

Créditos y agradecimientos

CHICO Y RITA
Póster y fotogramas de *Chico & Rita*: Fernando Trueba PC. S.A., Estudio Mariscal y Magic Light Pictures. Foto Mariscal: Juan Valero. Foto Bebo Valdés: Guillermo Rodríguez. Otras fotografías: Kamira, Leksele, Evangelos, Nicolas Raymond, Roxana Gonzalez, Horiyan, Venus Angel, Patricia Hofmeester, Marcel Jancovic, mkm3, Paul McKinnon, Ragne Kabanova , Neftali / Shutterstock.com.

EL HIJO DE LA NOVIA
Póster y fotogramas: Tornasol Films S.A. Otras fotografías: Dashingstock / Shutterstock.com, muzsy / Shutterstock.com, Paco Navarro, Valeria Marino.

EL ORFANATO
Póster y fotogramas: TELECINCO Cinema, Rodar&Rodar. Otras fotografías: Aguilarphoto, LFRabanedo, B.F., Olaf Speier, bepsy, Ralf Gosch, Thanchonnang, Maxx-Studio, Featureflash, Dmitrijs Bindemanis, YanLev, luxor-photo, Piotr Marcinski, H.Kan, Baloncici, infinity21, nui7711, Atiketta Sangasaeng, DSBfoto / Shutterstock.com.

EL SECRETO DE SUS OJOS
Póster y fotogramas: Haddock Films, 100bares Producciones S.A., Tornasol Films S.A. Otras fotografías: María Antolini, Jorge Bispo, Katarzyna Citko / Shutterstock.com, Instituto Nacional "Juan D. Perón" de Investigaciones Históricas, Sociales y Políticas.

LOS COLORES DE LA MONTAÑA
Póster y fotogramas: EL BUS PRODUCCIONES. Otras fotografías: Tifonimages, REDAV, Michaelpuche, stocklight, XuRa, rafcha, Clara, Gustavo Miguel Fernandes, Jenny Leonard / Shutterstock.com.

MACHUCA
Póster y fotogramas: Wood Producciones. Otras fotografías: Celso Pupo / Shutterstock.com, David Fowler / Shutterstock.com, Lena Lir / Shutterstock.com, Yuriy Boyko / Shutterstock.com.

MAR ADENTRO
Póster y fotogramas: Egeda, S.A. Otras fotografías: Alberto Loyo, apgestoso, J.A.Astor, Dulce Rubia, cinemafestival, nito, Jose AS Reyes, bonchan, SOMATUSCAN, Valery Bareta, morrbyte, Nikos Psychogios, Pabkov, PRILL Mediendesign und Fotografie, marcovarro, Triff / Shutterstock.com.

MISS BALA
Fotogramas: Canana Films / Fox International Productions. Otras fotografías: 1000 Words / Shutterstock.com, Frontpage / Shutterstock.com, Gerardo Naranjo, No más sangre, rj lerich / Shutterstock.com.

MUJERES AL BORDE DE UN ATAQUE DE NERVIOS
Fotogramas de *Mujeres al borde de un ataque de nervios* © EL DESEO, D.A., S.L.U. Otras fotografías: Vinicius Tupinamba, S.Borisov, nito, Fer Gregory, Jessmine, WilleeCole, mu_che / Shutterstock.com, Agencia EFE.

TAMBIÉN LA LLUVIA
Póster y fotogramas: Morena Films. Otras fotografías: Stocklight / Shutterstock.com, Eduardo Rivero / Shutterstock.com, Georgios Kollidas / Shutterstock.com, Holger W. / Shutterstock.com, Featureflash / Shutterstock.com, lev radin / Shutterstock.com, Clive Chilvers / Shutterstock.com, Pinkcandy / Shutterstock.com, MIMOHE / Shutterstock.com, Brendan Howard / Shutterstock.com, Neftali / Shutterstock.com.

UN CUENTO CHINO
Fotogramas: Tornasol Films S. A. Otras fotografías: Claudio Divella, Eduardo Rivero / Shutterstock.com, Eli Moscovich, Jorge Bispo, Valeria Marino.

VOLVER
Fotogramas de *Volver* © EL DESEO, D.A., S.L.U. Otras fotografías: Mila Petkova, nito, Maugli, Featureflash, Afronova, baldovina, Andy-pix / Shutterstock.com.

AGRADECIMIENTOS
Ángela Navarro, Carmen Martínez, Cecilia Gamboa, Daniela Mateluna Ramírez, Helen Rawlings, Jorge Bispo, Juan Pablo Tamayo, Laura Zinke, Lourdes Hernández Martín, Malala Lagos, Marcelo Ayala González, Nerea Aizpurua, Patricio Pereira, Sebastián Borensztein, Sonia Eusebio, Dr. Tony Morgan, Valeria Marino, Vanessa Pérez.

Notas